Ich, Prinzessin Sultana

Buch

Sie ist eine Prinzessin, doch sie lebt in einem Land, in dem Frauen nicht viel zählen, selbst wenn sie von königlichem Geblüt sind. Ihnen wird von klein auf eingetrichtert, dass sie sich ihren Vätern und Brüdern bedingungslos unterzuordnen haben. Gegen ihren Willen werden sie verheiratet, eingesperrt, geschlagen. Sie leben zwar in prachtvollen Palästen, aber sie sind nicht viel mehr als Sklavinnen. Doch eine Prinzessin hat ihr Schweigen gebrochen – zu ihrem eigenen Schutz nennt sie sich »Sultana«, denn ihren wahren Namen darf sie nicht preisgeben. Weltweit hat ein Millionenpublikum Sultanas Geschichte gelesen, mit ihr gelitten und sich über die Lage der Frauen in Saudi-Arabien empört.

Nun hat Sultana noch einmal der amerikanischen Autorin Jean P. Sasson erlaubt, ein weiteres Buch über sie zu veröffentlichen. Erneut berichtet sie von ihrem Leben im goldenen Käfig, erzählt von ihren Sorgen mit ihren Töchtern, denen das grausame Schicksal einer Zwangsehe noch bevorsteht. Denn trotz Sultanas verzweifeltem Kampf hat sich die Situation für die Frauen im Wüstenstaat noch immer nicht verbessert. Aus Verzweiflung fiel Sultana in tiefe Depression und suchte Trost und Zuflucht bei einer Droge, die im Islam strikt verboten ist. Schockierend ehrlich berichtet die Prinzessin von ihrer persönlichen Krise, die sie schließlich mit der Hilfe ihrer Schwestern überwinden konnte. Denn das ist Sultanas Erfahrung und auch die Botschaft, die sie der Welt mitteilen möchte: Nur wenn die Frauen zusammenstehen und sich gegenseitig helfen, werden sie eine Änderung der arabischen Gesellschaft erreichen. Nur dann wird sich ihre rechtliche Lage verbessern.

Autorin

Die Amerikanerin Jean P. Sasson arbeitete zu Beginn der 80er Jahre in einem Krankenhaus in Riad, wo sie des Öfteren mit Mitgliedern der weitverzweigten Königsfamilie Al Saud in Kontakt kam. Mit einer Prinzessin freundete sie sich näher an, und die beiden Frauen pflegten diese Freundschaft, auch nachdem Jean P. Sasson das Land verlassen hatte. Die Prinzessin bat schließlich ihre amerikanische Freundin, ihre Lebensgeschichte aufzuschreiben.

Von Jean P. Sasson bereits erschienen:

Mayada (36179)

Ich, Prinzessin Sultana
Freiheit für mich und meine Schwestern

Aufgeschrieben von Jean P. Sasson

Deutsch von Angela Schumitz

blanvalet

Titel der Originalausgabe: »Desert Royal«

Umwelthinweis:
Alle bedruckten Materialien dieses Taschenbuches
sind chlorfrei und umweltschonend.

Einmalige Sonderausgabe Juni 2006 bei Blanvalet, einem
Unternehmen der Verlagsgruppe Random House GmbH,
München.

Published by arrangement with the author c/o Rembar &
Curtis, New York, USA.
Umschlaggestaltung: Design Team München
Umschlagfoto: Mauritius Images/Photonontop
ES · Herstellung: LW
Druck und Einband: GGP Media GmbH, Pößneck
Printed in Germany
ISBN-10: 3-442-36553-8
ISBN-13: 978-3-442-36553-1

www.blanvalet-verlag.de

Für Kayleigh

Dies ist eine wahre Geschichte. Namen und Schilderungen einiger Ereignisse wurden leicht verändert, um zu verhindern, daß einzelne Personen erkannt werden können.
Weder die Autorin noch Prinzessin Sultana beabsichtigen, mit der Veröffentlichung dieses Buches den islamischen Glauben herabzusetzen.

Inhaltsverzeichnis

	Vorwort der Autorin	9
1. Kapitel	Mein Traum	13
2. Kapitel	Muniras Schicksal	16
3. Kapitel	Muniras Hochzeit	32
4. Kapitel	Mein Geheimnis	48
5. Kapitel	Den Teufel an die Kette legen	63
6. Kapitel	Der Paradiespalast	76
7. Kapitel	Paradiesvögel	94
8. Kapitel	Himmlischer Harem	107
9. Kapitel	Die Geschichte des Eunuchen	129
10. Kapitel	Der geschmähte Prophet	141
11. Kapitel	Geraubte Engel	153
12. Kapitel	Geköpft	173
13. Kapitel	Mein Geheimnis wird aufgedeckt	187
14. Kapitel	Der Thron ist in Gefahr	197
15. Kapitel	Karims Prophezeiung	211
16. Kapitel	Wadi al Dschafi	222
17. Kapitel	Sandwirbel	245
18. Kapitel	Lebendig begraben	256
19. Kapitel	Sultanas Kreis	266
	Epilog	281

Vorwort der Autorin

Als ich am 7. September 1978 nach Saudi-Arabien reiste, wollte ich eigentlich nur kurze Zeit in diesem Land leben und arbeiten. Doch ich blieb bis 1991. Ich lebte in Riad, der Hauptstadt dieses Wüstenkönigreichs.

1983 lernte ich Prinzessin Sultana Al Saud kennen. Diese bemerkenswerte Frau faszinierte mich derart, daß ich noch heute unter ihrem Bann stehe.

Ich arbeitete vier Jahre am King Faisal Specialist Hospital and Research Centre. In dieser Zeit lernte ich diverse Mitglieder der großen saudischen Königsfamilie kennen und machte die traurige Entdeckung, daß sie alles in allem ziemlich verdorben und egozentrisch waren. Die meisten sahen über die Monarchie und ihre Beschränkungen nicht hinaus.

Doch Sultana war anders als alle Mitglieder der Königsfamilie, die ich bislang getroffen hatte. Sie war jung und wunderschön. Ihr dunkles Haar fiel ihr lose auf die Schultern, ihre Augen funkelten vor Neugier, ihre Lippen öffneten sich oft zu einem spontanen Lachen. In ihren teuren Kleidern und mit ihrem auffälligen Schmuck erregte Sultana die ungeteilte Aufmerksamkeit aller Menschen, denen sie begegnete.

Über ihre bestechende Schönheit und ihren Charme hinaus hatte ich von dieser Prinzessin nichts anderes erwartet als von allen anderen Prinzessinnen, die ich bis dahin kennengelernt hatte. Doch zu meiner angenehmen Überraschung stellte ich fest, daß Sultana eine Frau war, die eigenständig denken konnte und begierig darauf zu sein schien, das Leben der saudischen Frauen zu verändern. Obwohl sie mit den Privilegien der enorm reichen Herrscherfamilie Saudi-Arabiens aufgewachsen war, machte sie kein Hehl daraus, daß sie, was die Belange der Frauen anging, gegen die Traditionen und Bräuche ihres Landes rebellierte.

Während sich zwischen uns langsam eine Freundschaft entwickelte, lernte ich eine Frau von großer Charakter- und Willensstärke kennen. Obwohl ihr Urteil und ihr Verhalten oft von Leidenschaft getrübt sind, was häufig zu emotional geprägten Situationen führt, die man unter Erwachsenen kaum erwartet, kann man ihr diese Verhaltensweisen nachsehen, denn Sultana ist selbstlos, engagiert und einfühlsam, wenn es um andere Frauen geht. Wenn Sultana spürt, daß eine Frau ungerecht behandelt wird, wird sie aktiv und denkt dabei nicht an mögliche Gefahren für sich selbst.

Sultana vertraute mir an, daß sie schon viele Pläne geschmiedet hatte, um die tragischen Geschichten saudischer Frauen in der Welt bekannt zu machen, jedoch nie frei genug dazu gewesen war, weil sie dadurch sich selbst und ihre unmittelbare Familie gefährdet hätte. Daher willigte ich ein, ihr bei der Erfüllung ihres Wunsches zu helfen. Gemeinsam wollten wir die Welt auf diese schrecklichen und unglaublichen, jedoch wahren Geschichten aufmerksam machen.

Und so wurde ich zur Stimme einer Prinzessin, wobei ich ihre Anonymität wahrte.

In dem Buch, *Ich, Prinzessin aus dem Hause Al Saud* erfuhr die Welt von Sultanas Leben als unerwünschte Tochter eines grausamen Mannes in einer unnachgiebigen Gesellschaft, in der Frauen wenig gelten. Sultanas Lieblingsschwester Sara wurde gegen ihren Willen mit einem viel älteren, ihr unbekannten Mann verheiratet, den sie nicht liebte. Gleich nach ihrer Hochzeit mußte Sara immer wieder schreckliche sexuelle Übergriffe ihres Gatten erdulden. Erst nachdem Sara versucht hatte, sich umzubringen, ließ ihr Vater es zu, daß sie geschieden wurde, und wieder heimkehrte.

Aufgrund ihrer unglücklichen Kindheitserlebnisse lehnte sich Sultana in ihrer Jugend oft auf. Doch sie erfuhr auf äußerst schreckliche Weise, daß eine Auflehnung gegen das strenge System ihres Landes nur zur Katastrophe führte, als eine ihrer Freundinnen von ihrem eigenen Vater hingerichtet wurde, weil sie das »Verbrechen« begangen hatte, sich sexuell unschicklich zu benehmen.

Als Sultana sechzehn war, eröffnete ihr Vater ihr, daß er für sie eine Ehe mit ihrem Cousin Karim arrangiert hatte. Sultanas und Karims Eheschließung hatte jedoch eine andere Grundlage als die meisten saudischen Verbindungen, denn Karim wollte seine zukünftige Braut erst kennenlernen, und diese Forderung wurde ihm erfüllt. Schon bei ihrer ersten Begegnung fühlten sich Karim und Sultana stark zueinander hingezogen. Sie verliebten sich rasch und kamen im Gegensatz zu den meisten saudischen Ehepartnern in den Genuß einer Verbindung in gegenseitiger Liebe.

In ihren ersten Ehejahren wurde Sultana die Ruhe geschenkt, die sie sich immer gewünscht hatte. Sie und Karim bekamen zuerst einen Sohn, Abdullah, und dann zwei Töchter, Maha und Amani.

Sultana und ihre Familie blieben 1991 während des Golfkriegs in Riad. Die Prinzessin stellte betrübt fest, daß dieser Krieg das Leben der Frauen in Saudi-Arabien noch schwieriger machte, anstatt ihren Status zu verbessern. Sie bedauerte, daß nach Kriegsende die dünnen Schleier wieder dichter, die bloßen Knöchel verhüllt und die gelockerten Ketten wieder fester gezurrt wurden.

In dem Buch, *Ich, Prinzessin Sultana, und meine Töchter* berichteten die Prinzessin und ich der Welt, wie ihre engsten Familienangehörigen erfahren hatten, daß Sultana die Prinzessin aus dem in vielen Ländern zum Bestseller gewordenen Buch, *Ich, Prinzessin aus dem Hause Al Saud* war. Doch das Geheimnis ihrer Identität wurde dem Rest der königlichen Familie gegenüber noch immer gewahrt. Die Leser erfuhren auch, daß Sultanas beide Töchter dem Druck der feudalen Vorurteile gegen Frauen in Saudi-Arabien nicht entkamen, obwohl Sultana nach wie vor gegen den Status quo ankämpfte und persönlich eine relativ aufgeklärte Ehe führte.

Ihre Töchter reagierten sehr unterschiedlich auf ihr saudisches Erbe. Sultanas ältere Tochter, Maha, haßte das Leben einer Frau in Saudi-Arabien und folgte Sultanas Vorbild, indem sie gegen die Ungerechtigkeiten rebellierte, die den Frauen in ihrem Land ständig widerfuhren. Ihr innerer Aufruhr war so heftig, daß sie sich einer psychotherapeutischen Behandlung in London unterziehen mußte, bevor sie sich wieder in ihr Leben in Saudi-Arabien hineinfinden konnte.

Amani, Sultanas jüngere Tochter, reagierte auf eine für ihre Mutter sogar noch beunruhigendere Weise. Sie verinnerlichte den islamischen Glauben auf höchst fanatische Weise. Während Sultana sich gegen den Schleier auflehnt, kämpft Amani für die Verschleierung der Frauen.

In diesem dritten Buch hat Sultana mich gebeten, ihr noch einmal meine Stimme zu leihen. Zwar hinterfragt sie nach wie vor die Behandlung von Frauen in Saudi-Arabien, indem sie die Welt wissen läßt, daß der anhaltende Mißbrauch von Frauen in ihrem Land alarmierend und die Regel ist, doch sie hat neue Möglichkeiten entdeckt, um den Frauen weltweit zu helfen. Sie setzt ihren tapferen Kampf um Reformen fort.

Obwohl die Leser dieses Buches feststellen werden, daß Sultana alles andere als vollkommen ist und daß ihre Fehler oft nur allzu menschlich sind, wird niemand ihre Aufrichtigkeit in ihrem Kampf um die Rechte der Frauen anzweifeln.

Als Autorin und als ihre Freundin bin ich stolz, die Geschichte dieser außergewöhnlichen Prinzessin erzählen zu dürfen.

Jean Sasson

1. Kapitel

Mein Traum

Vor ein paar Monaten erschien mir meine geliebte Mutter im Traum. Sie trug einen bestickten, leuchtend roten Umhang, in ihr langes, schwarzes Haar waren Goldfäden eingeflochten. Ihr faltenloses Gesicht leuchtete, ihre Augen funkelten allwissend und weise.

Ihre Erscheinung unter einem schimmernden grünen Baum neben einer Quelle, aus der tiefblaues Wasser sprudelte, verwirrte mich. Um sie herum blühten üppige Blumen.

In meinem Traum begann mein Herz wild zu pochen, als ich laut »Mutter!« rief. Mit ausgebreiteten Armen eilte ich auf sie zu. Doch eine unsichtbare Schranke hinderte mich daran, sie zu erreichen.

Mutter blickte mit großer Liebe, doch auch mit trauriger Resignation auf ihr jüngstes irdisches Kind.

Und dann sprach sie. Obwohl ihre Stimme wohlklingend und süß war, waren ihre Worte streng. »Sultana«, sagte sie, »deine Schmerzen, Unzufriedenheit, Enttäuschungen und Mißgeschicke erschweren mir meine Reise im Jenseits.« Sie musterte mich still.

»Tochter, als du noch ein unwissendes Kind warst, mußte ich dich oft durch einen Schreck dazu bringen, dich vernünftig zu verhalten.« Sie zog die Brauen hoch. »Ich sehe, daß meine Anwesenheit noch immer notwendig ist, Sultana.«

Das Wissen, daß ich meiner Mutter selbst nach ihrer Einkehr ins Paradies Sorgen bereitet hatte, ließ mich in Tränen ausbrechen.

Ich kam als Prinzessin in einem reichen Wüstenkönigreich zur Welt, wo Frauen noch heute zunehmend eingeschränkt werden, und ich konnte nicht leugnen, ein unkonventionelles Leben geführt zu haben.

»Mutter«, brach es aus mir heraus, »ein großer Wind hat mich durchs Leben getragen! Wie hätte ich mein Leben anders führen können?«

Mutter schüttelte langsam den Kopf. »Selbst inmitten einer hitzigen Schlacht kämpft ein gutes Herz mit sauberen Mitteln, Sultana.«

Ich zuckte zusammen.

Mutters Züge wurden weicher. »Aber deshalb spreche ich jetzt nicht mit dir, mein Kind.«

»Weshalb dann?« wollte ich wissen.

»Sultana, dein Leben scheint das eines geistlosen Zauberers zu sein, der endlos Seidentücher auseinanderfaltet. Du scheinst in deinem Leben alles zu haben und hast doch nichts. Dein Leben macht dich nicht glücklich, Tochter.«

In meinem verzweifelten Wunsch, von meiner Mutter getröstet zu werden, wie sie es früher immer getan hatte, begriff ich die Bedeutung ihrer Worte nicht.

Dann begannen sich die zarten Blütenblätter der Blumen um sie herum zu schließen, und Mutters Gestalt wurde blasser.

Ich rief: »Mutter! Bitte bleib noch! Warte!«

Ihre leuchtenden Umrisse waren nun kaum mehr sichtbar, doch ich hörte sie noch deutlich sagen: »Sultana, inmitten eines Festgelages hungerst du. Lasse dein Ich hinter dir, finde dein Selbst, mein Kind.«

Ich erwachte freudig erregt aus diesem Traum, doch die Erinnerung an Mutters geheimnisvolle Botschaft läßt mich seitdem nicht mehr los.

Traurig mußte ich mir eingestehen, daß Mutters Worte zutrafen – ich hatte es zugelassen, daß mein Leben stagnierte. Vor langer Zeit verschrieb ich mich dem edlen Unterfangen, das Leben der Frauen in meinem Land zu verbessern. Doch angesichts meiner Hilflosigkeit gegen die unbezwingbare Macht der saudischen Männer war ich immer mutloser geworden. Aber wie konnte ich aufhören zu kämpfen, solange Frauen in meinem Land noch immer gegen ihren Willen verheiratet, unter gesetzlicher Billigung körperlich mißhandelt und vergewaltigt, ja sogar legal ermordet werden können, wenn es ihren Vätern, Ehemännern und Brüdern gefällt?

Nach dem Besuch meiner Mutter verlieh mir das Wissen neuen Mut, daß es für mich in diesem anhaltenden Kampf noch immer etwas zu tun gab, und zwar in einer neuen Rolle, die ich nun übernehmen sollte. In diesem Augenblick war mir jedoch keineswegs klar, wohin mich dies führen würde.

2. Kapitel

Muniras Schicksal

Bei einer Begegnung des Propheten Mohammed mit seinen Anhängern soll Mohammed einen der Grundpfeiler des islamischen Glaubens formuliert haben. Der Prophet soll damals einen Stock zur Hand genommen und in den Sand geschrieben haben: »Es gibt keinen einzigen unter euch, dessen Platz nicht von Gott festgelegt worden ist, ob nun im Höllenfeuer oder im Paradies.« Ausgehend davon lehrt der islamische Glaube, daß alles im Leben vorbestimmt, das Schicksal eines jeden Menschen von Allah festgelegt worden ist. Dieser Fatalismus führt dazu, daß viele Moslems sich würdevoll mit den Härten des Lebens abfinden, doch ich habe gegen diese pessimistische Trägheit Zeit meines Lebens angekämpft. Ich kann es nicht hinnehmen, daß das tragische Leben, das so viele saudische Frauen führen müssen, dem Willen Allahs entspricht, der dies einfach so bestimmt hat.

Als ich erfuhr, daß ein schrecklicher Teil unserer Familiengeschichte sich bald ein weiteres Mal wiederholen würde, wußte ich: Ich würde es niemals fatalistisch hinnehmen können, daß einer meiner Nichten ein so furchtbares, schändliches Schicksal vorbestimmt war.

Unsere Familie war vor kurzem von einer Reise nach Ägypten in unseren Palast in Riad zurückgekehrt. Mein Mann Karim und unser ältestes Kind und einziger Sohn Abdullah waren in Karims Büro. Amani, unsere jüngste Tochter, spielte mit ihren Haustieren im Garten, und ich saß mit Maha, unserer älteren Tochter, im Wohnzimmer.

Plötzlich stürmten meine Schwester Sara und drei ihrer vier Töchter, Fadila, Nashwa und Sahar, herein.

Als ich lächelnd aufstand, um meine Lieblingsschwester zu begrüßen, bemerkte ich Angst in Saras Blick. Ihre dunklen Augen suchten verzweifelt die meinen, während sie meine Hände ergriff. Sie sagte mir, daß ich mich lieber hinsetzen solle, sie habe schreckliche Neuigkeiten für mich.

»Was ist los, Sara?«

Saras klangvolle Stimme ließ große Verbitterung erkennen. »Sultana, während du verreist warst, hat Ali eine Ehe für Munira arrangiert. Morgen in zehn Tagen soll die Hochzeit stattfinden.«

Maha zog meine Hand aus Saras und grub ihre Nägel in meine Handfläche. »Oh Mutter! Nein!«

Ich entzog mich ihr. Meine Hände zuckten nervös, als ich sie vor mein Gesicht schlug. Ein Gedanke verankerte sich gnadenlos in meinen Kopf: Eine weitere junge Frau, mein eigen Fleisch und Blut, sollte gegen ihren Willen verheiratet werden.

Munira war die älteste Tochter meines verhaßten Bruders Ali. Sie war ein hübsches, wenn auch sehr zartes Mädchen, das viel jünger wirkte, als es tatsächlich war. Munira war immer ein gehorsames Kind gewesen, dessen ängstliches Auftreten unsere Sympathie und Zuneigung erweckt hatte.

Muniras Mutter war Alis erste Frau Tammam, eine aus der Königsfamiie stammende Cousine, die mein Bruder vor vielen Jahren geheiratet hatte. Damals hatte Ali offen erklärt, daß seine Ehe mit Tammam einzig und allein seiner sexuellen Entspannung diente, wenn er in den Semesterferien von seinem Auslandsstudium in unser Land heimkehrte. Liebe und Zuneigung standen für ihn nie zur Debatte.

Jeder hätte Tammams unglückliche Zukunft vorhersagen können. Sie war verheiratet worden, als sie noch ein Kind war, und hatte nie die Gelegenheit gehabt, sich gefühlsmäßig zu entwickeln. Selbst als erwachsene Frau brachte Tamman sich kaum in ein Gespräch ein, und wenn sie tatsächlich etwas sagte, war ihre Stimme so leise, daß der Zuhörer gezwungen war, sich zur ihr herabzubeugen, um sie zu verstehen.

Drei Jahre nach seiner Hochzeit mit Tammam nahm sich Ali eine zweite Frau. Da Tammam eine äußerst pflichtbewußte Ehefrau war, fragte unsere älteste Schwester Nura Ali, warum er denn das Bedürfnis nach einer zweiten Frau habe. Nura berichtete uns später, Ali habe ihr erklärt, daß seine Unlust mit Tammams Unglücklichsein zu tun habe. Er war ärgerlich und verblüfft, weil aus seiner jungen Braut eine melancholische Ehefrau geworden war. Höchst verwundert behauptete er, Tammam habe kein einziges Mal gelächelt, seit er ihr Mann geworden war!

Aus Tammams Verbindung mit Ali stammten drei Kinder, zwei Töchter und ein Sohn. Die Töchter waren ebenso freudlos wie ihre Mutter, während der Sohn ein perfektes, arrogantes Ebenbild seines Vaters war. Inzwischen waren ihre Reihen um zwölf weitere Kinder angewachsen, die insgesamt von sechs Frauen neben Tammam stammten.

Munira hatte in ihrem Leben schon viel Unglück erfahren. Als Tochter eines Mannes, der wenig für Töchter übrig hatte, verbrachte Munira ihre ersten Jahre damit, sich um die Liebe ihres Vaters zu bemühen. Eines Mannes, der keine Liebe zu vergeben hatte. In dieser Hinsicht ähnelte Muniras Suche nach der Liebe ihres Vaters meiner eigenen Kindheit. Aber damit hörten die Ähnlichkeiten auch schon auf. Zumindest hatte ich den Mangel an Vaterliebe so überstanden, daß meine Fähigkeiten zu lieben unversehrt geblieben waren. Doch Muniras vereitelte Liebe zu ihrem Vater wuchs sich zu offener Abneigung aus, bevor sie sich zu einer Mischung aus Angst und Haß wandelte, und inzwischen hatten sich diese Gefühle auf alle Männer ausgedehnt, sogar diejenigen, die freundlich zu ihr waren. Vor fünf Jahren – Munira war damals sechzehn gewesen – hatte sie ihrer Mutter erklärt, daß sie nie heiraten wollte.

Und so hatte sich Munira ein völlig anderes Leben gewählt als die meisten saudischen Mädchen, die einen Großteil ihrer Jugend damit zubringen, Methoden zu perfektionieren, um ihre zukünftigen Ehemänner zufriedenzustellen. Munira machte eine Ausbildung als Sozialarbeiterin und wollte ihr Leben den Behinderten widmen, die in unserem Land sehr schlecht behandelt werden, auch wenn sie kein Hehl daraus machte, daß sie sich nur um weibliche Behinderte kümmern wollte.

Eine Weile schien es so, als habe Ali die Tatsache, daß seine älteste Tochter nicht verheiratet war, schlichtweg vergessen. Doch leider war er vor kurzem bei einem Familientreffen an ihren Status als ledige Frau erinnert worden. Nun verwehrte Ali seiner Tochter die einzige Freude, nach der sie trachtete, nämlich ledig zu bleiben.

In dem Augenblick, in dem in einem arabischen Land ein Mädchen zur Welt kommt, beginnen die Eltern sofort, an eine passende Ehe zu denken. Mit dem Gedanken an zukünftige Verbindungen werden passende Familien mit unverheirateten Söhnen eifrig studiert. Solange ein saudisches Mädchen nicht verheiratet ist, muß sie Jungfrau bleiben. Andererseits gilt eine zu lange beibehaltene Jungfernschaft als Familienschande. Munira war inzwischen einundzwanzig, und das machte ihrem Vater große Sorgen.

Maha unterbrach meinen Gedankenfluß. Sie liebte ihre Cousine und kannte Muniras Ansichten über die Ehe. »Mutter! Onkel Ali kann doch Munira nicht zum Heiraten zwingen, oder?«

»Wem ist Munira denn versprochen worden?« stammelte ich.

Sara zögerte so lange, daß ich schon dachte, sie wüßte die Antwort auf meine Frage nicht. Schließlich sagte sie mit einem tiefen Seufzer: »Sultana, Munira soll Hadi heiraten.«

»*Den* Hadi. Sultana, erinnerst du dich denn nicht an ihn? Alis Jugendfreund, der mit unserer Familie nach Kairo gereist ist!«

Ich konnte kaum sprechen. »*Dieser* Hadi?«

Sara nickte düster. »Ja. Dieser Hadi.«

Die Erinnerung an unser gemeinsames traumatisches Erlebnis stürzte auf uns ein. Ungläubig starrte ich in die Augen meiner Schwester.

»Nein! Nein!« Mehr brachte ich nicht heraus.

»Wer ist denn dieser Hadi?« wollte Maha wissen.

Ja, wer war er? Wo sollte ich anfangen?«

»Alis Jugendfreund, meine Tochter«, murmelte ich. »Du kennst ihn nicht.«

Sara rückte näher an mich heran, während ihre Hand die meine suchte. Wir blickten uns noch immer in die Augen. Wir dachten beide dasselbe. Sara machte in Gedanken noch einmal die traumatischste Zeit ihres Lebens durch.

Vor über zwanzig Jahren war Sara gegen ihren Willen mit einem viel älteren Mann verheiratet worden, einem Mann, der sie vom Moment ihrer Eheschließung an sexuell mißbraucht hatte. Erst nach Saras Selbstmordversuch hatte Mutter unseren Vater dazu überreden können, Sara eine Scheidung zuzugestehen. Trotz ihrer Rückkehr in ihre Familie hatte es meine liebe Schwester nicht geschafft, eine chronische und sehr belastende Depression loszuwerden.

Damals waren unsere älteste Schwester Nura und ihr Mann Ahmed gerade dabei gewesen, einen neuen Palast zu bauen. Nura wollte nach Italien reisen, um Möbel für dieses Heim zu kaufen, und unterwegs wollte sie einen Abstecher nach Kairo machen.

Zu meiner großen Überraschung und Freude luden Nura und Ahmed Sara und mich ein, sie und ihre Kinder auf der Reise zu begleiten. Doch jede Münze hat zwei Seiten, und mein Glück war bald getrübt, als Vater beschloß, daß mein Bruder Ali und sein Freund Hadi sich uns anschließen sollten. Doch trotz dieser unangenehmen Neuigkeit kamen wir mit.

In Kairo stellten Sara und ich erstaunt fest, daß der Freund unseres Bruders noch schlimmer war als Ali! Keine von uns beiden hätte so etwas für möglich gehalten. Bald erkannten wir, daß Hadi im Vergleich zu dem verwöhnten und schwierigen Ali die reine Bosheit war.

Hadi besuchte zwar das Religionsinstitut, die Knabenschule in Riad, auf der die *Mutawas*, die religiös besonders bewanderten Männer, ausgebildet werden. Doch er hatte nichts von all dem Guten mitbekommen, das unser Heiliger Koran fordert. Seine schwarze Seele blieb unberührt von seiner religiösen Erziehung.

Hadi haßte Frauen abgrundtief und äußerte oft die Meinung, daß sämtliche junge Mädchen sofort nach ihrer ersten Monatsblutung verheiratet werden sollten. Er war der Ansicht, daß Frauen nur aus drei Gründen auf dieser Erde waren: um einem Mann sexuelles Vergnügen zu bereiten, um einem Mann zu dienen und um ihm Kinder zu gebären.

Natürlich hielt Hadi Sara und mich für unberechenbare weibliche Wesen und sagte dies auch oft genug. Wäre er der Herr über unser Schicksal gewesen, dann wären Sara und ich wohl zu Tode gesteinigt worden, davon waren wir fest überzeugt, und Hadi hätte den ersten Stein geworfen!

Doch trotz seines erklärten Hasses auf das weibliche Geschlecht war Hadi erpicht darauf, mit so vielen Frauen wie möglich sexuell zu verkehren, und auf dieser Reise nach Kairo und Italien tat er nichts anderes als eben dies. Am schlimmsten war es, daß Ali es Hadi in seinem perversen Verhalten gleichtat! In Kairo ertappten Sara und ich die beiden dabei, wie sie ein Mädchen, das kaum älter war als acht, sexuell mißbrauchten. Diese Szene war so schrecklich und gewalttätig gewesen, daß weder Sara noch ich jemals die Bilder dieses Tages vergessen konnten.

Ein solcher Junge war sicher zu einem schrecklichen Mann herangewachsen, und deshalb waren wir nun so entsetzt von der Vorstellung, daß dieser Mensch bald die absolute Kontrolle über ein liebes, süßes Kind erlangen sollte, das völlig unvorbereitet darauf sein würde, sich zu verteidigen.

Schluchzend fiel ich in Saras Arme. Unsere Tränen waren

so ansteckend, daß unsere Töchter ebenfalls zu schluchzen begannen.

Unsere qualvollen Rufe drangen offenbar bis in Karims Büro, denn kurz darauf stürzten er und Abdullah ins Zimmer.

Besorgt zog Karim mich von meiner Schwester weg. »Sultana! Sara! Was ist denn passiert?«

Und Abdulla fragte seine Schwester Maha: »Wer ist denn gestorben?«

Ich unterbrach meine Klagen, um zu stammeln: »Der Tod wäre noch besser!«

Karim wurde immer besorgter. »Was ist denn los?«

Maha ergriff das Wort. »Es geht um unsere Cousine Munira, Vater. Onkel Ali hat eine Ehe für sie arrangiert.«

Selbst Karim war von dieser Neuigkeit erschüttert. Jedes Mitglied unserer Großfamilie wußte von Muniras Abneigung gegen Männer und die Ehe.

Anders als die meisten saudischen Männer war mein Mann nicht der Meinung, daß man Ehen gegen den Willen der Kinder arrangieren sollte. Karim und ich waren vor vielen Jahren übereingekommen, daß unsere Töchter vor ihrer Eheschließung erst einmal eine Ausbildung erhalten und das Recht haben sollten, sich selbst einen Mann auszusuchen, wenn es denn für sie an der Zeit war zu heiraten. Weder Maha noch Amani sollten jemals in eine ähnlich schreckliche Lage kommen wie Munira. Tatsächlich verbietet es unsere Religion, Frauen eine Verbindung aufzuzwingen, die ihnen mißfällt, aber dies wird wie bei so vielen Dingen, die an unserem islamischen Glauben gut sind, falsch ausgelegt oder einfach ignoriert.

»Wen soll sie denn heiraten?« fragte Karim laut, um sich unter den schluchzenden Frauen Gehör zu verschaffen.

»Du wirst es nie glauben«, seufzte ich.

»Es ist verheerend«, fügte Sara hinzu und versuchte, ihre Tränen wegzuwischen.

»Nun sagt schon, wer ist es denn?«

Ich blickte Karim traurig an. »Ali will seine Tochter mit einem alten Freund verheiraten.«

»Alt dem Alter nach?« fragte Karim, sein Gesicht verziehend.

»In zweifacher Weise alt«, sagte ich. »Ein alter Freund, der auch schon alt ist.«

Karim, der langsam die Geduld verlor, sagte: »Bitte, Sultana, laß mich jetzt nicht noch raten!«

Sara konnte nicht länger stillsitzen. Sie stand auf und jammerte: »Es ist Hadi ... Alis langjähriger Freund. Der abscheuliche Hadi!

Mein Mann erbleichte, und seine Augen funkelten streng. Seine Stimme klang ungläubig. »Hadi? Der Hadi, der mit euch in Ägypten war?«

»Genau dieser Hadi.«

»Oh! Das darf nicht sein!« Karim blickte auf seinen Sohn. »Abdullah, ich muß sofort mit Ali reden. Wir müssen unser Gespräch verschieben.«

Abdullah nickte ernst.

Ali war mit Hadi befreundet, doch keiner von Alis Schwägern stand in einer freundschaftlichen Beziehung zu diesem Mann. Allen bis auf Ali war er so unsympathisch, daß sie sich immer von ihm fernhielten. Nur Ali gelang es, in Hadi bewundernswerte Eigenschaften zu entdecken. Er gehörte keinesfalls zu unserem kleinen Kreis naher Verwandter und Freunde.

Obwohl Hadi eine religiöse Ausbildung erhalten hatte, verdiente er sich nun seinen Lebensunterhalt als Regierungsbeamter. Als Freund eines hochgestellten Prinzen hatte er sich in die perfekte Position hineingearbeitet, um märchenhaft reich zu werden.

Dank seiner ausgezeichneten finanziellen Lage mochten diejenigen, die seine Boshaftigkeit nicht kannten, ihn für einen trefflichen und wünschenswerten Ehemann halten. Aber zwei meiner Schwägerinnen waren mit Hadis drei Frauen befreundet, und sie hatten erfahren, daß sein übles Wesen sich eher noch verschlimmert hatte. Es sollte genügen zu wissen, daß Hadi von den Frauen, die er geheiratet hatte, insgeheim »Satans Lieblingssohn« genannt wurde.

Bei Karims Worten spürte ich eine leise Hoffnung in mir aufkeimen. Zwar wußte ich, daß wir Schwestern nicht den geringsten Einfluß auf Ali ausüben konnten, aber wenn die Männer in unserer Familie etwas unternahmen, konnte die arme Munira vielleicht doch noch vor einem Schicksal gerettet werden, das sie sicher für schlimmer hielt als ihren sofortigen Tod.

»Wann wirst du mit Ali sprechen?«

»Morgen.«

»Assad wird dich begleiten«, versprach Sara. »Und ich werde auch Nura anrufen. Vielleicht wird auch Ahmed mitkommen. Diese Hochzeit muß verhindert werden.«

Bei diesen Plänen verspürte ich eine gewisse Erleichterung.

Karim und ich waren von diesem Familiendrama körperlich und geistig so erschöpft, daß wir in dieser Nacht ohne unsere übliche liebevolle Umarmung einschliefen.

Früh am nächsten Morgen lag ich noch im Bett und überlegte, was dieser Tag wohl bringen würde, als Karim bereits duschte. Ich befürchtete, daß Karim womöglich vergessen würde, mir wichtige Punkte aus seinem Gespräch mit meinem Bruder zu berichten, und zerbrach mir deshalb den Kopf, wie ich wohl diese Unterhaltung belauschen könnte.

Als Karim in den neben unserem Schlafzimmer liegenden Wohnraum ging, um meinen Bruder anzurufen, griff ich leise zum Hörer des Apparats neben dem Bett, um das Gespräch mitzubekommen. Ich hörte, wie sie vereinbarten, sich in Tammams Palast zu treffen, denn dort hatte Ali auch Karims Telefonat angenommen. Offenbar hatte er den vorigen Abend bei seiner ersten Frau verbracht.

Ich eilte in Mahas Zimmer und sagte: »Zieh dich rasch an! Wir werden deine Tante Tammam und Munira besuchen. Sie brauchen uns.«

Als ich Karim berichtete, daß Maha und ich uns aufmachten, um Tammam und Munira zu besuchen, sah ich auf seiner Stirn eine Sorgenfalte auftauchen. »Sultana, wenn ihr Tammam und Munira besuchen wollt, werde ich euch nicht davon abhalten. Aber bitte sorge dafür und versprich mir, daß du mein Treffen mit deinem Bruder nicht störst.«

Unschuldsvoll gab ich ihm mein Wort, ihr Gespräch nicht zu unterbrechen. Aber Karim hatte mir nicht das Versprechen abverlangt, sie nicht zu belauschen.

Tammam erwartete uns nicht, schien sich aber über unseren Besuch zu freuen und war sehr freundlich.

Nachdem sie ihre Tante begrüßt hatte, lief Maha gleich in das Zimmer ihrer Cousine Munira.

Vor Karims Ankunft überzeugte ich Tammam, daß es am besten sei, still in der Festhalle neben Alis Salon zu sitzen. »Vielleicht werden wir ja dazugerufen«, meinte ich.

Sobald wir den riesigen Raum betreten hatten, begann ich, in meiner großen Handtasche herumzuwühlen. Vor vielen Jahren hatte ich gelernt, daß es nur zu einer abschlägigen Antwort führte, wenn ich um die Erlaubnis bat, etwas Unkonventionelles zu tun. Deshalb handle ich jetzt einfach und lasse andere darauf reagieren.

Tammams Mund ging auf, aber sie war zu ängstlich, um Einspruch zu erheben, als ich eine elektronische Vorrichtung aus meiner Tasche kramte und die kleine Hörhilfe in mein rechtes Ohr steckte. Ich lächelte die erstaunte Tammam an und meinte: »Wer weiß, was Männer gegen gute Frauen im Schilde führen?«

Ich hatte diese Vorrichtung vor einigen Jahren in einem Fachgeschäft in New York erstanden, in dem es eine erstaunliche Vielzahl von Spionagegeräten gab, nachdem ich in einer im Hotel ausliegenden Informationsbroschüre eine Anzeige für diesen Laden entdeckt hatte. Damals war es für mich äußerst wichtig gewesen, Amanis geheime Aktivitäten mitzubekommen. Aus Angst, sie könne sich mit ihrem religiösen

Extremismus Schaden zufügen, hatte ich mich genötigt gesehen, meinem jüngsten Kind nachzuspionieren. Aber gelangweilt von ihren endlosen Gesprächen über noch so unbedeutende Glaubensfragen hatte ich das Abhörgerät bald wieder weggelegt. Doch heute früh, bevor ich mich auf den Weg gemacht hatte, war mir dieses Gerät in den Sinn gekommen, und ich war nun darauf vorbereitet, die allmächtigen Männer, die unser Leben regierten, abzuhören.

Ich fummelte zunächst ein Weilchen an dem Gerät herum. Ich hatte die Erfahrung gemacht, daß es Stimmen aus Nebenräumen immens verstärkte, selbst wenn es nicht perfekt funktionierte.

Tammam schenkte ich ein beruhigendes Lächeln, aber ich sah, daß sie Angst hatte. Meine Schwägerin saß, mit vor den Mund gepreßten Händen da, als hätte es ihr die Sprache verschlagen.

Versehentlich hatte ich die Lautstärke voll aufgedreht, so daß es mich schier gegen die Wand schleuderte, als Karim, Assad und Ahmed im Nebenraum Ali laut begrüßten.

Tammam stieß einen kleinen Schrei aus.

Nachdem ich mich wieder gefaßt hatte, legte ich den Zeigefinger an die Lippen.

Gott sei Dank waren die ausführlichen Begrüßungen der Männer so laut, daß sie nichts mitbekommen hatten.

Lächelnd hörte ich ihnen zu. Es hat mir insgeheim immer immensen Spaß gemacht, verbotene Gespräche zu belauschen.

Die vier Männer brachten eine lange Zeit schweigend damit zu, ihren Tee ihren Wünschen gemäß zuzubereiten. Als sie endlich zu sprechen anfingen, unterhielten sie sich über unwichtige Dinge. Nachdem sie sich ihrer gegenseitigen Gesundheit versichert hatten, sprachen sie über diverse Geschäftsangelegenheiten. Eine Weile redeten sie auch über die schwindende Gesundheit des Königs. Onkel Fahd ist der Lieblingsführer meiner eigenen unmittelbaren Familie, und alle fürchten den Tag, an dem er nicht mehr regieren wird.

Ich wurde schon ungeduldig, als Ahmed schließlich das Thema ansprach, um dessentwillen sie eigentlich zusammengekommen waren.

»Ali, wir haben gehört, daß Munira verheiratet werden soll.«

Es trat eine kurze Pause ein. Dann läutete Ali nach einem seiner Diener, um sich zu seinem Tee ein paar frischgebackene Küchlein bringen zu lassen.

Ich nahm an, daß mein Bruder Zeit schinden wollte, um seine Reaktion auf eine solch unerwartete Feststellung gut zu überlegen. Dennoch ist es auch wahr, daß mein Bruder übermäßig viel ißt. Sehr zu meiner Erheiterung wird er von Jahr zu Jahr breiter.

Das Abhörgerät funktionierte so gut, daß ich bald das Geräusch von Alis schmatzenden Lippen hören konnte, während er ein honigbestrichenes Küchlein nach dem anderen vertilgte. Die anderen Männer saßen schweigend daneben.

Schließlich war sein Appetit gestillt, und Ali war bereit, Ahmeds Frage zu beantworten. »Ja, du hast recht, Ahmed. Munira ist im heiratsfähigen Alter. Und ich habe eine gute Partie für sie gefunden.« Er zögerte, bevor er hinzufügte: »Sicherlich hat Tammam meinen Schwestern schon das Datum der Hochzeitsfeier genannt.«

Karim räusperte sich, dann meinte er vorsichtig: »Ali, betrachte uns als deine Brüder. Und als Brüder sind wir hier, um dich bei jeder Entscheidung in jeglicher Angelegenheit zu unterstützen.«

»Das stimmt«, fiel Assad sofort ein.

Karim sprach sehr taktvoll weiter. »Ali, es ist doch wirklich verwunderlich, wie das Leben manchmal so spielt. Ich frage mich, ob du denn Muniras speziellen Charakter oder das Alter des Mannes, den sie heiraten soll, bedacht hast.«

Schließlich brachte es Ahmed auf den Punkt. »Ist Munira denn nicht jünger als manches von Hadis Kindern?«

Es trat vollkommene Stille ein.

Schließlich schlug Assad hastig vor: »Wenn Munira schon

verheiratet werden soll, gibt es denn keinen, der ihr im Alter etwas näher stehen und ihr eher gefallen würde?«

Zweifellos war Ali nicht erfreut über diese höchst ungewöhnliche Einmischung in seine Privatangelegenheiten. Dennoch fühlte er sich wohl etwas bedrängt, denn er machte ein überraschendes Zugeständnis. »Ich werde Munira entscheiden lassen.«

Ich preßte eine Hand vor den Mund, um meine Erregung zu unterdrücken. Sobald ich mich wieder unter Kontrolle hatte, winkte ich Tammam zu, dann streckte ich die Hände über den Kopf und dann Richtung Boden zum Zeichen, daß ich Allah loben und ihm danken wollte.

Die begriffsstutzige Tammam blickte mich verständnislos an. Sie dachte wohl, daß ich ihr sagen wollte, es sei Zeit für das Mittagsgebet, denn sie blickte auf ihre Uhr und schüttelte dann verneinend den Kopf.

Leise flüsterte ich ihr zu: »Ali will Munira die Entscheidung überlassen!«

Tammam lächelte schwach.

Zum ersten Mal in meinem Leben spürte ich eine Art Mitgefühl für Ali. Tammam war ein so farbloses Wesen! Wenn ich Muniras Mutter gewesen wäre, hätte ich sicher große Probleme gehabt, meine Freude bei dieser Neuigkeit zu unterdrücken. Doch dann dachte ich nachsichtig, daß ihre Gefühle wohl durch die jahrelange schlechte Behandlung abgetötet worden waren.

»Ich werde jetzt Munira holen«, sagte Ali entschlossen. Ich hörte das dumpfe Geräusch seiner Schritte, dann ging die Tür auf und wieder zu.

Während Alis Abwesenheit ergingen sich die drei wartenden Männer wieder in einem nebensächlichen Gespräch über den Feiertag, der vor kurzem bei uns begangen worden war. Ich war leicht enttäuscht, denn ich hatte gehofft, sie würden eine vertrauliche Familienangelegenheit besprechen, von der ich noch nichts wußte.

Bald hörte ich, wie Ali wieder in den Raum kam. Seine laute Stimme klang sehr selbstsicher. »Munira, deine Onkel lieben und schätzen dich sehr. Sie haben sich trotz ihrer vielen Termine die Zeit genommen, dir persönlich ihre Glückwünsche zu deiner bevorstehenden Hochzeit zu überbringen.«

Karim, Assad und Ahmed murmelten leise etwas, auf das Munira nichts erwiderte.

Da ich Muniras Angst vor Männern kannte, vermutete ich, daß das arme Mädchen von der Aufmerksamkeit, die ihr die hier anwesenden Männer entgegenbrachten, so überwältigt war, daß es ihr die Sprache verschlagen hatte.

Ali fuhr fort. »Munira, mein Kind, Hadi hat mich gebeten, dich ihm zur angebetenen Ehefrau zu geben. Du weißt von seiner Freundschaft mit dieser Familie und von seiner Fähigkeit, für dich und deine Kinder, die du vielleicht bekommen wirst, zu sorgen. Ich habe Gott den Allmächtigen um seine Erlaubnis ersucht, dich Hadi zur Ehefrau zu geben. Sag mir nun, ob du dies billigst, Munira!«

Ich wartete auf Muniras Worte. Und wartete. Und wartete.

»Munira?«

Schweigen.

Alis Worte klangen nun höchst erfreut. »Gott ist groß! Muniras Schweigen zeigt ihre Billigung an!« Er lachte herzlich. »Geh! Kehr in dein Zimmer zurück, mein Kind, und wisse, daß deine Bescheidenheit in dieser Angelegenheit deinen Vater sehr glücklich gemacht hat.«

Ich spürte, wie Taubbheit sich in meinem Körper ausbreitete. Gemein wie er war, hatte Ali einen üblen Trick benutzt, um seine männlichen Verwandten mundtot zu machen. Er hatte fast wortwörtlich das wiederholt, was der Prophet Mohammed seine Tochter Fatima gefragt hatte, als er für sie eine Ehe mit einem Cousin, Imam Ali, arrangiert hatte. Als Fatima nichts darauf erwiderte, hatte der Prophet, wie alle guten Moslems wissen, die Weigerung des Mädchens, etwas zu sagen, als Zeichen großer Bescheidenheit gewertet.

Die Tür fiel ins Schloß.

Unter diesen Umständen konnten mein Mann und meine Schwäger nichts mehr einwenden, denn sonst hätten sie ja etwas gegen den Heiligen Propheten gesagt!

Ali dankte ihnen überschwenglich. »Eure Sorge für meine Familie hat mein Herz erfreut! Ich bin überglücklich! Bitte, kommt doch bald wieder vorbei!«

Die Männer gingen. Wieder fiel die Tür ins Schloß. Ich hörte meinen Bruder höchst zufrieden kichern.

Mit einem qualvollen Stöhnen ließ ich mich gegen die Wand fallen. Was war passiert? Hatte Ali Munira auf dem kurzen Weg durch den Palast bedroht? Oder war die eingeschüchterte Munira einfach stumm geworden?

Tränenüberströmt blickte ich auf Tammam und schüttelte langsam den Kopf. Es war alles verloren!

Als Frau, die die Macht der Hoffnung nie erfahren hatte, schien Tammam weder überrascht noch erregt. Sie stand auf und trat zu mir, um mich zu trösten, da ich noch immer weinte.

Da ging plötzlich die Tür auf. Wir waren von Ali entdeckt worden! Mein Bruder baute sich in voller Größe vor uns auf und funkelte nun wütend Frau und Schwester an.

Ich erwiderte seinen Blick. Abscheu überkam mich. Heute war mein Bruder häßlicher als je zuvor. Sein Körper war so fett, daß man das Fett selbst unter seiner Thobe sehen konnte. Er trug eine neue Hornbrille mit dicken Gläsern, die seine Augen schockierend vergrößerten.

Zwischen uns herrschte eine gegenseitige Abneigung. Unsere Kindheitserfahrungen hatten einen großen Abgrund zwischen uns geschaffen, der nie überwunden werden konnte. In diesem Moment war der Haß zwischen meinem Bruder und mir so intensiv, daß ich das Gefühl hatte, der Raum um mich herum verdüsterte sich.

Trotzige Worte kamen aus meinem Mund, tropften wie Gift von meiner Zunge. »Ah, mein böser Bruder! Das jüngste Gericht wird gewiß nicht angenehm für dich werden!«

Tammams fahles Gesicht verzog sich ängstlich, und sie zuckte wegen meiner Unverfrorenheit erschrocken zusammen. Die arme Frau versuchte, eine Entschuldigung für mich hervorzustammeln, doch dies waren ja doch nur Worte einer weiteren unbedeutenden Frau, und Ali unterbrach ihre Entschuldigung mit einer abwehrenden Handbewegung.

Kein Wunder, daß er sie nicht liebt, dachte ich voller Grausamkeit. Kein Mann kann eine so feige Person achten.

Als ich Alis Gesicht musterte, wußte ich, daß er nach einer Bemerkung suchte, die mich verletzen sollte. Oft genug hatte ich meinen Bruder in Wortgefechten besiegt. Mit Worten war er nie besonders schnell gewesen, und nun schien er umso verlegener zu sein um eine passende Erwiderung.

Ich grinste, lehnte mich zurück und entspannte mich. Bei geistigen Auseinandersetzungen mit Ali behielt ich immer die Oberhand. Doch plötzlich blies er seine herabhängenden Backen auf. Mein Hohn begann langsam zu schwinden. Hatte Ali bemerkt, daß ein Sieger es nicht nötig hat, sich weiter zu äußern?

Er begann genüßlich zu lachen. Beim Anblick meines frohgemuten, übergewichtigen Bruders, wie er da so triumphierend vor mir stand in dem vollen Wissen, daß die rechtlichen Institutionen meines Landes ihn voll unterstützten, sank ich verzweifelt zu Boden.

Muniras Schicksal war besiegelt, und ich fürchtete, daß es nun nichts mehr gab, das ich tun oder sagen konnte, um das Grauen zu verhindern, das sie erwartete.

Selbst nachdem Ali die Tür hinter sich geschlossen hatte und langsam den langen Gang entlangschlurfte, der zum Vordereingang des Palastes führte, vernahm ich noch sein leises, böses Lachen.

3. Kapitel

Muniras Hochzeit

Schockiert darüber, bei meiner Auseinandersetzung mit Ali verloren zu haben, ging ich direkt nach Hause und legte mich ins Bett. Ich hatte schreckliche Kopfschmerzen und kam an diesem Abend auch nicht zum Abendessen mit meiner Familie.

Als mein Mann mir später an diesem Abend betrübt von dem Treffen mit Ali berichtete, gestand ich ihm nicht, daß ich bereits wußte, wie dieser Besuch ausgegangen war. Ich begann zu weinen, und Karim tröstete mich mitfühlend.

Am nächsten Morgen war ich noch immer so aufgewühlt, daß ich noch lange, nachdem Karim zur Erledigung seiner Geschäfte in die Stadt gegangen war, im Bett blieb. Ich grübelte über Munira und das schreckliche, düstere Leben, das sie bald führen würde, nach. Mein Gefühl der Hilflosigkeit angesichts Muniras Schicksal warf eine beunruhigende Frage auf: Was hatte Sultana Al Saud wirklich geleistet, um das Leben der Frauen in ihrem Land zu verbessern?

Bis zu diesem Zeitpunkt nicht sehr viel, mußte ich zugeben. Zum ersten Mal in meinem Leben mußte ich mir eingestehen, daß aus meinen hochfliegenden Plänen, hilflosen Frauen beizustehen, nichts geworden war. Bei dieser bitteren Erkenntnis sank meine Stimmung dermaßen, daß ich mich nach Alkohol zu sehnen begann. Ich wollte noch vor dem Frühstück einen Drink! Ich schob jegliche Gedanken an Essen beiseite, stand auf und griff nach der auf der Schlafzimmerkommode stehenden Flasche Scotch. Nachdem ich mir ein großzügiges Glas eingeschenkt hatte, nahm ich einen tiefen Schluck und wartete auf das ersehnte Ausbreiten der Wärme in meinem Körper.

Plötzlich überkam mich eine zweite Sorge. In den letzten paar Monaten war meine Lust auf Alkohol gewachsen. Würde der Trost, den mir der Alkohol spendete, jetzt zu einem persönlichen Problem führen? Wurde ich zur Alkoholikerin? Diese Vorstellung ließ mich das Glas zu Boden schleudern. Stöhnend schlug ich die Hände vor die Augen.

Von Kindheit an hatte ich gelernt, daß berauschende Getränke schlecht und für Moslems strikt verboten sind. Ich erinnere mich noch daran, wie meine Mutter mir erzählte, daß der Prophet Mohammed viele Männer verflucht hatte, die etwas mit Alkohol zu tun hatten. Mutter hatte gesagt, daß unser großer Prophet den Mann, der den Alkohol preßte, den, der ihn transportierte, den, der ihn trank, den, der mit ihm Geschäfte machte, den, der den Lohn dafür einsteckte, den, der ihn kaufte und den, von dem er verkauft wurde, verflucht hatte. Keiner dieser Männer sollte verschont werden!

Und nun mußte ich trotz Mutters düsterer Warnung feststellen, daß das Versprechen des flüchtigen Glücks, das in einer Flasche Alkohol so leicht zu finden war, für mich verlockend war.

In der Familie Al Saud bin ich nicht die einzige, die auf diese Weise sündigt. Der Alkohol hat bei meinen königlichen Verwandten eine schockierende Zahl von Opfern gefordert. Offengestanden muß ich zugeben, daß diese Cousins zwar Alkohol nicht kaufen oder verkaufen, jedoch trinken, und zwar unabhängig von religiösen Verboten oder Gesetzen.

Was würde unsere Mutter denken?

Jeder, der im Königreich Saudi-Arabien lebt, ist sich darüber im klaren, daß Alkoholgenuß gegen das Gesetz verstößt. Jeder weiß, daß alljährlich viele Saudis wie auch Fremde wegen des Vergehens, Alkohol zu besitzen oder zu trinken, ins Gefängnis kommen. Es ist ebenfalls wohlbekannt, daß solche Gesetze nicht für die Mitglieder der Familie Al Saud gelten. Aber während die männlichen Mitglieder der königlichen Familie für keines der Vergehen, dessen sie sich schuldig machen, bestraft werden, gelten für die weiblichen Mitglieder der Familie andere Regeln. Zwar wird uns eine öffentliche Verurteilung unserer Fehltritte erspart, denn unsere Herrscher würden davon natürlich peinlich berührt werden, aber die weiblichen Mitglieder meiner Familie werden gezwungen, eine hohe Strafe zu zahlen, wenn sie eine Sucht entwickeln.

Ich legte mich wieder ins Bett und versuchte, an den Fingern alle meine Cousinen abzuzählen, die unter Drogen- oder Alkoholsucht litten. Aber meine Finger reichten nicht aus. In den letzten paar Jahren ist dieses Problem so akut geworden, daß im Königreich spezielle Suchtkliniken eröffnet werden mußten. Jetzt müssen die Männer unserer Familie ihre alkohol- oder drogensüchtigen Frauen nicht mehr zu einer Entziehungskur ins Ausland schicken.

Erst vor wenigen Monaten hatte ich eine Cousine in einer dieser Kliniken besucht. Alles dort wies auf Reichtum und Privilegien hin. Mit dicken Teppichen belegte Böden und gedämpfte Stimmen machten den Besuchern klar, daß sie sich in einer ganz besonderen medizinischen Einrichtung befanden. Die Ärzte und Krankenschwestern sowie sämtliche anderen Angestellten stammten aus dem Ausland. Um zu gewährleisten, daß eine Patientin nie alleine war, waren ihr fünf persönliche Krankenschwestern zur Seite gestellt, die alle an den Umgang mit verhätschelten Prinzessinnen gewöhnt waren.

Meine Cousine bewohnte eine stattliche Suite mit drei Zimmern, in der die Annehmlichkeiten ihres normalen Lebens noch verdoppelt waren. Spezielle Köche bereiteten die auserlesensten Speisen zu, die in teurem Porzellangeschirr serviert wurden. Meine Cousine trug nach wie vor exquisite Designerkleider, wenn sie nahe Freunde und Verwandte in ihrer Kliniksuite empfing. Die einzigen Accessoires, die in dieser Umgebung fehlten, waren Alkohol und Drogen.

Die Behandlung bestand aus vielen Sitzungen mit qualifizierten Ärzten, doch die Erniedrigung einer Gruppentherapie, der sich die Süchtigen im Westen meist unterziehen müssen, blieb ihr erspart. Aber auch der Nutzen einer solchen Therapie blieb ihr verwehrt.

Die Kosten dieser Spezialbehandlung beliefen sich auf über sechsundzwanzigtausend Dollar, das sind hunderttausend Rials, pro Woche. Meine Cousine blieb sechzehn Wochen in dieser Einrichtung, dann hieß es, sie sei von ihrer Sucht geheilt. Leider verfiel sie innerhalb weniger Monate nach ihrer Entlassung wieder dem Alkoholismus. Den neuesten Berichten, die mir zu Ohren gekommen waren, war meine Cousine mindestens fünfmal in dieser Spezialklinik behandelt worden.

Doch sobald eine unglückliche saudische Ehefrau sich einer solchen Behandlung unterziehen muß, ändern sich für sie die Dinge von Grund auf, ob sie nun kuriert wird oder nicht. Diener schwätzen mit anderen Dienern, und die Wahrheit dringt immer nach draußen. Die weiblichen Verwandten bringen der süchtigen Prinzessin Mitleid entgegen, doch ihr Mann wird sie meist verstoßen, sich möglicherweise eine zweite Ehefrau nehmen oder sogar die Scheidung einreichen. Wie jede saudische Frau weiß, verliert sie bei einer Scheidung alles – ihren Status und ihre Kinder. Eine geschiedene Frau wird von der Gesellschaft rasch isoliert und ausgestoßen.

Kürzlich war Hazrat Al Saud, eine weitere königliche Cousine, die dem Alkohol verfallen ist, von ihrem Mann geschieden worden. Ihre fünf kleinen Kinder lebten nun bei ihrem Vater und dessen zwei Nebenfrauen. Ihnen war jeglicher Kontakt mit Hazrat untersagt worden. Hazrats Blutsverwandte hatten sie ebenfalls verstoßen, und nun lebte sie unter der Obhut einer alten, blinden Tante und zweier philippinischer Diener. Dennoch stand Hazrat noch immer so stark im Bann des Alkohols, daß sie jede Gelegenheit beim Schopf ergriff, um sich das Getränk zu besorgen, das ihr zum Verhängnis geworden war.

Erst vor einer Woche berichtete mir meine älteste Schwester Nura, daß Hazrat eine Explosion verursacht hatte bei dem Versuch, Wein aus Traubensaft, Zucker und Hefe herzustellen. Nura zufolge schwor Hazrats alte Tante, die Explosion sei so laut gewesen, daß sie schon dachte, die Iraker bombardierten Riad. Sie versteckte sich unter einem Bett und blieb in ihrem Versteck, bis sie Hazrat über den Verlust des Alkohols weinen und jammern hörte. Zweifellos war Hazrats Leben völlig ruiniert durch eben die Lust auf Alkohol, die in diesem Moment auch ich verspürte.

Ich erbebte. Angst überkam mich bei dem Gedanken, was mir die Zukunft wohl bringen würde, wenn mein Geheimnis jemals gelüftet würde. Ich schwor mir, Karim solle nie erfahren, daß ich schon am Morgen Alkohol trank. Vor langem war mir klar geworden, daß meine Stärke und Kühnheit die Pfeile waren, die das Herz meines Mannes durchbohrt und ihn an mich gefesselt hatten. Sicherlich würde die Basis, auf der unsere Liebe ruhte, ins Wanken geraten, falls Karim meine Schwäche entdeckte.

Entsetzt über die Wendung, die mein Leben genommen hatte, schwor ich mir, diese wachsende und gefährliche Lust auf Alkohol zu überwinden. Ich begann, die neunundneunzig Namen Allahs laut zu rezitieren, in der Hoffnung, daß der Gott aller Moslems sich meiner erbarmen würde, wenn ich meinen Glauben auf diese Weise bewies, und mir zusätzliche Stärke verleihen würde, um meine Schwäche zu besiegen. Meine Lippen bewegten sich, während ich die Worte flüsterte: »Der Mitleidige, der Gnädige, der Oberste, der Heilige, der Gewährer von Frieden, der Beschützer, der Allmächtige, der Schöpfer, der Majestätische, der Große Vergeber . . .«

Eine hysterische Maha störte meine aufrichtige Andacht. Meine Tochter rief, Munira habe sie gerade weinend angerufen. Das arme Mädchen hatte Maha bestätigt, was ich bereits erwartet hatte, daß sie nämlich guten Grund gehabt hatte, vor ihren Onkeln zu schweigen. Munira sagte, Ali habe ihr gedroht, sie und ihre Mutter zu schlagen, wenn sie es wagte, ihren Mund aufzumachen und gegen ihre Verlobung mit Hadi zu protestieren.

Die arme Munira hatte ihr auch gestanden, daß ihre täglichen Gebete nun aus Bitten an Gott bestanden, ihr noch vor dem Tag ihrer Eheschließung einen frühen Tod zu schenken.

Erinnerungen an Saras Selbstmordversuch trieben mich aus meinem Bett. Zusammen mit Maha verwarf ich einen riskanten Plan zur Rettung der Braut nach dem anderen. Schließlich gelangten wir zu der Meinung, daß der einfachste Plan der beste sei: Wir beschlossen, Munira in unserem Haus in Dschidda zu verstecken, bis Hadi wegen des Zögerns seiner jungen Braut so gekränkt war, daß er ihre Verlobung auflöste.

Eifrig rief ich Sara an und sagte ihr, sie solle rasch vorbeikommen. Ich hoffte, meine klügste Schwester dazu zu bewegen, uns bei der Ausarbeitung der weiteren Strategie behilflich zu sein.

Doch Sara wies unsere Idee sehr zu meiner Bestürzung gleich nach ihrer Ankunft zurück, ja, sie warnte mich sogar, daß sie sich gezwungen sehe, Karim auf mein verwegenes Vorhaben aufmerksam zu machen.

»Sara!« ermahnte ich sie. »Du bist doch selbst einmal in derselben Lage gewesen wie die arme Munira. Zwingen dich denn die Erinnerungen an deinen Mißbrauch nicht dazu, zur Rettung dieses unglücklichen Mädchens beizutragen?«

Sara erstarrte.

»Sara?«

Saras düsterer Gesichtsausdruck strafte ihre ruhige Stimme Lügen. »Sultana«, gestand sie, »jeder Tag meines Lebens ist verdunkelt durch das, was mir damals passiert ist. Selbst wenn ich mit Assad sehr glücklich bin, dringt doch immer Schmerz in mein Bewußtsein.« Sie machte eine kurze Pause. »Wenn ich Munira solch ein Schicksal ersparen könnte, würde ich es tun. Aber nur Gott kann Munira retten, Sultana. Nur Gott allein.«

»Gott verlieh Frauen einen scharfen Verstand, damit sie länger schmieden können«, wandte ich ein. »Wie sonst könnten wir uns vor dem bösen Wesen der Männer retten?«

Sara legte eine Hand auf meine Schulter. »Du magst zwar die Jahre einer Frau zählen, Schwester, doch in vielen Aspekten bist du noch ein Kind.«

Ich wandte mich von ihr ab. Ich war so enttäuscht und wütend, daß ich nichts mehr sagen konnte.

»Nun komm schon, Sultana. Versuche doch einen Augenblick klar zu denken. Dann wird dir bewußt werden, daß alles, was du tust, um Munira zu verbergen, nur die Entschlossenheit deines Bruders und Hadis verstärken würde. Wenn du Munira versteckst, werden sie sie finden. Dann wird Hadi sie heiraten, aber sein Herz wird mit Ärger und Bitterkeit erfüllt sein. Ihr Leben wird sich durch deine Bemühungen nur noch verschlimmern.«

Wie bei einem im Käfig sitzenden Vogel, der schließlich seine Gefangenschaft hinnimmt, verließ meinen Körper die Leichtigkeit, die die Hoffnung verleiht. Ich sank auf das Sofa und schlang die Arme um mich. Sara hatte recht, also schob ich einstweilen sämtliche Gedanken, meine Nichte freizubekommen, beiseite. Ich wußte, daß Munira Hadis Frau werden würde, falls nicht ein Wunder geschah. Zumindest konnte keine von uns etwas daran ändern.

Nachdem Sara heimgekehrt war, legte ich mich wieder ins Bett und verbrachte dort den restlichen Tag völlig gelähmt von Hoffnungslosigkeit.

Neun Tage verstrichen so rasch wie Augenblicke. Allzu schnell kam Muniras Hochzeitsabend auf uns zu.

Zwar empfand Ali keine Liebe gegenüber seiner ältesten Tochter, doch schon aufgrund seiner Stellung als hochstehender Prinz mußte Muniras Hochzeit ein grandioses Ereignis werden. Die Feier und die Vermählung sollten in der König-Faisal-Halle stattfinden, einem großen Gebäude in Riad, in dem schon viele königliche Hochzeiten gefeiert worden sind.

Am Abend der Hochzeit bahnte sich ein Strom von Limousinen den Weg zum Eingang der Halle, und Scharen verschleierter Frauen stiegen aus. Auch unser Fahrer hielt an den breiten Eingangsstufen des Gebäudes. Zwei Türsteher beeilten sich, die Türen unseres Wagens zu öffnen, und meine Töchter und ich traten in eine von Musik erfüllte Nacht hinaus. Als wir die Stufen hinaufstiegen, erfüllte der Rhythmus arabischer Tanzmusik die Halle.

Obwohl wir alle verschleiert waren, wußte ich, daß die meisten anderen Gäste ebenfalls der Königsfamilie angehörten oder Frauen waren, deren Familien gute Verbindungen zu unserer Familie unterhielten.

Bis auf den Bräutigam, seinen Vater oder Bruder und den Brautvater, vielleicht auch noch einen Mutawa, sehen wir auf so einem Fest nie Männer. In meinem Land feiern Männern und Frauen Hochzeiten an getrennten Orten. Während wir Frauen uns nun in der König-Faisal-Halle trafen, versammelten sich unsere Männer in Alis Palast.

Als meine Töchter und ich über die Schwelle in die große Halle traten, wartete schon ein Schwarm von Dienerinnen, die alle die gleichen roten Samtgewänder und Kopfbedeckungen trugen, darauf, uns unsere Umhänge und Schleier abzunehmen. Wir drei trugen teure Designerkleider, die wir im Vorjahr im Urlaub in Paris gekauft hatten. Ich trug ein schwarzes, mit roter italienischer Spitze verziertes Abendkleid.

Vor ein paar Tagen hatte Karim bei dem Versuch, mich von Muniras Pein abzulenken, einen libanesischen Angestellten in einem unserer Privatflugzeuge nach Paris geschickt mit dem Auftrag, ein besonderes Geschenk für mich zu besorgen. Das zehnreihige Diamantkollier lag nun um meinen Hals.

Maha war in ein burgunderrotes Seidenkleid gehüllt, das locker ihre breiten Schultern umspielte. Eine Halskette aus Perlen und Diamanten in einer schlichten Tränenform schmiegte sich an die samtene Haut ihres Dekolletés. Bei der

Auswahl ihres Schmuckes hatte Maha geflüstert, sie hielte es für angemessen, daß selbst ihre Juwelen für ihre liebe Cousine Tränen vergossen.

Amani trug ein dunkelblaues Gewand mit einer dazu passenden Jacke. Im Einklang mit ihrer strengen religiösen Anschauung hatte sie ein sehr schlichtes Kleid gewählt, das bis zum Hals geschlossen war.

Da in unserem Glauben die Ansicht vertreten wird, daß die Liebe zu Schmuck und Verzierungen ein natürlicher Wesenszug der Frauen ist und ihnen auch zusteht, solange sie damit nicht die Aufmerksamkeit von Männern auf sich ziehen und deren Begierde wecken wollen, konnte Amani sich kaum meinem Wunsch widersetzen, an diesem Abend Schmuck zu tragen. Ich hatte meine fromme Tochter noch einmal an das erinnert, was sie bereits wußte – bis auf Hadi, seinen Begleiter, ihren Onkel Ali und einen religiösen Vertreter würden bei unserer Zusammenkunft keine Männer anwesend sein. Sobald sie mir zugestimmt hatte, daß ihr Glaube es ihr erlaubte, kostbare Steine ohne Schuldgefühl zu tragen, wählte Amani eine hübsche Halskette aus Rubinen und Diamanten, die so angeordnet waren, daß sie einem Bukett leuchtender Blumen ähnelten.

Meine beiden Töchter waren wunderschön, und bei jeder anderen Gelegenheit wäre ich stolz gewesen, sie so zu präsentieren.

Als Maha und Amani sich zu ihren gleichaltrigen Cousinen gesellten, verließ ich sie und ging allein durch die große Halle.

Die Musik war so laut, die Sängerin so schrill, daß mir ihr Gesang wie Schreckensschreie vorkam. Oder bildete ich mir das nur ein?

Ich zuckte zusammen. Über mir erstrahlte eine Lichtsäule. Der Überfluß an Licht blendete mich. Auf Alis Wunsch hin waren Innenarchitekten aus Ägypten eingeflogen worden, die die gesamte Deckenfläche mit grellbunten Lampen bedeckt hatten. Beim Betrachten des Raumes war ich erstaunt über die Geschmacklosigkeit der Dekoration. Der Raum floß über von Licht, aus kitschigen Gefäßen quollen in Goldpapier gewickelte Süßigkeiten, Samtgirlanden waren scheinbar planlos quer über den Raum gespannt, Blumenarrangements, kaskadenartig um goldbemalte Säulen und auf Tischchen drapiert, hingen sogar noch an den Wänden. Doch die Blumen waren völlig willkürlich zusammengesteckt worden, ohne besonderes Muster oder Farbthema. Rote Rosen steckten neben gelben Butterblumen, lila Orchideen waren blauen Nelken zugesellt worden. Die kitschig geschmückte Plattform, von der aus Hadi und Munira die Hochzeitsgäste sehen und von ihnen gesehen werden konnten, war mit blinkenden grünen und roten Lampen bedeckt.

Ich war so gebannt von dieser teuren, jedoch höchst geschmacklosen Dekoration, daß ich Sara gar nicht bemerkte, die aus der wogenden Masse auf mich zukam.

Ein sanfter Arm legte sich um meine Taille. »Sultana.«

»Sara«, sagte ich lächelnd. »Gott sei Dank hast du mich gefunden.«

Abfällig unsere Umgebung musternd, meinte Sara: »Heute abend schäme ich mich, die Schwester meines Bruders zu sein.«

»Auch ich schäme mich, und nicht nur wegen der Dekoration«, pflichtete ich ihr bei.

»Ich wünschte, ich hätte dir dabei geholfen, Munira zu verstecken«, gab Sara zu.

»Ist das wahr?« meinte ich erstaunt.

»Ja. Unsere beiden Herzen schlagen im selben Takt.«

Ich umarmte meine Schwester und versuchte, ihr denselben Trost zu spenden, den sie mir gab.

»Du hattest recht, mich nicht noch zu ermutigen, Sara. Ali hätte den Sand der Wüste gesiebt, um seine Tochter zu finden und sie Hadi zu überreichen.« Ich seufzte traurig und resigniert. »Für die Tochter eines solchen Mannes gibt es kein Entkommen.«

Hand in Hand begannen Sara und ich, uns einen Weg durch den Raum zu bahnen, und begrüßten viele Tanten und Cousinen, während wir nach unseren Schwestern Ausschau hielten.

Bevor es soweit war, daß Munira sich zeigte, hatten sich alle zehn Töchter unserer geliebten Mutter Fadila zu einem Kreis versammelt.

Aber es herrschte keine Freude unter uns. Jede Schwester war tieftraurig über den Anlaß für unser Treffen. Nach Mutters Tod hatte Nura, die älteste Tochter, mit unserer Einwilligung den Rang der Führerin unter den Schwestern eingenommen. Die unerschütterliche Nura zeigte ihren jüngeren Schwestern oft den Weg, indem sie uns auf unsere realen Lebensbedingungen hinwies. Stoisch und stark wie sie war, hätte man eigentlich annehmen können, daß Nura ihre Gefühle bestens beherrschte. Doch an diesem Abend war selbst Nura bedrückt. Sie war in Ägypten dabeigewesen, als Hadi unserer Familie seinen wahren Charakter enthüllt hatte. Anders als viele, die sich hier versammelt hatten, wußte sie, wie korrupt die Seele des Mannes war, der Munira besitzen sollte.

»Dies ist ein sehr, sehr trauriger Abend«, murmelte Nura, den Blick auf das Hochzeitspodium geheftet.

Sara erbebte bei dem Gedanken an die Nacht, die vor Munira lag. Sie seufzte. »Wenn das liebe Mädchen die Männer nur nicht so fürchten würde!«

»Ob sie die Männer nun fürchtet oder sie liebt – diese Nacht wird grausam für sie werden«, meinte Tahani bedrückt.

Hinter Tahani stand die gute Reema, das fünfte Kind unserer Mutter. Reema befingerte gerade diskret die medizinische Vorrichtung, in der die Ausscheidungen ihres Körpers gesammelt wurden. Die Vorrichtung war sorgfältig unter ihrem Kleid verborgen, doch die ängstliche Reema hatte es sich angewöhnt, das Ding zwanghaft immer wieder zu überprüfen. Nach einem brutalen Angriff ihres Gatten Saleem hatte Reema sich einer Darmoperation unterziehen müssen und konnte nie mehr die Kontrolle über alle ihre körperlichen Funktionen ausüben.

Aufgebracht durch diese Erinnerung an eine weitere Frau, die durch einen Mann schweren Schaden erlitten hatte, fragte ich wütend: »Wie kommt es nur, daß wir all dies hinnehmen?«

»Schschsch!« meinten alle meine Schwestern im Chor, um mich davon abzuhalten, die Aufmerksamkeit der neben uns stehenden Frauen auf uns zu lenken.

»Ich bin der Meinung«, sagte ich durch zusammengebissene Zähne, »daß wir lieber den Königspalast mit Steinen bewerfen sollten, anstatt diesem schändlichen Ereignis hier beizuwohnen.«

»Sultana«, warnte mich Nura, »bitte mach jetzt keine Szene!«

Meine Unverfrorenheit überraschte sogar mich selbst: »Eigentlich solltest du hier eine Szene machen, geliebte Schwester!«

Nura erwiderte nichts, warf mir jedoch einen warnenden Blick zu.

»Jede Frau in Saudi-Arabien sollte so viele Steine aufklauben, wie sie tragen kann«, wiederholte ich, »und sie auf die Männer werfen.«

Acht meiner neun Schwestern, Nura, Reema, Tahani, Baher, Dunia, Nayam, Haifa und Soha, schnappten gleichzeitig nach Luft. Nur Sara blieb unbewegt.

Ich sah, wie sie sich ängstliche Blicke zuwarfen.

Sara, die die Enttäuschung auf meinem Gesicht bemerkte und wußte, daß ich mich nach einer einzigen beherzten Tat von ihnen allen sehnte, trat vor und nahm meine Hand.

Plötzlich erklang ein schrilles Trällern hinter verschlossenen Türen. Meinen Schwestern blieben weitere Peinlichkeiten durch mich erspart, denn nun begann die Hochzeitsprozession.

Vor Wut und Trauer zitternd sah ich, wie sechs wunderschöne Tänzerinnen theatralisch den Saal betraten. Die Frauen waren in Ägypten ausgebildet worden. Sie trugen reich geschmückte Kostüme, die ihre üppigen Körper vortrefflich zur Schau stellten. Als sie bei uns vorbeikamen, befremdeten mich ihre einladenden Gesten.

Fragend blickte ich auf Sara, die die Schultern zuckte. Ich hatte gehört, daß eine unserer Cousinen sich eine ägyptische Tänzerin zur Gespielin genommen hatte, und fragte mich nun, ob die finanziellen Vorteile, die diese Tänzerin aus der Verbindung gezogen hatte, ihre Kolleginnen auf den Gedanken gebracht hatten, es ihr gleichzutun.

Singende Trommlerinnen in buntbestickten Kleidern folgten den Tänzerinnen. Diese Frauen kamen aus einem saudischen Stamm, der unserer Familie treu ergeben war.

Zwölf kleine Mädchen zwischen drei und sechs Jahren folgten den Trommlerinnen. Es waren die Blumenmädchen, die in hübsche, rosafarbene Satinkleider gesteckt worden waren und dazu passende Haarreifen und Schuhe trugen. Sie streuten Blütenblätter von violetten Orchideen. Dem Geruch entnahm ich, daß diesen Blüten ein süßes Aroma zugesetzt worden war. Die Kinder waren Mitglieder unserer königlichen Familie, und ihr anmutiges kindliches Gebaren zauberte ein Lächeln auf die Gesichter vieler Zuschauerinnen.

Sobald die Tänzerinnen sich in einem Kreis um das thronartige Podest aufgestellt hatte, begannen sie, sich in einen wahren Wahn hineinzutanzen. Dies war das Zeichen, daß die Braut nun die Halle durchquerte.

Da ich nicht sehr groß bin, mußte ich mich auf die Zehenspitzen stellen, um besser zu sehen.

Munira schritt langsam durch die lange Halle. Sie trug ein Hochzeitskleid aus pfirsichfarbener Spitze, vor ihrem düsteren Gesicht lag ein durchsichtiger, pfirsichfarbener Schleier. In den wasserhellen Bergkristallen, die auf den Stoff des Schleiers gestickt waren, spiegelten sich die Lichter des Raumes und riefen dasselbe dramatische Funkeln hervor, das auch in Muniras verschleierten Augen liegen mußte. Die schwere Schleppe ihres Kleides wurde von jungen Cousinen getragen, die zwischen dreizehn und neunzehn Jahren alt waren. Diese Mädchen trugen häßliche orange Satinkostüme, die sie sich sicher nicht selbst ausgesucht hatten.

Überwältigt von dem Mischmasch schlechtgewählter Farben von Blumen und Gewändern fand ich, daß diese Hochzeit die unangenehmste war, die ich je besucht hatte. Alles hier paßte so wenig zusammen wie Hadi und Munira, der Bräutigam und die Braut.

Sara und ich tauschten ungläubige Blicke aus. Ich wußte, daß sie dasselbe dachte wie ich.

Als Munira an uns vorbeiging, erhaschte ich einen Blick auf ihr bleiches Gesicht. Ihre Augen waren ausdruckslos, sie blickte starr geradeaus – ein leerer Augenblick, der ewig zu dauern schien.

Ich fühlte mich schrecklich.

Sobald Munira auf dem Podest saß, kam der Moment, vor dem es mir am meisten grauste: die Ankunft des Bräutigams.

Die lauten Stimmen im Raum senkten sich zu einem erregten Flüstern.

Hadi ging in Begleitung von drei seiner Brüder auf die unselige Munira zu. Ali und ein bärtiger Mutawa folgten ihnen auf dem Fuß.

Munira starrte gleichmütig auf Hadi. Kurz zeichnete sich ein grausamer Schmerz auf ihrem Gesicht ab, doch er verflüchtigte sich rasch. Munira schien tapfer entschlossen, ihre Würde zu wahren, denn sie wußte, daß sie wie ein Tier ohne Hoffnung auf Entkommen in der Falle saß.

Anders, als es wohl die meisten Bräutigame getan hätten, blickte Hadi nicht zu seiner Braut. Statt dessen starrte er gierig auf die unbedeckten Gesichter der weiblichen Gäste! Offenbar hatten die Jahre ihn nicht verändert. Er schien die seltene Gelegenheit voll auskosten zu wollen, in dieser offiziell sanktionierten Umgebung einen Blick auf unverschleierte Frauen zu werfen. Hatte sich das abartige Wesen dieses Mannes in seinen Erwachsenenjahren noch verstärkt?

Empört über sein lüsternes Gaffen durchlief ein leises Murmeln die Reihen der Frauen.

Sara umklammerte meinen Arm so fest, daß ihre Finger weiß wurden. Befürchtete sie, daß ich mich aus ihrem Griff befreien, auf Hadi zueilen und ihm eine heftige Ohrfeige versetzen würde?

Es war kaum zu glauben, daß sich die Sache noch verschlimmern konnte, doch ich hatte bereits den Entschluß gefaßt, Hadi ins Gesicht zu spucken, falls er mir einen anzüglichen Blick zuwerfen sollte. Und dann würde ich den hier versammelten königlichen Damen alles mitteilen, was ich über diesen Mann wußte.

Den Anwesenden wurde diese aufregende Szene jedoch erspart, denn in dem Moment, als Hadi bei uns vorbeiging, zwang er sich dazu, nicht mehr die Menge, sondern seine vernachlässigte Braut anzublicken. Ein erfreutes Grinsen legte sich auf sein Gesicht. Er konnte sich in der Tat glücklich schätzen.

Nichts überraschte mich mehr als die Tatsache, daß Hadi seit unserer so lange zurückliegenden Reise nach Ägypten kaum gealtert war. Man hätte doch eigentlich annehmen können, daß ein so übler junger Mann sich in einen häßlichen, verrunzelten Alten verwandeln würde. Jedenfalls hatte ich eine solche Veränderung erwartet. Aber dies war nicht der Fall. Zwar war er dicklich geworden, doch sein Gesicht wirkte noch immer jugendlich. Wer würde darauf kommen, daß unter Hadis glatter Haut das Herz einer Bestie schlug?

Ein bitterer Gedanke schoß mir durch den Kopf: Unsere jungen Mädchen werden gezwungen, ihre Jugend zu opfern, damit Männer wie Hadi sich an ihrer Schönheit laben können! Indem sie junge Mädchen verschlingen, erhalten sich solche Männer ihre Stattlichkeit! Mühsam hielt ich meine Tränen zurück.

Hadi gesellte sich zu Munira auf dem Vermählungspodest. Er war sehr mit sich zufrieden.

Ich sah, wie Ali sich zu dem Brautpaar aufmachte, dann wandte ich mich ab. In Gedanken sagte ich mich von ihm, meinem eigenen Bruder, los.

Die offizielle Vermählungszeremonie hatte schon vor ein paar Tagen im engsten Familienkreis stattgefunden, obwohl die Braut und der Bräutigam nicht gleichzeitig daran teilgenommen hatten. Jetzt galt es nur noch zu feiern.

Nura versuchte, Sara und mich zu zwingen, zusammen mit unseren Schwestern dem Brautpaar unsere Glückwünsche auszusprechen. Doch wir weigerten uns. Wie konnten wir Freude heucheln, wenn einer der verruchtesten Männer, die wir kannten, jetzt den alleinigen Besitz einer hübschen unschuldigen jungen Frau beanspruchte, die unser eigen Fleisch und Blut war?

Ich lächelte bitter, als ich hörte, wie ein paar Cousinen Muniras gutaussehenden, reichen Gatten bewunderten. Ein stilles Gebet lag unausgesprochen auf meiner Zunge: Gott, erbarme dich der saudischen Frauen. Und zwar rasch!

4. Kapitel

Mein Geheimnis

Am Tag nach Muniras »sanktionierter Versklavung« brach Karim zu einer dreiwöchigen Geschäftsreise nach Japan auf. Abdullah begleitete seinen Vater. Leider war es wieder an der Zeit, daß Abdullah zu seiner Universitätsausbildung nach Amerika zurückkehrte, und deshalb sollte er direkt nach Kalifornien weiterfliegen, nachdem er ein paar Tage mit Karim in Japan verbracht hatte. Jedesmal, wenn ich daran dachte, daß ich das gutaussehende Gesicht meines geliebten Sohnes drei lange Monate nicht mehr sehen würde, traten mir Tränen in die Augen.

Bis auf die Bediensteten waren meine Töchter und ich nun allein in unserem Palast in Riad. Doch die Töchter konnten ihrer Mutter kaum Trost spenden, denn auch sie bereiteten sich auf ihr nächstes Schuljahr vor. Die ihnen daneben verbleibende Zeit wollten sie mit ihren Freundinnen verbringen.

Ich bin immer rastlos gewesen und langweile mich rasch, und zugegebenermaßen will ich ständig wissen, was meine Kinder treiben. Also verbrachte ich die leeren Stunden damit, auf den einsamen Gängen im zweiten Stock unseres Heims hin- und herzulaufen und häufig vor den Türen stehenzubleiben, die in die Zimmer meiner Töchter führten. Als sie jünger waren, hatten meine Töchter gemeinsam in einem Flügel unseres Palasts gewohnt. Aber schließlich hatten Karim und ich Amani in einen Flügel an der Südseite des Palastes umgesiedelt, weil sie sich ständig wild entschlossen gezeigt hatte, Mahas Hochglanzmodezeitschriften und Musikkassetten zu zerstören. Da Maha nach wie vor im Nordflügel wohnte, mußte ich zwischen den Zimmern meiner Töchter viele Schritte zurücklegen.

Meine Erkenntnisse variierten kaum: Aus Amanis Wohnbereich ertönte meist anhaltendes Beten und Singen, während durch Mahas Tür lautes Lachen und noch lautere amerikanische Rockmusik nach draußen schallten.

Rasch war ich davon gelangweilt, meinen allzu vorhersehbaren Töchtern nachzuspionieren, und zog mich in meine eigenen Wohnräume zurück. Da mir Muniras tragisches Schicksal nicht aus dem Sinn ging, hatte ich keine Lust, zu den üblichen Nachmittagseinladungen in die Häuser von Freundinnen oder Verwandten zu gehen.

Hadi war mit seiner jungen Braut für die Flitterwochen einen Monat nach Marokko gereist. Obwohl ich mich kaum überwinden konnte, über Muniras momentane Qualen nachzudenken, wollte ich doch wissen, wie es dem armen Kind ging. Also rief ich Tammam an, um Neuigkeiten über das Paar zu erfahren. Ich konnte es kaum glauben, als Tammam mir gestand, daß sie zu ängstlich gewesen sei, um Hadi nach der Telefonnummer des Hotels zu fragen, in dem das Paar wohnte! Ich warf den Telefonhörer heftig auf die Gabel, denn einen Wutausbruch wegen Tammams unglaublich törichtem Verhalten wollte ich lieber nicht riskieren.

Es blieb mir nichts anderes übrig, als zu warten. Zu meinem Mißfallen verspürte ich eine starke Lust auf ein Glas Alkohol, doch ich kämpfte gegen meinen sündigen Wunsch an.

Ein paar Stunden später rief mich eine verstörte Tammam an, um mir zu berichten, daß Munira heimlich angerufen hatte. Sie hatte ihrer Mutter berichtet, daß sie ihren neuen Ehemann noch heftiger verabscheute und fürchtete, als sie es für möglich gehalten hatte.

Nach diesem Telefonat legte ich mich krank vor Verzweiflung quer auf mein Bett. Mein ganzer Körper wurde taub. Wie machtlos ich mich fühlte! Weder ich noch sonst jemand konnte etwas tun, um Munira zu helfen. Sie war rechtmäßig mit Hadi verheiratet.

Schon vor vielen Jahren war mir klar geworden, daß sich in unserem Land keine Behörde in das Privatleben eines Mannes und einer Frau einmischen würde. Noch in tausend Jahren würden saudische Männer die Körper ihrer Frauen besitzen. Wie ich unsere Hilflosigkeit haßte!

Tränen strömten mir über die Wangen. Mein Herz flatterte gefährlich. Rasch entschloß ich mich, mein Denken auf etwas anderes zu richten. Ja, ich würde mich mit einer Aufgabe beschäftigen. Ich hatte die Überprüfung unserer Alkoholvorräte vernachlässigt. Nun wollte ich eine überraschende Untersuchung anstellen. Keineswegs mit der Absicht, mir selber ein Glas zu genehmigen, versicherte ich mir, als ich einen Morgenrock anzog – ich wollte einfach nur sicherstellen, daß niemand sich an diesen teuren und raren Vorräten verging. Da alkoholische Getränke in Saudi-Arabien verboten sind, ist es wahnsinnig teuer, auf dem Schwarzmarkt eine größere Menge zu erstehen. Eine Flasche Schnaps kostet zwischen zweihundert und dreihundertfünfzig Rials, das sind zwischen fünfundsiebzig und fünfundneunzig Dollar.

Ich ging durch unseren Palast, ohne auf die Pracht unseres kürzlich neu ausgestatteten Heims zu achten, hielt nicht inne, um die Räume mit ihren vielen Gemälden, Wandbehängen und antiken europäischen Möbeln zu würdigen. Im vergangenen Jahr hatten Karim und ich einen Innenarchitekten aus Mailand eingestellt, der sich Arbeiter besorgt hatte, um Wände niederzureißen, Decken und Fenster zu erneuern und mit Kuppeln und Gewölben versehene Räume mit hohen Säulen und Geheimkammern zu errichten. Er hatte Farben und Stoffe, persische Teppiche, Seidenvorhänge und Marmorfußböden aufeinander abgestimmt und erlesene italienische und französische Antiquitäten in die Räume gestellt. Die Verbindung von Arabesken und Bögen in maurischer Tradition mit modernem italienischem Dekor hatte zu einer romantischen

Lässigkeit geführt, die meine königlichen Cousinen neidvoll bewunderten.

Ich ging an dem großen Sitzbereich vorbei in den Nebenraum, in dem Zigarren und Alkohol aufbewahrt wurden. Dort stellte ich sehr zu meinem Unmut fest, daß eine unserer philippinischen Dienerinnen gerade die aus rötlichem Holz geschreinerten Anrichten abstaubte, in denen sich die alkoholischen Getränke befanden. Schroff befahl ich ihr, sich eine andere Aufgabe zu suchen. Als ich sicher war, daß sie den Raum verlassen hatte, begann ich, die Flaschen zu zählen. Zu meiner großen Freude hatte Karim unsere Vorräte bestens aufgefüllt. Ich zählte über zweihundert Flaschen Schnaps neben rund sechzig Flaschen verschiedener Liköre.

Frohgemut betrat ich den begehbaren Weinschrank, eine geräumige Eichenholzkonstruktion, die speziell dazu angelegt worden war, um unserer Weinsammlung die richtige Temperatur und Feuchtigkeit zu liefern. Bei zweihundert Flaschen hörte ich zu zählen auf.

Wir sind wahrhaft bestens ausgerüstet, dachte ich. Dann schweiften meine Gedanken in einen gefährlichen Bereich ab: Sicher würde Karim es nicht bemerken, wenn hier und da ein paar Flaschen fehlten. Als ich so über diesen reichhaltigen Vorrat nachdachte, überkamen mich vertraute Gelüste. Rasch war mein Vorsatz, abstinent zu bleiben, vergessen. Ich versteckte zwei Flaschen schottischen Whisky unter meinem weiten Morgenrock und stieg die gewundene Marmortreppe zu unserem privaten Wohnbereich hinauf, wobei ich mir fest vornahm, mir nur ein einziges Glas zu genehmigen.

Sobald ich in meinem Zimmer war, verriegelte ich die Tür und strich liebevoll über die mitgebrachten Flaschen. Dann begann ich zu trinken in der aufrichtigen Hoffnung, damit das Bild von Muniras anhaltender Folter aus meinem Kopf vertreiben zu können.

Vierundzwanzig Stunden später wurde ich durch hysterische Stimmen abrupt aus dem Schlaf gerissen. Als jemand mir mit der flachen Hand ins Gesicht schlug, öffnete ich die Augen. Ich hörte, wie mein Name gerufen wurde: »Sultana!«

Saras besorgtes Gesicht schwebte über meinem. »Sultana! Hörst du mich?«

Angst schoß in mir auf. Weil ich mich so unwohl fühlte, fürchtete ich, einen Unfall gehabt zu haben und nun aus einem Koma zu erwachen.

Ich hörte Maha weinen. »Mutter! Wach auf!«

Sara tröstete meine Tochter. »Danke Gott, Maha. Sie ist noch unter den Lebenden.«

Ich blinzelte, um meine Verwirrtheit abzuschütteln, wollte etwas sagen, brachte jedoch kein Wort heraus. Ich hörte, wie aufgeregte Frauenstimmen in den verschiedensten Sprachen – philippinisch, thailändisch und arabisch – durcheinanderredeten. Benebelt fragte ich mich, warum sich so viele schwätzende Frauen in meinem Schlafzimmer aufhielten.

Schließlich gelang es mir, meine Schwester mit schwacher Stimme zu fragen: »Was ist denn passiert?«

Mit tiefen Sorgenfalten auf der Stirn schien Sara um Worte zu ringen. »Sultana«, fragte sie endlich, »wie geht es dir?«

»Nicht gut«, sagte ich, bevor ich noch einmal fragte: »Was ist denn passiert?«

Die laute Stimme Amanis, die sich mit jedem Wort noch verstärkte, erhob sich über dem Rest: »Du hast eine schwere Sünde begangen, Mutter!«

Ein Schluchzen unterdrückend, schrie Maha: »Halt den Mund!«

Amanis Worte schallten durch das Zimmer: »Hier habe ich den Beweis!«

Ich drehte den Kopf und sah, daß Amani in jeder Hand eine leere Whiskyflasche schwenkte. »Mutter hat getrunken!« rief sie laut. »Der Heilige Prophet wird sie wegen dieser Sünde gewiß verfluchen.«

Sara blickte ihre Nichte ernst an. »Amani, gib mir die Flaschen und verlasse dann bitte diesen Raum!«

»Aber . . .«

Sara nahm Amani die Flaschen sanft aus der Hand. »Nun, mein Kind, tu, was ich dir gesagt habe. Geh jetzt!«

Neben ihrem Vater liebte und respektierte Amani ihre Tante Sara mehr als jeden anderen. Jetzt gehorchte sie ihr, doch nicht ohne zum Abschied noch eine Drohung zu äußern: »Ich werde Vater davon erzählen, sobald er wieder daheim ist.«

So benommen ich war, spürte ich doch, wie sich bei dieser Vorstellung mein Magen umdrehte.

Sara legte die leeren Flaschen behutsam auf das Fußende meines Bettes, dann übernahm sie das Kommando. »Und jetzt verlassen alle dieses Zimmer!«

»Ich nicht«, jammerte Maha.

»Doch, du auch, Maha.«

Als Maha sich zu mir herabbeugte, um mir einen Kuß zu geben, flüsterte sie: »Mach dir wegen Amani keine Sorgen, Mutter. Ich weiß schon, wie ich ihre dumme Zunge zum Schweigen bringe.«

Der Ausdruck in meinen Augen muß wohl meine Neugier verraten haben, denn Maha erklärte schnell: »Ich werde ihr drohen, allen ihren religiösen Freunden zu erzählen, daß sie unzüchtige Kleider trägt und mit Jungen flirtet.«

Obwohl das nicht stimmte, wußte ich doch, daß so eine Drohung Amani sehr besorgt stimmen könnte, denn sie hat den Ruf einer wahren Gläubigen, die niemals auch nur eine einzige Sünde begehen könnte. Zwar wußte ich, daß das nicht stimmte, aber es war mir auch klar, wie ernst es um mich bestellt war, wenn Karim auf meine Schwäche aufmerksam gemacht werden würde. Deshalb tadelte ich Maha nicht, sondern bedachte sie nur mit einem mühsamen Lächeln, das sie auch als zögernde Billigung verstehen konnte.

Als Maha den Raum verließ, bekam sie nur mit großer Mühe die Türe auf. Die hing ganz schief in den Angeln, weil sie aufgebrochen worden war, wie ich nun erst bemerkte.

Sara beantwortete meine unausgesprochene Frage. »Als du auf unsere Rufe nicht reagiert hast, befahl ich einem der Chauffeure, die Tür aufzubrechen.«

Tränen der Erniedrigung traten mir in die Augen.

»Du bist dagelegen wie tot, Sultana«, sagte Sara und nahm ein Tuch zur Hand, mit dem sie mir über die Stirn wischte. »Ich habe schon das Schlimmste befürchtet«, seufzte sie. Dann nahm sie ein Glas Tomatensaft und ermunterte mich, mit einem Strohhalm ein wenig Saft zu trinken. »Dein Schweigen hat mir einen Riesenschreck eingejagt!« Sie ordnete die Kissen unter meinem Kopf, bevor sie sich neben mich auf das Bett setzte.

Schließlich holte sie tief Luft, bevor sie sagte: »Sultana, du mußt mir jetzt alles erzählen, wirklich alles!«

Obwohl Sara sich um Gelassenheit bemühte, wußte ich doch, daß sie schwer enttäuscht war, denn das spiegelte sich in ihren dunklen Augen. Jemand, der sich so elend fühlte wie ich, hätte den Tod willkommen geheißen; mit bebenden Schultern begann ich heftig zu weinen.

Sara streichelte mein Gesicht und meine Arme. Mit sanfter Stimme teilte sie mir eine bittere Wahrheit mit: »Sultana, deine Tochter, deine Angestellten, alle sagen mir, daß du angefangen hast, sehr viel Alkohol zu trinken.«

Ich riß die Augen auf. Mein heimliches Trinken war also doch nicht so heimlich gewesen!

Sara wartete auf eine Erklärung. In diesem Augenblick wußte ich, daß meine Schwester die wahre Quelle meines Leids nicht verstand. Schluchzend rief ich: »Du hast ja noch kleine Kinder, die dich brauchen!«

Saras bestürzter Gesichtsausdruck machte mir klar, daß sie anfing, sich nun neben meinem körperlichen auch noch um mein geistiges Wohlbefinden zu sorgen.

Frustriert jammerte ich: »Und du hast deine Bücher!«

Das stimmte. Sara liebte es, Bücher zu sammeln, und zwar zu allen Themen, die sie interessierten. Dieser Zeitvertreib schenkte ihr endlose Stunden der Freude und Zufriedenheit. In Saras wertvoller Bibliothek standen Bücher auf Türkisch, Arabisch, Englisch, Französisch und Italienisch, und sie besaß auch unglaublich schöne Kunstbände, die gesondert aufbewahrt wurden. Daneben hatte sie sich eine unschätzbare Sammlung alter Handschriften zugelegt, die das goldene Zeitalter der arabischen Welt beschrieben. Wenn es denn jemals zu einer Katastrophe käme, bei der Sara allein auf der ganzen Welt zurückbliebe, würde sie in ihren Büchern Trost suchen und auch finden, das wußte ich genau.

»Sultana! Wovon sprichst du überhaupt?«

»Und dein Mann begibt sich nie auf lange Reisen!« Im Gegensatz zu Karim mußte Assad beruflich nur selten sein Heim verlassen. »Und Assad liebt dich mehr als Karim mich.«

Sara war mit Karims Bruder Assad verheiratet. Ich wußte schon lange, daß Karim mich nie so heftig lieben würde, wie Assad meine Schwester anbetete. Zwar hatte ich Sara und Assad ihre große Liebe nie mißgönnt, mich aber doch auch sehr nach der gleichen Zuneigung von Karim gesehnt.

»Sultana!«

Zwischen Schluchzern voller Selbstmitleid setzte ich zu einer Erklärung an. »Meine Kinder sind fast erwachsen. Sie wollen ihre Mutter nicht mehr in ihren Leben haben.« Das stimmte. Abdullah war vor kurzem zweiundzwanzig geworden, Maha war neunzehn, Amani siebzehn. Drei von Saras sechs Kindern waren noch jung genug, daß sie täglich die Aufmerksamkeit ihrer Mutter brauchten.

»Sultana, bitte! Deine Worte ergeben keinen Sinn.«

»Sara, nichts ist so geworden, wie ich es gewollt hatte. Keines meiner drei Kinder ist noch von mir abhängig. Karim verbringt mehr Zeit außer Haus als daheim. Und es gibt zahllose mißbrauchte Frauen in der Welt wie Munira, die um Hilfe schreien, und ich kann nichts für sie tun.« Ich begann hysterisch zu schluchzen. »Und jetzt habe ich Angst, daß ich zur Alkoholikerin werde.«

Zum ersten Mal wurde mir richtig klar, wie leer und erniedrigend mein Leben war. Ich schrie: »Ich habe versagt!«

Sara nahm mich liebevoll in die Arme. »Liebling, du bist der tapferste Mensch, den ich kenne. Schschsch, kleine Schwester, jetzt beruhige dich erst mal!«

Plötzlich sah ich Mutters Bild vor mir. Ich wollte wieder klein sein, an den Orten meiner Kindheit sein, sämtliche Enttäuschungen der Erwachsenenwelt, die ich seitdem erlebt hatte, vergessen. Ich wollte in der Zeit zurückgehen. Ich schrie so laut ich konnte: »Ich will Mutter wiederhaben!«

»Schsch, Sultana! Hör bitte zu weinen auf! Weißt du denn nicht, daß Mutter selbst jetzt bei uns ist?«

Meine Schwester wurde leiser, als ich mich im Zimmer umsah. Ich sehnte mich danach, Mutter noch einmal zu sehen, selbst wenn ihre Gestalt mir nur in Form einer Erscheinung sichtbar wurde, wie zuvor in meinen Träumen. Aber ich sah nichts. »Mutter ist nicht hier«, sagte ich. Nachdem ich mich etwas beruhigt hatte, beschrieb ich Sara meinen Traum. Für mich würde der durch den Tod unserer Mutter verursachte Schmerz nie heilen.

»Siehst du«, sagte Sara, »dein Traum zeigt, daß ich recht habe. Mutters Geist ist immer bei uns. Sultana, auch ich spüre ihre Anwesenheit oft. Sie kommt in den seltsamsten Augenblicken zu mir. Erst gestern sah ich sie hinter mir auftauchen, als ich in einen Spiegel blickte. Zwar erhaschte ich nur einen kurzen Blick, aber er reichte aus, um mich wissen zu lassen, daß wir eines Tages alle wieder vereint sein würden.«

Ich spürte, wie sich Frieden auf mich legte. Wenn Sara Mutter auch gesehen hatte, dann wußte ich, daß es Mutter noch immer gab. Die Aufrichtigkeit meiner Schwester ist noch von keinem, der Sara kennt, angezweifelt worden.

Sara und ich saßen eine Weile wortlos da und erinnerten uns an die Tage, als wir unschuldige Kinder waren und Mutters unerschöpflicher Vorrat an Weisheit, Verständnis und Liebe uns vor den meisten Gefahren beschützt hatte.

Als ich mich etwas bewegte, plumpsten die beiden leeren Whiskyflaschen vom Bett auf den Boden. Saras erschrockener Blick fiel auf die Flaschen, dann auf mich. Nun fiel mir wieder der Grund des Alarms ein, der Sara zu mir geführt hatte, und erneut senkte sich düstere Trübsal auf mich.

»Du befindest dich auf einem gefährlichen Pfad, Sultana«, flüsterte Sara.

Ich setzte mich auf und wickelte eine Haarsträhne um den Finger. Nach einer Weile brach es aus mir heraus: »Ich hasse mein untätiges Leben!«

»Sultana, du kannst doch mit deinem Leben mehr anfangen. Du mußt die Verantwortung für dein Glück übernehmen. Ein Hobby, eine Beschäftigung, die deine Aufmerksamkeit fesseln würde, täte dir sicher sehr gut.«

»Aber was? Der Schleier drängt sich zwischen alles, was ich tue«, murrte ich. »Warum nur haben wir das Pech gehabt, in einem Land geboren zu werden, in dem die Frauen sich mit schwarzen Tüchern verhüllen müssen?«

»Ich dachte, die Einsamkeit hätte dich zum Trinken verleitet«, bemerkte Sara trocken. Die Augen halb geschlossen, sagte sie leicht verdrossen: »Sultana, ich glaube wirklich, daß du dich auch noch mit Allah persönlich herumstreiten würdest.«

In mir tobten widersprüchliche Gefühle, und dabei wußte ich gar nicht recht, warum ich so erregt war. Schulterzuckend blickte ich Sara an. »Amani hat wahrscheinlich recht. Ich bin vom Propheten verflucht worden. Und er hat mich wohl bei vielen Gelegenheiten verflucht. Warum sonst sollte sich sämtliche Bitterkeit in meinem Leben so zusammenballen?«

»Manchmal redest du wirklich dummes Zeug, Sultana! Ich glaube nicht, daß unser Heiliger Prophet eine kummervolle Frau verfluchen würde«, sagte sie. »Willst du denn ein Leben ohne jegliche Probleme?«

»Inshallah!«

»Du willst ein Leben, das es nicht gibt, kleine Schwester.

Jeder Mensch hat Probleme.« Sie hielt kurz inne, dann sagte sie: »Selbst Könige haben Probleme, die nicht gelöst werden können.«

Ich wußte, daß sie auf die schwindende Gesundheit unseres Onkels Fahd anspielte, des Mannes, der der König von Saudi-Arabien war. Im Lauf der Jahre war er zunehmend gebrechlich geworden. Inzwischen war er ein Mensch, der alles hatte, bis auf Gesundheit. Als er vor kurzem einen ernsten Rückfall erlitten hatte, waren alle in unserer Familie an ihre eigene Sterblichkeit erinnert worden und an die Tatsache, daß alles Geld der Welt und sämtliche medizinischen Fortschritte den Tod nicht ewig abwehren können.

Saras strenger Tonfall wurde etwas weicher. »Sultana, du mußt lernen, den Schmerz des Lebens zu ertragen, ohne nach unangemessenen Lösungen zu greifen.« Sie schubste mit dem Fuß eine Whiskyflasche zur Seite. »Du bist die Sklavin einer neuen Macht geworden, einer Macht, die möglicherweise Probleme schafft, die noch ernster sind als diejenigen, die dich dazu veranlaßt haben, zur Flasche zu greifen.«

Da enthüllte ich ihr meine schlimmste Angst: »Amani wollte es Karim sagen.«

Sara antwortete spontan: »Du sagst es ihm als erste. Es ist ohnehin am besten, vor seinem Mann keine Geheimnisse zu haben, Sultana.«

Ich musterte meine Schwester eingehend. Ohne eine Spur von Groll wurde mir klar, daß ihre Schönheit und Tugend meine immer übertroffen hatten.

Obwohl sie völlig unerwartet hierher gerufen worden war, trug Sara ein makelloses, frisch gebügeltes Seidenkleid und farblich dazu passende Schuhe. An ihrem zarten Hals schimmerte eine exquisite Perlenkette. Ihr dichtes schwarzes Haar war vorteilhaft frisiert, ihre Haut wunderschön. Ihre Wimpern waren so lang und dicht, daß sie keine Wimperntusche brauchte.

Saras Privatleben glich ihrem perfekten Äußeren. Ihre Ehe

mit Assad war die beste Ehe, die ich kannte. Nie hatte ich sie die Stimme gegen ihren Mann erheben hören, nie hatte sie sich über ihn beklagt. Oft hatte ich erfolglos versucht, sie in Versuchung zu bringen, mir vertraulich eine Schwäche ihres Mannes einzugestehen. Während ich meine Kinder immer wieder anschrie, zwickte, ja sogar schlug, hatte ich nie erlebt, daß Sara bei einem ihrer Kinder die Beherrschung verloren hätte. Meine Schwester war die zufriedene Mutter von sechs Kindern, wie es ihr Huda, unser altes Kindermädchen, vor vielen Jahren prophezeit hatte.

Zwar gab es gelegentlich Probleme mit ihrem zweiten Kind, einer Tochter namens Nashwa, doch Sara blieb immer sanft, aber beharrlich. Sie hatte sogar eine herzliche Beziehung zu Assads und Karims Mutter aufgebaut, der nicht sehr beliebten und schwierigen Nura. Außerdem gehörte meine Schwester zu den wenigen Al Sauds, die ich kannte, die niemals Alkohol tranken oder Zigaretten rauchten. Sara hatte sicher keine Geheimnisse vor ihrem Mann. Wie konnte solch eine makellose Frau je verstehen, daß meine schlechten Gewohnheiten sich im Lauf der Jahre eher verschlimmert als verbessert hatten?

In meinem Leben hatte es immer dunkle Kapitel gegeben. Das Trinken war nur eines der vielen Geheimnisse, die ich vor Karim hütete. In all den Jahren unserer Ehe hatte ich mich meinem Mann immer in einem schmeichelhafteren Licht gezeigt, als es der Wahrheit entsprach. Ich beschwindelte ihn sogar, was die Anzahl der Kilos betraf, die ich in letzter Zeit zugenommen hatte.

Da ich meine Schwester nicht noch mehr enttäuschen wollte, indem ich ihr weitere Schwächen eingestand, hielt ich mich zurück, alles, war mir nun durch den Kopf ging, auszuplaudern. Statt dessen beeilte ich mich zu versprechen: »Ich werde nie wieder Alkohol trinken, wenn ich nur nicht Karim alles gestehen muß. Ich könnte es nicht ertragen. Er würde mir nie verzeihen.«

»Ach ja? Was würde er deiner Meinung nach tun?«

Ich verzerrte die Wahrheit immens. »Na ja, er könnte mich schlagen.«

Ungläubig riß Sara ihre schwarzen Augen weit auf.

»Du weißt doch selbst, Sara, daß Karim Menschen nicht mag, die ihre Begierden nicht kontrollieren können. Zumindest wird seine Liebe mir gegenüber schwinden.«

Saras Hände zuckten. »Was sollen wir also tun, um diese Gewohnheit zu beseitigen? Die Diener haben mir berichtet, daß du, wenn Karim weg ist, solange trinkst, bis du völlig betrunken bist.«

Empört fragte ich: »Wer behauptet denn so etwas?«

»Sultana! Zügle deine Wut! Man hat mir das mitgeteilt, weil man sich aufrichtige Sorgen um dein Wohlbefinden macht.«

»Aber ...«

Sara blieb fest. »Nein, das werde ich dir nicht sagen.«

Ich überlegte, welche der Bediensteten mir wohl nachspioniert hatte, aber bei so vielen Frauen im Palast konnte ich mir nicht sicher ein, auf welche ich meine Wut richten sollte.

Sara schürzte die Lippen und dachte nach. »Sultana, ich habe eine Idee. Bald bricht der Ramadan an. Dann wirst du ohnehin nicht essen oder trinken können, solange es hell ist. Und wenn Karim nicht bei dir ist, können wir darauf achten, daß Maha oder ich bei dir sind. Das wird die richtige Zeit sein, um diese sündige Begierde zu bekämpfen.« Sara beugte sich lächelnd zu mir herab. »Wir werden viel Zeit zusammen verbringen.« Ich hörte die warme Zuneigung in ihrer Stimme. »Es wird wieder so sein wie damals, als wir noch Kinder waren.«

Ich begann, an meinen Fingernägeln zu kauen, denn mir war wieder das noch ungelöste Hauptproblem eingefallen. »Aber wie werden wir Amani daran hindern, es Karim zu erzählen?«

Sara zog meine Hand vom Mund weg und hielt sie fest. »Ich werde mit ihr reden, mach dir keine Sorgen.«

Mir war noch einmal eine Gnadenfrist gewährt worden! Wenn Mahas Drohung Amani nicht zum Schweigen bringen würde, dann würde Sara es sicher schaffen, mein Kind zu überreden, nicht mit Karim zu reden. Ich lächelte glücklich, denn ich wußte, unter Saras aufmerksamen Blicken würde alles gut werden. Langsam begannen meine Sorgen zu schwinden.

Endlich war ich wieder so beruhigt, daß ich meinte: »Jetzt habe ich Hunger. Kannst du noch zum Essen bleiben?«

Sara nickte. »Ich werde daheim anrufen, um Bescheid zu sagen, daß ich noch ein Weilchen fort bin.«

Ich fragte durch die Sprechanlage in der Küche nach, was denn zum Mittagessen vorbereitet worden sei. Erfreut über das, was ich zu hören bekam, lobte ich die Köchin. Dann wies ich sie an, meiner Schwester und mir das Essen im Garten zu servieren, da ein paar Wolken am Himmel dazu geführt hatten, daß es kühler war als üblich.

Nachdem ich mir das Gesicht und die Hände gewaschen und ein neues Kleid angezogen hatte, begaben Sara und ich uns durch den Palast in die Gärten. Wir spazierten Arm in Arm unter einer Reihe dichtbelaubter Bäume, die uns kühlen Schatten spendeten. Hier und da blieben wir stehen, um die blühenden Büsche zu bewundern, die jetzt schwer waren von roten und goldgelben Blüten.

Mit dem unbegrenzten Reichtum der Familie Al Saud können wir viele wundervolle Dinge bewerkstelligen, ja selbst eine karge Wüste in einen grünen Garten verwandeln!

Das Essen war noch nicht da, doch wir machten es uns auf den komfortablen Stühlen bequem, die um den Glastisch standen. Eine rote Markise spendete dem Bereich um den Tisch Schatten.

Bald tauchten drei philippinische Dienerinnen auf, die eine Vielzahl von Speisen auf Silbertabletts trugen. Während wir darauf warteten, bedient zu werden, nippten Sara und ich an heißem, süßen Tee und sprachen über die Schulpläne unserer

Kinder. Nachdem die Bediensteten den Tisch gedeckt und unsere Teller gefüllt hatten, machten wir uns daran, uns durch eine reiche Auswahl an Salaten, Fleischbällchen in Sahnesauce und gebratenem Huhn, gefüllt mit hartgekochten Eiern und Reis zu essen. Wir sprachen und lachten über vieles.

Als mir Saras Worte über den bevorstehenden Ramadan einfielen, nahm ich mir noch eine zweite Portion, denn ich wußte, daß ich im Ramadan in den mit Tageslicht erfüllten Stunden, also vom Morgengrauen bis zum Sonnenuntergang, keine Nahrung zu mir nehmen durfte.

Während ich nun die Speisen genoß, schweiften meine Gedanken ab zu dem, was vor mir lag in dieser Zeit der Opfer. Bald würden Moslems auf der ganzen Welt beginnen, den Himmel nach dem Neumond abzusuchen, denn der zeigte den Beginn der Fastenzeit an.

Ich hatte den brennenden Wunsch, zum ersten Mal in meinem Leben meinen religiösen Eid auch tatsächlich einzuhalten.

5. Kapitel

Den Teufel an die Kette legen

Der Ramadan ist eine der fünf Säulen des Islam, und jeder erwachsene Moslem muß seine Bräuche befolgen. Im Koran heißt es, dem Gläubigen sei wie seinen Vorfahren eine Fastenzeit vorgeschrieben, damit er gottesfürchtig bleibe und sich zu beherrschen lerne.

Zwar atme ich etwas leichter in diesem besonderen Monat, denn ich weiß, daß dann die Pforten des Himmels offenstehen, die Tore der Hölle jedoch verschlossen sind und der Teufel angekettet ist, so daß er nichts Böses anrichten kann. Doch die strenge Befolgung aller im Ramadan vorgeschriebenen Regeln ist mir nie gelungen.

Ich wäre immer gern so fromm wie meine Mutter und Schwestern gewesen, aber ich muß zugeben, daß meine Frömmigkeit nie makellos gewesen ist. Selbst als Kind, als ich die Regeln des Ramadan lernte, wußte ich, daß ich unweigerlich scheitern würde. So wurde mir zum Beispiel gesagt, ich müsse meiner Zunge Schweigen auferlegen und das Lügen, das Schimpfen, das Lachen und den Widerspruch vermeiden. Meine Ohren sollten jeglicher Beleidigung gegenüber verschlossen bleiben. Meine Hände sollten nicht nach Bösem greifen, und auch meine Füße sollten davor zurückgehalten werden, Böses zu verfolgen. Wenn ich versehentlich dichten Staub oder Rauch in meinen Hals eindringen ließe, wäre mein Fasten ungültig. In den Stunden zwischen Sonnenaufgang und Sonnenuntergang sollte ich nicht nur keine feste oder flüssige Nahrung zu mir nehmen, ich sollte sogar noch darauf achten, daß ich, wenn ich mir den Mund ausspülte, nur ja nicht aus Versehen einen einzigen Tropfen Wasser schluckte! Und das Wichtigste war, von ganzem Herzen zu fasten. Jegliche weltlichen Belange sollten beiseite geschoben werden, nur Gedanken an Allah sollten in meinen Kopf dringen. Und zu guter Letzt sollte ich für jeden Gedanken, jede Handlung, die mich davon ablenken würde, an Allah zu denken, Abbitte tun.

Seit ich als junges Mädchen mit dem Fasten anfing, mußte ich oft genug Abbitte leisten dafür, daß ich es nicht geschafft hatte, die Regeln strikt zu befolgen. Im Koran heißt es dazu: Allah werde den Gläubigen nicht wegen eines unbedachten Wortes in den Eiden strafen, ihn aber für das, wozu er sich bewußt eidlich verpflichtet hat, zur Rechenschaft ziehen. Die Sühne eines solchen Eides besteht in der Speisung von zehn Armen mit solcher Kost, wie der Gläubige sie selbst gewöhnlich ißt, oder darin, zehn Arme zu kleiden oder in der Freilassung eines Sklaven.

In unseren langen Ehejahren haben Karim und ich die Übersicht darüber verloren, wie viele bedürftige Menschen schon mit Nahrung und Kleidung versorgt worden sind, weil ich meine Ramadan-Eide nicht einhalten konnte.

Während ich ein zweites Schälchen einer mit Honig gesüßten Nachspeise genoß, schwor ich mir, dieses Jahr meine Familie in Erstaunen zu versetzen, indem ich die Regeln des Ramadan strikt befolgte.

Nachdem Sara in ihren Palast zurückgekehrt war, vertiefte ich mich in den Koran, um mich für den kommenden spirituellen Monat zu rüsten.

Zehn Nächte später hallte die enthusiastische Botschaft aus der Moschee in unserer Nachbarschaft, daß der heilige Monat Ramadan angebrochen sei. Eine vertrauenswürdige Gruppe von Moslems in einem kleinen ägyptischen Dorf hatte als erste den Neumond gesichtet. Ich wußte, daß diese frohe Kunde nun in allen Ecken der Welt gehört wurde, in denen

Moslems leben. Für alle Moslems war nun die Zeit angebrochen, in der sie sich um Vollkommenheit bemühten.

Wir hatten bereits sechs Tage des Ramadan hinter uns, als Karim nach Riad zurückkehrte, um gemeinsam mit seiner Familie die wichtigen Rituale zu befolgen.

Als Amani ihrer Tante Sara versprach, Karim nicht zu eröffnen, daß ich trank, schwor ich mir, meiner gottesfürchtigen Tochter nie mehr einen solchen Strick in die Hand gelangen zu lassen, den sie dann vor meinen Augen herumbaumeln lassen konnte.

Ich spürte die schwache Hoffnung, daß sich nun alles zum Besten wenden würde.

Im Ramadan ändert sich der ganze normale Tagesablauf. Wir stehen mindestens eine Stunde vor Sonnenaufgang auf. Waschungen werden vorgenommen, es werden Verse aus dem Koran zitiert, es wird gebetet. Dann nehmen wir eine Mahlzeit vor Sonnenaufgang zu uns, Suhur genannt, die meist aus Käse, Eiern, Joghurt oder Milch, frischem Obst und Brot besteht. Wir müssen darauf achten, daß wir diese Mahlzeit vor dem ersten Strahl des Morgengrauens beendet haben. Nach dem Essen und noch bevor die Sonne richtig aufgeht, werden weitere Morgengebete gesprochen.

Den Rest des Tages dürfen wir weder essen noch trinken noch rauchen oder Geschlechtsverkehr haben. Wir beten am Mittag und dann noch einmal am Spätnachmittag.

Sobald die Sonne untergeht, wird das Fasten gebrochen, indem man eine kleine Menge Wasser, Saft oder Milch zu sich nimmt. Dazu wird ein Gebet gesprochen: »Oh Gott! Ich habe Dir zu Gefallen gefastet. Oh Gott! Nimm mein Fasten an und belohne mich.« Erst danach können wir Nahrung zu uns nehmen. Meist wird das Fasten mit Datteln beendet. Nach dieser leichten Zwischenmahlzeit kommt bald die Zeit für das Gebet, dann das Abendessen.

Im Ramadan treffen sich die Mitglieder unserer Großfamilie gewöhnlich jeden Tag vor Sonnenuntergang im Palast von

Sara und Assad, um gemeinsam die Abendmahlzeit einzunehmen. Meist ist allen festlich zumute, denn aufgrund der erfolgreichen Selbstbeherrschung sind alle frohen Mutes.

Diese festliche Stimmung steigert sich noch gegen Ende des Ramadan. Moslems beginnen mit den Vorbereitungen für das Eid-al-Fitr, das dreitägige Fest am Ende des jährlichen Fastens. Während viele eifrige Moslems die karge Zeit bevorzugen, in der sie sich um Vollkommenheit bemühen, ist für mich das Fest am Ende die schönste Zeit.

Da ich im Ramadan keine Termine habe, mache ich meistens die Nacht zum Tag und bleibe auf. Ich sehe mir amerikanische Videofilme an, lese im Koran oder spiele Patience. Sobald Karim zur Arbeit gegangen ist, lege ich mich wieder hin und schlafe noch ein wenig in den Stunden, in denen ich sonst den größten Hunger und Durst habe, um nicht der Versuchung zu erliegen, das Fasten zu brechen. Ich achte jedoch sorgfältig darauf, mittags aufzustehen, um meine Gebete zu sprechen, und auch die Zeit für das Nachmittagsgebet halte ich ein. Oft verlängere ich es im Ramadan sogar noch ein wenig.

In diesem Ramadan verbrachte Sara die schwierigen Stunden oft bei mir, wie sie es versprochen hatte. Wenn Sara ihre Familie nicht allein lassen konnte, blieb Maha an meiner Seite. Obwohl ich in den Nachmittagsstunden oft antriebslos und hungrig war, wußte ich doch, daß die Sonne bald untergehen und Karim heimkehren würde, um mit uns zu Saras Palast zu fahren.

Am neunzehnten Tag der Fastenzeit hatte ich noch keinen einzigen Eid gebrochen! Mein Stolz darüber, daß ich kein einziges Mal versucht gewesen war, heimlich einen kleinen Bissen oder einen Schluck Wasser zu mir zu nehmen, wuchs zusehends. Nicht einmal eine Zigarette hatte ich bisher geraucht! Und vor allem hatte ich erfolgreich der Versuchung widerstanden, Alkohol zu trinken.

Karim und Maha ließen mir oft genug ein ermutigendes

Lächeln oder ein paar Komplimente zukommen. Sara gratulierte mir zu jeder Gelegenheit. Selbst Amani war herzlicher mir gegenüber. Noch nie hatte ich es so viele Ramadan-Tage lang geschafft, auf dem schlüpfrigen Abhang unkontrollierter Wünsche nicht auszurutschen.

Ich glaube allen Ernstes, daß ich es dieses eine Mal geschafft hätte, die Vollkommenheit zu erlangen, die ich mir so sehnlichst wünschte, wenn nicht mein verhaßter Bruder Ali gewesen wäre. Obwohl er wußte, was seine Schwestern von Muniras Ehe hielten, bestand Ali darauf, daß sich Hadi und seine junge Frau am neunzehnten Tag zum Abendessen unserer Großfamilie anschlossen. Das Paar war am Vorabend von seinen Flitterwochen in Marokko nach Riad zurückgekehrt.

Aber Hadi war in unserem inneren Kreis nicht willkommen, und wir waren davon ausgegangen, daß er und seine vier Frauen sich mit ihren Kindern zum täglichen Fastenbrechen zu ihrer eigenen Familie gesellten. Als Sara mir berichtete, daß Hadi und Munira unter ihren Gästen sein würden, nahm ich an, daß wir gezwungen sein würden zuzusehen, wie die arme Munira zum ersten Mal öffentlich gedemütigt werden würde. Dieser Gedanke erzürnte mich so, daß ich haßerfüllt meinte: »Wie sollen wir vergnügt sein, wenn jemand wie Hadi an unserem Tisch sitzt?«

»Es wird ein schwieriger Abend werden«, pflichtete Sara mir bei, während sie mir den Rücken massierte. »Aber wir müssen ihn mit Anstand hinter uns bringen.«

Meine Stimme verhärtete sich, als ich die Zähne zusammenpreßte. »Hadi hat Munira doch nur aus einem einzigen Grund geheiratet: Er wollte sich immer nur in die Königsfamilie hineinschmuggeln!«

Hilflos reckte Sara die Hände in die Luft. »Wir können nichts daran ändern, Sultana. Er ist mit dem Kind unseres Bruders verheiratet. Alles, was wir tun, um Hadi zu ärgern, wird sich gegen Munira wenden.«

»Das ist eine richtige Erpressung«, murmelte ich zornig.

Maha flüsterte Nashwa etwas ins Ohr, und beide Mädchen lachten laut auf.

Sara und ich starrten unsere Töchter an.

Meine Stimme wurde lauter vor wachsendem Zorn. »Warum lacht ihr?«

Maha errötete, und noch bevor sie etwas sagte, wußte ich, daß sie eine kleine Lüge auftischen würde. »Wir sprachen nur von einem Mädchen in der Schule, Mutter.«

»Tochter! Verletze deinen Fasteneid nicht durch eine Lüge! Hast du vergessen, daß wir im Ramadan sind?«

»Nashwa?« Saras Stimme klang sanft.

Nashwa ähnelte Maha in vielfacher Hinsicht, aber es fiel ihr schwerer als meiner Tochter, ihre Mutter anzulügen.

»Es war nur ein kleiner Scherz, Mutter.«

»Und? Laß uns daran teilhaben!«

Nashwa tauschte einen besorgten Blick mit Maha aus, dann sagte sie: »Na ja, Maha schlug vor, Hadi mit einem Fluch zu belegen, um sein männliches Organ in ewigen Schlaf versinken zu lassen.«

»Kind!« Sara war entsetzt. »Schlag dir solche Gedanken aus dem Kopf! Nur Allah hat diese Macht.«

Ich war wütend, daß Maha so unbeschwert log, während Nashwa das nicht übers Herz brachte. Argwöhnisch blickte ich auf meine Tochter. Beschäftigte sich Maha etwa immer noch mit schwarzer Magie?

Maha begann, unter meinem prüfenden Blick unruhig zu werden. Vor vier oder fünf Jahren war Maha bei dem Plan ertappt worden, ihren eigenen Bruder mit einem bösen Fluch zu belegen. Eigentlich war ich immer davon ausgegangen, daß Karim und ich sie dazu gebracht hätten, jegliche Gedanken an schwarze Magie aufzugeben. Vielleicht war dem nicht so, dachte ich nun. Ich wußte, daß einige meiner königlichen Verwandten fest an schwarze Magie glaubten.

Sara teilte ich diese Gedanken zwar nicht mit, aber insgeheim war auch ich der Meinung, daß Muniras Leben sich zum

Besseren wenden würde, wenn ihr Mann impotent würde. Schließlich konnte sie sich in diesem Fall um eine Scheidung bemühen. In Saudi-Arabien kann ein Mann sich jederzeit von seiner Frau scheiden lassen, ohne einen bestimmten Grund anzugeben, während saudische Frauen nicht in einer so glücklichen Lage sind. Doch wenn ein Mann impotent ist oder nicht für seine Familie sorgt, kann sich auch eine Frau scheiden lassen, obwohl dies noch immer mit einigen Schwierigkeiten verbunden ist.

Sobald Hadi und Munira den Raum betraten, sah ich das Elend auf Muniras Gesicht. Ich war so entsetzt über ihre jämmerliche körperliche Verfassung, daß ich Hadi am liebsten geschlagen hätte. In nur einem einzigen Monat hatte Munira so schrecklich abgenommen, daß sie geradezu knochig geworden war.

Sara und ich tauschten einen bestürzten Blick aus.

Sara stand auf. »Munira, du siehst unwohl aus, Kind. Komm und setz dich zu uns.«

Munira blickte auf Hadi, um seine Zustimmung einzuholen.

Ihre Lebensgeister waren bereits aus ihrem Körper gesogen worden!

Hadi tat seine Ablehnung kund, indem er leicht den Kopf bewegte und mit der Zunge schnalzte.

Gehorsam blieb Munira an der Seite ihres Mannes.

Hadi schnippte mit den Fingern und befahl Munira: »Kaffee!«

Obwohl es im Palast genügend Bedienstete gab, die uns sämtliche Wünsche erfüllten, wollte Hadi uns zeigen, daß er eine der unseren versklavt hatte.

Munira spürte, daß die Frauen ihrer Familie über ihre mißliche Lage entsetzt waren. Sie errötete schamvoll und starrte auf den Boden.

»Munira!« sagte Hadi laut. Sein Gesicht verdüsterte sich.

Munira stolperte auf der Suche nach Kaffee in die Küche.

Hadis Verdüsterung wich einem Ausdruck des Triumphs. Er wandte sich um und blickte mit einer schier unerträglichen Zufriedenheit auf Muniras Familie.

Sara stand nur da und starrte erst Nura, dann Hadi, dann wieder Nura an. Sie wußte nicht, was sie angesichts Hadis vorsätzlicher Gemeinheit gegenüber seiner jungen Frau tun sollte. Bis auf die arme Reema hatten alle Töchter Fadilas achtbare Ehemänner, und selbst Saleem demütigte Reema nie vor ihrer Familie.

Eben als Munira mit Hadis Kaffee aus der Küche zurückkehrte, traf Ali ein.

Mein Bruder hat immer die Macht gehabt, mich zu provozieren. Nun drängte sich Ali, gemein, wie er war, mit seinem dicken Körper gegen Hadi und besaß doch tatsächlich die Frechheit, Hadi zu fragen, ob denn seine Flitterwochenaktivitäten ihn so beansprucht hätten, daß er es versäumt habe, die erotische Schönheit der marokkanischen Frauen zu genießen.

Munira war so peinlich berührt von der zotigen Bemerkung ihres Vaters, daß sie blutrot anlief.

Ich begann, vor Wut zu zittern. Hatte Ali vergessen, daß seine Tochter ein schüchternes Mädchen war, das sich nichts sehnlicher wünschte, als in Frieden gelassen zu werden?

Plötzlich ertrug ich es nicht mehr. Mein Bruder war ein gefühlloser Fleischberg, der es nicht verdiente, zu leben. Ich sprang auf und konnte nur noch an Gewalt denken.

Karim hatte mich beobachtet, und als er erkannte, welche Verwegenheit über mich gekommen war, eilte er zu mir, packte mich am Arm und führte mich in eine andere Ecke des großen Raums. Sara und Nura kamen rasch zu uns herüber.

Ali wirkte verwundert, als er einen meiner mordlüsternen Blicke auffing. Ich gelangte zu der Erkenntnis, daß er nicht nur mitleidslos war, sondern obendrein auch noch einfältig. Es kam ihm tatsächlich überhaupt nicht in den Sinn, daß er mit jedem seiner Worte seine unschuldige Tochter verletzte.

Für Ali waren Frauen ein Eigentum des Mannes, ein Besitztum, an dessen Gefühle und Wohlergehen man keinen Gedanken verschwendete.

Meine Schwestern und Karim drängten mich, in Saras Gemächer zu gehen und ein wenig auszuruhen. Sie waren oft genug Zeugen eines Streits zwischen mir und Ali gewesen und hofften, eine unangenehme Szene zu vermeiden, die das abendliche Festmahl gestört hätte.

Ich äußerte meine Meinung, daß Sara und Assad Ali und Hadi ihres Hauses verweisen sollten.

Nura schluckte ein paarmal und blickte auf Sara. »Wir sind in deinem Heim, Sara. Tu, was du für richtig hältst.«

»Wir müssen an Munira denken«, erinnerte uns Sara mit ihrer beruhigenden Stimme. »Alles, was wir tun, um Hadi zu ärgern, wird ihr schaden.«

Heftig wandte ich ein: »Schlimmer kann es doch gar nicht werden! Sie ist die Sklavin eines Mannes, der nichts mehr liebt, als Frauen zu quälen. Wenn wir ihn angreifen, wird er zumindest wissen, daß die Familie seiner Frau sein Verhalten nicht billigt.«

Ohne etwas darauf zu erwidern, führten Sara und Karim mich weg, während Nura zu der übrigen Familie trat. Beim Hinausgehen hörte ich Ali und Hadi zusammen lachen und scherzen.

Nachdem Karim und Sara mich überzeugt hatten, daß ein kleines Schläfchen mir wieder zu einem klaren Kopf verhelfen würde, ließen sie mich allein. Aber die Gedanken an Muniras Schande hielt mich vom Schlafen ab. Unruhig wälzte ich mich von einer Seite auf die andere und dachte ständig an die niemals endende Mißhandlung von Frauen in meinem Land. Uns saudischen Frauen gehört nichts als die Seele, und dies auch nur, weil bislang kein Mann einen Weg gefunden hat, uns auch noch die zu nehmen!

Eben, als mir die Augen zufallen wollten, entdeckte ich eine Weinflasche auf einem Tischchen in der Ecke des Zimmers.

Sara trank zwar keinen Alkohol, doch ihr Mann Assad schätzte gute französische Weine sehr.

Ich sagte mir, daß ich eher einen Schluck Alkohol als ein Schläfchen nötig hätte. Nichts würde meine Gefühle besser besänftigen als ein Glas gehaltvollen französischen Weins. Seit Sara mich aus meinem volltrunkenen Zustand gerettet hatte, hatte ich keinen einzigen Schluck mehr zu mir genommen. Ich zählte die Tage. Die letzten neunundzwanzig Tage und Nächte hatte ich mich so gut beherrscht, wie ich es mir nie hätte träumen lassen.

Nun verbannte ich jeglichen Gedanken an den Ramadan und das Versprechen, das ich meiner Schwester gegeben hatte. Ich schlug die Bettdecke zurück und schlich mich wie in einem Bann stehend zu der Flasche. Sie war noch fast voll. Selig umklammerte ich sie. Dann suchte ich nach einer Zigarette. Obwohl ich eine starke Raucherin bin, hatte ich seit heute früh vor dem Morgengrauen nicht geraucht. Ich blickte auf Assads Wecker. Bis zum Fastenbrechen dauerte es noch mindestens eine Stunde, aber ich spürte, daß ich nicht mehr so lange warten konnte. Da ich hier nicht das finden konnte, wonach sich mein Körper sehnte, schlich ich aus Saras Schlafzimmer und über den Gang zu Assads Wohnbereich. Dort würde ich sicher Zigaretten finden.

Mehrere Schachteln Rothmans, eine mir bekannte ausländische Zigarettenmarke, lagen in Assads Schlafzimmer herum. Ein goldenes Feuerzeug lag auf seinem Nachttisch. Mit meiner Beute mußte ich mir jetzt nur noch einen verschwiegenen Ort suchen, um mir ein Glas Wein und eine Zigarette zu genehmigen. Saras Schlafzimmer war ungeeignet. Vielleicht würden Karim oder Sara sich vergewissern wollen, daß ich mich auch tatsächlich ausruhte. Rasch beschloß ich, mich in Assads Bad zu verstecken.

Ich hatte das Bad meines Schwagers noch nie zuvor gesehen, aber ich war nicht überrascht von seiner Größe. Ich nahm mir ein Glas von der Ablage über dem Waschbecken, bevor ich mich auf einer kunstvoll verzierten Samtbank niederließ.

Mit zitternden Händen zündete ich mir die erste Zigarette dieses Abends an. Nachdem ich den angenehmen Rauch tief in meine Lungen hatte eindringen lassen, entfernte ich den silbernen Verschluß von der Weinflasche und schenkte mir ein. Abwechselnd nippte ich an Assads Wein und genoß die Zigarette. Einen kurzen Moment lang war das Leben wieder schön.

Eben als ich meine geheimen Schätze genoß, hörte ich das Geräusch herannahender Schritte. Die Furcht, ertappt zu werden, durchzuckte meinen Körper wie ein elektrischer Schlag. Ich stürzte in Assads große Dusche und zog die Glastür zu.

Zu spät merkte ich, daß ich die geöffnete Weinflasche auf dem Boden neben der Bank hatte stehen lassen. Meine Zigarette glühte noch. Ich drückte sie an den Wandfliesen aus und versuchte, den Zigarettenrauch wegzublasen.

Mit einem leichten Quietschen ging die Tür auf. Die großen Umrisse eines Mannes warfen einen Schatten auf die Tür der Dusche, als der Mann den Raum betrat.

Auf die gläserne Duschtüre waren große schwarze Schwäne ziseliert. Ich spähte zwischen den Schwänen hindurch. Der Eindringling war mein Bruder Ali!

Das hätte ich mir fast denken können.

Obwohl ich keine Einzelheiten erkennen konnte, schloß ich die Augen, als mein Bruder seine Thobe hochhob, die Unterhosen herunterzog und zu urinieren begann. Angewidert von dem dabei entstehenden Geräusch steckte ich mir die Finger in die Ohren. Er urinierte so lange, daß mir klar wurde, daß eine solche Menge nicht von jemandem ausgeschieden werden konnte, der den ganzen Tag keine Flüssigkeit zu sich genommen hatte. Da wußte ich, daß Ali die Regeln des Ramadan weniger ernst nahm, als er es vor anderen zeigen wollte. Dieses Wissen erfreute mich zutiefst, und ich konnte kaum ein Lachen unterdrücken bei dem Gedanken, wie Ali wohl reagieren würde, wenn ich aus der Dusche springen und ihn stellen würde.

Nachdem er die Spülung betätigt und seine Kleidung wieder geordnet hatte, stand er noch ein Weilchen vor dem großen Wandspiegel. Er klopfte sich auf die Wangen, fuhr mit den Fingern durch seinen dicken Schnauzer und die Augenbrauen und schmatzte mehrmals, während er sein Spiegelbild bewunderte.

Ich konnte kaum meine Belustigung in Zaum halten und mußte mir beide Hände vor den Mund pressen, um nicht in ein lautes Lachen auszubrechen.

Als Ali sich zum Gehen anschickte, fiel sein Blick auf die Weinflasche. Er starrte sie kurz gedankenverloren an, dann ging er zu der Bank hinüber und leerte die gesamte Flasche auf einen Zug.

Er begutachtete das Etikett. »Ah, ein gutes Jahr«, meinte er noch höchst zufrieden, bevor er die leere Flasche in den Mülleimer warf und den Raum verließ.

Ich brach fast zusammen. Diesen Wein hatte doch ich trinken wollen! Dann begann ich, über die Absurdität des Ganzen zu kichern. Aber nachdem ich mir die Tränen der Erheiterung vom Gesicht gewischt hatte, fiel mir etwas sehr Unangenehmes ein. Was die Enthaltsamkeit betraf, standen Ali und ich uns in unserem Versagen und unserer Heuchelei in nichts nach. Ich konnte den Teufel in meiner Seele ebensowenig bezwingen wie Ali!

Niedergeschlagen kehrte ich zu unserem Familientreffen zurück. Mit neugewonnener Demut stellte ich fest, daß ich Ali gegenüber so tolerant war, wie ich es mir früher an diesem Abend kaum hätte vorstellen können.

Während des ganzen langen Mahls sprach die arme Munira kein einziges Wort. Sie kauerte schweigend an der Seite ihres Mannes und aß kaum etwas von der kleinen Portion Reis mit Huhn auf ihrem Teller.

Meine Schwestern und ich tauschten im Verlauf dieses Abends viele besorgte Blicke aus. Unsere Herzen taten uns weh, aber wir hatten nicht die Macht, den Fluß von Muniras Leben zu verändern. Jede von uns hegte die Befürchtung, daß Muniras Leben wohl kaum mehr war als eine Anhäufung großen Leids. Doch wir waren hilflos. Nur Allah konnte Munira retten.

6. Kapitel

Der Paradiespalast

Seit meiner Jugend habe ich immer daran geglaubt, daß einmal gehegte Träume nie wirklich verloren gehen. Und deshalb träumte ich noch immer davon, eine pflichtbewußte Anhängerin des islamischen Glaubens zu werden, so, wie es meine Mutter und meine Schwestern waren. Auch wenn mich die Wahrheit ziemlich ernüchterte, daß ich am neunzehnten Tag des Ramadan meinen Fasteneid gebrochen hatte, indem ich eine Zigarette geraucht und obendrein noch als größte Blasphemie ein verbotenes Glas Wein getrunken hatte. Dennoch hoffte ich, trotz meiner Entgleisungen ein guter Mensch zu werden, auch wenn ich beschloß, daß es keinen Grund gab, dem Unbehagen auch noch eine Demütigung hinzuzusetzen, und ich deshalb meiner Familie gegenüber mein Versagen nicht eingestand. Jedenfalls zweifelte ich nicht daran, daß Gott mein sündiges Verhalten gesehen hatte, und dies allein war schon beschämend genug. Ich hoffte nur, daß Mutter mit ihrem spirituellen Leben so beschäftigt gewesen war, daß sie das unehrenhafte Betragen ihrer Tochter auf der Erde nicht bemerkt hatte.

Mit Karim war es natürlich etwas anderes. Am Tag vor dem Ende des Ramadan begaben wir uns zu unserem Palast in Dschidda am Roten Meer. Am Spätnachmittag wartete ich mit Karim und meinen Töchtern im Garten auf das Ende des letzten Ramadan-Tages. Ich merkte, daß Karim mich genau beobachtete. Er wirkte so nachdenklich, daß ich begann, mir Sorgen zu machen. Hatte etwa Amani ihr Versprechen gegenüber Sara nicht eingehalten? Hatte meine Tochter Karim von meinem schändlichen Zustand der Trunkenheit erzählt?

Ich wollte Karim schon fragen, woran er dachte, befürchtete dann jedoch, daß seine Gedanken sich um etwas drehten, was ich lieber nicht erörtern wollte. Als Karim die Stimme erhob, zuckte ich zusammen.

»Sultana«, sagte er lächelnd, »du sollst wissen, daß ich sehr stolz auf dich bin.«

Da ich Kritik erwartet hatte, verwirrte mich sein Kompliment einigermaßen. Ich saß da und brachte kein Wort heraus. Was hatte er vor?

Er wiederholte: »Ja, ich bin sehr stolz«, und blickte mich so liebevoll an, daß ich schon dachte, er würde mir gleich einen Kuß geben wollen. Aber da dieses Gespräch am hellen Tag stattfand und wir noch im Ramadan waren, streichelte er nur meine Hände.

Verwirrt brachte ich nur heraus: »Stolz?«

»Ja, mein Schatz.« Karims Lächeln wurde immer liebevoller. »Sultana, seit unserem ersten Ehejahr sehe ich, welch große Mühen dich jeder Ramadan kostet. Ich weiß, daß es für dich tausendmal bemerkenswerter ist als für andere Menschen, wenn du es schaffst zu fasten.«

Ich rutschte unruhig auf meinem Stuhl hin und her und wußte nicht, was ich dazu sagen sollte. Ich hatte ja beschlossen, daß es am besten sei, niemandem zu beichten, daß ich mein Fasten nicht eingehalten hatte. Aber nun quälten mich Schuldgefühle, wenn ich Glückwünsche annehmen sollte für eine Großtat, die ich nicht vollbracht hatte. Die Last meines schlechten Gewissens senkte sich mit ihrem ganzen Gewicht auf mein Herz.

Ich wußte, daß ich meinem Mann die Wahrheit sagen mußte, egal, wie unangenehm dies für uns beide werden würde. »Aber, Karim . . .«

»Keine Widerrede, Sultana. Weil du deinen Eid eingehalten hast, sollst und wirst du auch eine große Belohnung erhalten.«

»Karim, ich . . .«

»Liebste, schon vor langer Zeit wurde mir klar, daß Allah manchen Leuten stärkere Gefühle verleiht als anderen. Und ich glaube, er hat seinen Grund dafür. Obwohl solche Menschen viel Unruhe stiften können, erweist sich dies oft als ein glücklicher Umstand.« Zärtlich lächelnd blickte er mich an. »Und du bist so ein Mensch, Sultana.«

»Nein, nein, Karim, ich muß dir sagen, daß . . .«

Karim legte mir einen Finger auf den Mund. »Ich denke oft, daß deine Gefühle tiefer reichen als bei allen anderen Menschen, die ich kenne, und daß deine tiefen Gefühle dir oft großes Leid einbringen.«

»Karim, hör mir bitte zu . . .«

Maha fiel in unser Gespräch ein. »Vater hat recht, Mutter. Und du wirst einen großen Lohn dafür erhalten, daß du deine Lust auf irdische Genüsse bezwungen hast.« Sie blickte Karim frohgemut an. »Auch ich bin sehr stolz auf Mutter.«

»Nein! Ihr versteht mich nicht!« rief ich, legte den Kopf in die Hände und stieß einen unterdrückten Seufzer aus. »Ihr versteht mich nicht. Ich muß Buße tun!«

In diesem Moment hatte ich endlich das Gefühl, den Mut aufzubringen, um ihnen meine Gründe für mein verzweifeltes Bedürfnis, Abbitte zu leisten, darzulegen und zu gestehen, daß ich weniger rein war, als sie beide glaubten.

Doch Amani wählte eben diesen Moment, um mich zu tadeln. Verächtlich meinte sie: »Ihr lobt eine Moslemin dafür, daß sie das tut, was von jedem Moslem als Mindestleistung erwartet wird?«

Karim ignorierte Amani. Er wirkte erstaunt, als er mir die Hände vom Gesicht zog. »Buße? Wofür?«

Ich merkte, daß ich nicht gewillt war, vor einem derart unbarmherzigen Kind wie Amani mein Versagen zu gestehen. Tief ausatmend sagte ich: »Ich muß für vergangene Sünden zusätzliche Buße tun.«

Als ich Karims Augen vor Stolz und Liebe leuchten sah,

machte sich wieder mein schlechtes Gewissen bemerkbar. Wie konnte ich mich nur so tief sinken lassen? Ich senkte den Kopf und murmelte: »Wie du weißt, habe ich immer ein ziemlich sündiges Leben geführt.«

Jetzt führte ich sie auch noch an der Nase herum, was meinen Schuldgefühlen noch mehr Nahrung gab. Ich war mir sicher, daß Gott mich ernstlich dafür bestrafen würde, daß ich meinen schamlosen Betrug fortsetzte. Insgeheim, doch aufrichtig, schwor ich mir, den ersten Moment, in dem Karim und ich allein sein würden, zu nutzen, um dieses Unrecht zu berichtigen. Ich würde ihm alles gestehen.

Meine Gedanken schweiften zu Mutter ab. Ich seufzte und sagte, ohne es zu wollen, laut: »Ich wünschte, Mutter wäre bei uns.«

Amani erklärte haßerfüllt: »Nur die Schwachen können den Willen Gottes nicht akzeptieren.«

Traurig und resigniert blickte ich auf Amani.

Sie wollte wohl noch eine weitere Beleidigung hinzufügen, doch Karim bedachte sie mit einem strengen, vorwurfsvollen Blick. »Wir sind praktisch am Ende des Ramadan, Amani, und da beleidigst du deine Mutter?«

Dies brachte Amani zum Schweigen.

Plötzlich ertönte eine klangvolle Stimme aus den Lautsprechern der benachbarten Moschee. Sie verkündete, daß der Neumond für den Monat Shawwal, den zehnten Monat des islamischen Kalenders, gesichtet und bestätigt worden war. Der Ramadan war vorüber! Nun begann das Fest Eid-al-Fitr. Wir gaben unserer Freude Ausdruck, indem wir uns und unsere Bediensteten umarmten und beglückwünschten und Gott darum baten, uns bis zum nächsten Ramadan Gesundheit zu gewähren.

Meine Lieblingszeit des Ramadan war angebrochen, obwohl meine Freude etwas gedämpft war durch das Wissen, daß ich noch Buße tun mußte.

Eid, das größte Fest des Islam, dauert drei Tage. Von der

Regierung werden dazu alle möglichen Aktivitäten organisiert. Es gibt Feuerwerke, Dichterlesungen, Theateraufführungen, Malwettbewerbe, Konzerte mit Volksliedern. Die Menschen besuchen Verwandte und Freunde und überreichen ihnen Geschenke.

Wir feierten die ganze Nacht lang, bis die goldenen Strahlen der Morgensonne den Horizont erleuchteten. In dieser Nacht hatte ich also auch keine Gelegenheit, Karim ein Geständnis abzulegen.

Am nächsten Tag schliefen wir bis zum Mittag. Gleich beim Aufwachen nahm ich mir ganz fest vor, Karim von meinem Eidbruch zu berichten, doch sobald mein Mann sich fertig angezogen hatte, erinnerte er mich daran, daß er einen Großteil des Tages im Palast unseres geliebten Königs Fahd verbringen würde. Karim beschäftigte sich in Gedanken bereits so intensiv mit den diversen Traditionen des Eid, daß ich es für das Beste hielt, unser Gespräch auf später zu verschieben.

Dennoch hatte ich ein Problem. Unabhängig davon, ob ich nun Karim ein Geständnis ablegte oder nicht, mußte ich angemessen Buße tun, und zwar bevor ich zu meiner Runde der Besuche und Geschenkübergaben aufbrach.

Eben als Karim zur Tür hinaus wollte, rannte ich zu ihm und faßte seinen Arm. »Liebster, hast du nicht etwas vergessen? Ich habe den starken Wunsch, vielen armen Menschen in diesem Jahr etwas zu essen zu geben.« Ich zupfte an seinem Hemdärmel. »Sogar noch mehr als in früheren Jahren.«

Karim lächelte. »Muß ich mehr armen Familien zu essen geben als damals, als du einen großen Teller Maamool Bel Tamur gegessen hast?« Das sind mit Datteln gefüllte Küchlein.

Ich errötete und kaute auf den Lippen. »Ja.«

Jener erniedrigende Vorfall hatte sich vor zwei Jahren im Ramadan ereignet. Unsere Köche hatten Stunden damit zugebracht, die Gewürze, das Mehl und die Datteln für dieses Gebäck zu vermengen, das unserer Familie zum Nachtisch nach der Abendmahlzeit serviert werden sollte. Den ganzen

Morgen lang war der Duft des leckeren Gebäcks durch den Palast geweht und hatte mir das Wasser im Mund zusammenlaufen lassen, denn diese Küchlein waren meine Lieblingsnachspeise. Das Fasten hatte mich so hungrig gemacht, daß ich kaum einen klaren Gedanken fassen konnte und den ganzen Tag lang nur an die Dattelküchlein dachte.

Als ich am Spätnachmittag glaubte, daß alle in ihren Zimmern ruhten, schlich ich mich in die Küche. Ich war so erfüllt von dem Gedanken, diese Küchlein zu kosten, daß ich Karim nicht bemerkte, nutzte die Kühlschranktür als Deckung, falls jemand kommen sollte, und verschlang ein Küchlein nach dem anderen.

Karim beobachtete mich still, während ich gierig die Küchlein in mich hineinstopfte. Später sagte er mir, sobald er sah, wie das erste Küchlein in meinem Mund verschwand, habe er pragmatisch beschlossen, mich meinen Hunger stillen zu lassen. Denn ob man nun viele Küchlein oder nur eines aß, änderte nichts an der Schwere der Sünde.

Karims schelmisches Lächeln wurde immer breiter, als er bemerkte, wie unwohl mir bei der Erinnerung an diese Szene wurde. »Und gewiß muß ich doch nicht so viele Familien füttern wie letztes Jahr, als du während des Ramadan mehr als eine Schachtel Zigaretten geraucht hast, oder?«

»Hör auf, Karim!« Ich drehte ihm verärgert den Rücken zu. »Mach dich nicht lustig über mich!«

Doch Karim ließ nicht nach. »Ja, ich entdeckte dich, wie du in einem deiner Schränke kauertest, umringt von Zigarettenkippen.«

Er lachte leise bei dieser Erinnerung. Zärtlichkeit mischte sich in seinen Spott. »Nun sag schon, Sultana, welche Sünde hast du denn diesmal begangen?«

Gott hatte mir endlich die Gelegenheit gewährt, um die ich ihn gebeten hatte, aber ich hatte ja bereits beschlossen, daß an diesem Morgen keine Zeit sei für ein Geständnis.

»Ich habe nichts getan«, erklärte ich abwehrend. »Ich will

einfach unseren Reichtum mit den weniger Glücklichen teilen.«

Karim musterte mich skeptisch.

»Verpflichtet unser Reichtum uns denn nicht zur Großzügigkeit?« fragte ich.

Karim hatte es ziemlich eilig, seine Vettern und Onkel im Palast des Königs zu treffen. Er nahm mich beim Wort. »In Ordnung, Sultana. Ich werde Mohammed beauftragen, genügend Nahrungsmittel einzukaufen, um dreißig bedürftige Familien zu beköstigen. Reicht dies aus, um deine Sünden aufzuwiegen?«

»Und sag ihm, daß er auch Kleidung für sie besorgen soll«, fügte ich schnell hinzu.

Mohammed war ein ergebener ägyptischer Dienstbote. Er würde den anderen Dienern gegenüber nicht ausplaudern, welch große Sühne unsere Familie leistete.

»Also auch Kleidung«, willigte Karim nachsichtig ein.

Ich atmete erleichtert auf. Da ein Eidbrüchiger zur Strafe zehn bedürftige Menschen speisen muß, dachte ich, daß es als Sühne dafür, daß ich mein Fasten gebrochen und Wein getrunken hatte, wohl mehr als genug sein würde, wenn nun dreißig Familien gespeist und gekleidet würden.

Nachdem Karim weg war, befahl ich Libby, einer meiner philippinischen Dienerinnen, mir ein Bad vorzubereiten. Frohgemut und erleichtert darüber, daß ich meine Schuld so einfach durch Almosen hatte tilgen können, trällerte ich in der Badewanne arabische Liebeslieder.

Nach dem Baden schminkte und parfümierte ich mich, und dann legte mir meine ägyptische Friseuse mein langes schwarzes Haar in komplizierte Zöpfe, die sie mit teuren Haarspangen feststeckte. Ich hatte sie vor kurzem bei Harrods in London erstanden. Ich musterte lange die vielen Kleider in meinem Schrank, bis ich mich für eines meiner Lieblingskleider aus rotem Satin entschied, das aus dem Atelier von Christian Dior stammte.

Sobald ich mit meinem Spiegelbild zufrieden war, rief ich nach Maha und Amani, denn ich konnte es kaum erwarten, unsere verschiedenen Verwandten zu besuchen.

Aufmerksam überwachte ich die drei Diener, die die vielen Geschenke von meinen Töchtern und mir für unsere Verwandten und Freunde im Kofferraum unseres neuen Mercedes verstauten. Die elegant verpackten Schachteln enthielten delikate Schokolade in der Form von Moscheen, mit Goldfäden bestickte Seidenschals, Fläschchen erlesensten französischen Parfüms und Perlenhalsketten.

Ich wußte auch schon, welchen Palast ich als erstes besuchen wollte. Im vergangenen Jahr hatte ein exzentrischer Cousin, den wir nicht sehr gut kannten, einen großartigen Palast errichten lassen, den ich schon lange einmal hatte sehen wollen, weil ich von Freunden viele phantastische Geschichten über seine Wunder gehört hatte. Berichten zufolge hatte dieser Cousin, Faddel, eine unvorstellbar hohe Summe ausgegeben, um einen Palast und eine Gartenanlage zu errichten, die dem himmlischen Paradies gleichkommen sollten, wie es in unserem Heiligen Koran geschildert wird.

Der Heilige Koran beschreibt ausführlich den Ruhm und das Vergnügen, die denjenigen erwarten, der Gott ehrt und auf Erden das Leben eines guten Moslems führt. Geduldige, gehorsame Seelen können sich darauf freuen, die Ewigkeit in einem einzigen riesigen Garten zu verbringen, der von munter dahinfließenden Bächlein bewässert wird und in dem grüne Bäume Schatten spenden. Dort werden sie, in seidene Gewänder gekleidet und mit Juwelen geschmückt, die ganze Zeit müßig auf Sofas lagern und die verlockendsten Speisen zu sich nehmen. Wein wird im Gegensatz zum irdischen Leben nicht verboten sein, sondern von schmucken Dienern in Silberbechern serviert.

Einen Moslem, der das Glück hat, ins Paradies einzukehren, wird noch ein weiterer Lohn erwarten: Verführerisch schöne Mädchen, noch von keinem Mann berührt, werden sich um seine sämtlichen Bedürfnisse kümmern und ihm jeden sexuellen Wunsch erfüllen. Jeder Mann wird zweiundsiebzig dieser wunderbaren Jungfrauen besitzen.

Auch fromme Frauen werden ins Paradies einkehren, und es heißt, daß diese Frauen die größte Freude daran haben werden, den Koran zu zitieren, und in höchste Verzückung geraten allein dadurch, daß sie Allah zu Gesicht bekommen. Um diese Frauen herum werden sich Kinder tummeln, die nie erwachsen werden. Da moslemische Frauen keine sexuellen Wünsche haben, erwarten sie im Paradies natürlich auch keine Sexualpartner.

Obwohl ich nun von größter Neugier erfüllt war, wie mein Cousin Faddel wohl die Wunder des Paradieses auf Erden nachgestellt hatte, verspürte ich auch eine unheilvolle Vorahnung. Mein Herz sagte mir, ich solle lieber nicht in diesen Palast gehen. Doch trotz dieser Warnung setzte ich zusammen mit meinen Töchtern meinen Weg fort.

Bei unserer Ankunft vor dem »Paradiespalast«, wie ihn einer unserer Cousins spöttisch genannt hatte, fanden wir das eiserne Torgitter verschlossen vor. Der Torhüter war nirgends zu sehen. Unser Fahrer machte sich auf die Suche und berichtete uns schließlich, daß er durch das Fenster der Wächterhütte zwei nackte Füße unter einem Stuhl gesehen habe.

Ich befahl ihm, an der gläsernen Trennwand zu pochen. Endlich erwachte der schläfrige Wächter, der aus dem Jemen stammte, und öffnete das Tor, so daß wir schließlich einfahren konnten.

Obwohl die Zufahrt mit vielen teuren polierten Steinen gepflastert war, die in der Sonne glitzerten und funkelten, war sie für in einem Auto ankommende Besucher ein ziemlich holpriger Weg. Ich blickte mich höchst interessiert um, während wir unter den dichten Zweigen eng zusammenstehender Bäume hindurchfuhren. Als wir diese Baumhöhle passiert hatten, sahen wir vor uns ein Bild von atemberaubender Schönheit.

Faddels Palast bestand nicht aus einem großen Gebäude, wie ich erwartet hatte, sondern aus einer Ansammlung schneeweißer Pavillons. Es mochten etwa fünfzehn bis zwanzig identische Pavillons sein, mit himmelblauen Dächern, die kreisförmig um einen größeren Pavillon herum angeordnet waren und beeindruckend wirkten.

Die Grasfläche um die Pavillons erweckte den Eindruck eines üppigen grünen Teppichs. Ringsherum waren kunstvolle bunte Beete mit seltenen Blumen angelegt. Die weißen Pavillons mit ihren blauen Dächern zwischen dem grünen Gras und den lebhaften Blüten boten in ihrer Zusammenstellung ein wunderschönes Bild.

»Seht nur, Kinder«, sagte ich, »das Gras hier ist so grün wie meine neue Smaragdkette!«

Maha rief: »Das sind ja über zehn Pavillons!«

»Achtzehn«, sagte Amani tonlos.

»Amani«, rief ich und deutete auf ein verziertes goldenes Schild, auf dem in grünen Buchstaben »Hengste« stand. »Der Weg dort führt wohl zu den Ställen.«

Es überraschte mich ein wenig, daß Faddel Ställe unterhielt. Zwar kaufen und züchten viele meiner Cousins teure Pferde, doch ich hatte nie gehört, daß Faddel an Pferden interessiert war.

Amani beugte sich über mich, um das Schild zu lesen, sagte jedoch nichts.

Unser Fahrer lenkte den Wagen auf eine kurvige Straße, die durch einen imposanten weißen Marmorbogen hindurchführte. Dies mußte die Zufahrt zu dem größten Pavillon sein. Ein großer, gutaussehender ägyptischer Türsteher öffnete unsere Wagentüren und hieß uns überschwenglich willkommen. Dann beeilte er sich, die riesigen Flügeltüren zu einem großen Empfangssaal zu öffnen. Er blieb am Eingang stehen und wartete, während unser Fahrer die Geschenke für diesen Cousin und seine Frau aus unserem Mercedes auslud.

Sobald ich die richtigen Päckchen in den Händen hielt, trat

ich in das Empfangszimmer. Meine Töchter folgten mir. Wir wurden von einer hübschen jungen Asiatin in perfektem Arabisch begrüßt. Sie stellte sich uns als Layla vor und hieß uns mit einem süßen Lächeln als die ersten Gäste des Tages willkommen. Ihre Herrin, unsere Cousine Khalidah, würde gleich da sein, sagte sie, und in der Zwischenzeit sollten wir schon einmal in den Hauptwohnbereich gehen.

Während ich Layla folgte, musterte ich aufmerksam alles, was mir in die Augen fiel. Keine meiner Schwestern und nicht einmal Karim hatten diesen sogenannten Paradiespalast bislang besucht.

Wir wurden durch einen langen Gang geführt. Seine Wände waren mit einer blaßgelben Seidentapete in zartem Blumenmuster bespannt. Der Teppich war lebhaft mit exotischen Blumen und bunten Vögeln gemustert. Er gab unter unseren Füßen weich nach.

Plötzlich fragte Amani Layla: »Wo werden denn die Vögel gehalten, die ich hier singen höre?«

Layla lachte leise. »Das, was Sie da hören, ist nur eine Aufzeichnung.« Ihre Stimme klang ebenso angenehm und musikalisch wie der Gesang der Vögel. »Der Herr besteht darauf, daß jedes Geräusch, das hier zu hören ist, die Ohren erfreut.«

»Oh«, erwiderte Amani.

Der Herr? Mein Cousin Faddel? dachte ich.

Maha begann die junge Frau auszufragen, die etwa so alt war wie sie. Wir erfuhren, daß Layla seit fünf Jahren in Saudi-Arabien für Faddel und seine Frau Khalidah arbeitete. Stolz fügte sie noch hinzu, daß sie mit ihrem Lohn ihre große Familie in Colombo, der Hauptstadt Sri Lankas, unterstützen konnte.

Amani stellte plötzlich die Frage, die auch ich gerne gestellt hätte. »Warum hast du denn einen arabischen Namen, Layla?«

Die junge Frau lächelte wieder. »Ich bin keine Hinduistin,

sondern Muslimin. Meine Familie stammt von arabischen Seefahrern ab.« Sie machte eine kleine Pause, bevor sie sagte: »Natürlich ist es nur Moslems erlaubt, dieses Paradies zu betreten.«

Maha stieß mich mit dem Ellbogen an, doch ich schaffte es, gefaßt zu bleiben.

Der lange Gang mündete unvermittelt in einem riesigen runden Raum. Verzierte Säulen, kostbare Möbel, kristallene Lüster und Uhren, teuerste Wandbehänge, riesige Spiegel und elegante Keramikverkleidungen bewirkten in ihrer harmonischen Zusammenstellung Erstaunliches.

Mehrere niedrige Sofas, bezogen mit pastellfarbenen Seidenstoffen, standen nebeneinander an Spitzbogenfenstern, deren edelsteinfarbenes Buntglas in komplizierten Mustern Szenen berühmter arabischer Krieger im Kampf darstellte. Glasklares Wasser floß aus einem mit Silber umrandeten Brunnen. Chinesische Porzellanvasen standen auf schimmernden Mahagonitischen, deren Oberfläche mit Perlmutt eingelegt war. Der Fußboden, auf dem dicke Perserteppiche lagen, war mit funkelnden blauen Fliesen ausgelegt.

Als ich nach oben blickte, schaute ich in eine riesige Kuppel, die bis in den Himmel hinaufzuführen schien. Die Decke war so bemalt, daß man die Illusion hatte, unter weichen, fedrigen Wolken an einem strahlend blauen Himmel zu stehen. Die Wirkung des Ganzen war wirklich atemberaubend.

Ich konnte nicht leugnen, daß mein Cousin hier das eindrucksvollste Gebäude erstellt hatte, das ich je gesehen hatte. Dieser Palast erschien mir noch eindrucksvoller als sämtliche Paläste unseres Königs. Faddel hat gewiß sein Ziel erreicht, dachte ich. Selbst das Paradies konnte nicht schöner sein als diese Anlage.

Layla läutete eine kleine Glocke und verkündete, daß uns bald ein paar Erfrischungen serviert werden würden. Dann ließ sie uns allein, um ihre Herrin über unsere Ankunft zu informieren.

Ich ließ mich auf einem der Seidensofas nieder und klopfte auf den Platz neben mich. »Kommt, setzt euch zu mir ins Paradies«, scherzte ich.

Maha lachte und setzte sich.

Amani blickte streng auf uns und sagte: »Das Paradies ist nicht etwas, über das man Witze macht.« Sie verzog mißbilligend das Gesicht, als sie sich in dem extravaganten Raum umblickte. »Und im übrigen läßt zu viel Sonnenschein nur eine Wüste entstehen.«

Ich blickte mich etwas kritischer um. Amani hatte recht. Faddels Anlage war zu perfekt. Zu schön. Wenn das Auge nichts als Vollkommenheit erblickt, verliert sogar die Vollkommenheit ihre Macht, in Erstaunen zu versetzen.

In diesem Augenblick betraten vier Dienerinnen den Raum. Die eine trug kleine Kristallteller und hübsch gefaltete Servietten. Die anderen hielten riesige Kupfertabletts über ihren Köpfen, die schwer beladen waren mit allen möglichen Speisen. Erfreut nahm ich mir ein paar kandierte Mandeln, während Maha sich winzige Sandwiches, köstlichen Käse, Feigen und Kirschen auf ihren Teller legte.

Amani lehnte jegliches Angebot der Gastfreundschaft ab.

Die vier philippinischen Dienerinnen waren alle ausnahmslos hübsch und zartgliedrig. Als ich die höchst attraktiven jungen Frauen betrachtete, kam mir der Gedanke, daß Faddel von Schönheit wahrhaft besessen sein mußte. Er schien entschlossen, sich nur mit Schönem zu umgeben. Offenbar war er zu dem Schluß gelangt, daß körperlich weniger attraktive Menschen im Paradies nicht willkommen waren. Ich mußte fast laut lachen, als ich daran dachte, daß Faddel gewiß ausgeschlossen würde, wenn ein gutaussehendes Äußeres der Schlüssel zum Eintritt ins Paradies war. Gott hatte Faddel nicht gerade mit gutem Aussehen gesegnet.

Plötzlich rannte Amani zum Fenster und rief aufgeregt: »Seht doch, dort draußen auf der Wiese grast eine Gazellenfamilie!«

Tatsächlich erblickte ich vier Gazellen. Hatte Faddel etwa auch noch einen Zoo?

»Wir fragen Khalidah, ob wir später noch die Gärten besichtigen dürfen«, versprach ich ihr. »Vielleicht gibt es ja noch andere Tiere zu sehen.«

»Ich will unbedingt die Pferde sehen«, meinte Amani entschlossen.

»Das werden wir auch, Tochter.«

Ich hörte das Rascheln von Seide und blickte auf. Da sah ich Khalidah hereinkommen, gefolgt von Layla. Ich hatte Khalidah mehrere Jahre nicht gesehen, doch ihre Schönheit war nicht geringer geworden. Angesichts Faddels offenkundiger Vorliebe für das Schöne war ich erleichtert für sie, daß sie nach wie vor einen wunderbaren Anblick bot. Sonst hätte ihr Mann sie inzwischen sicherlich verstoßen.

Khalidah trug ein mit winzigen weißen Perlen übersätes Gewand in einer Grünschattierung, die perfekt zu ihrem kastanienbraunen Haar und ihren bersteinbraunen, goldgesprenkelten Augen paßte. Ihr ziemlich hellhäutiges Gesicht war für meinen Geschmack zu stark geschminkt, aber dies schmälerte nicht die Wirkung ihrer wunderschönen Züge.

Ich stand auf und erwiderte ihre Umarmung.

»Sultana!«

»Khalidah!«

Sobald wir unsere Wünsche nach Frieden und unseren Dank an Allah für die Gabe unserer guten Gesundheit ausgetauscht hatten, überreichte Maha Khalidah unsere Geschenke.

Khalidah dankte uns überschwenglich und legte die Geschenke behutsam zur Seite. Sie holte drei Pakete von einem mit Geschenken übersäten Tisch und befahl Layla, sie bei unserem Chauffeur abzugeben. Wir könnten sie ja später, nach unserer Rückkehr in unser Heim, aufmachen, meinte sie.

Khalidah entschuldigte sich, daß sie allein sei, denn ihr

Gatte und ihre sechs Söhne besuchten gerade den Palast eines Freundes, aber sie würden bald zurückkehren. Wunderbarerweise hatte sie nur Söhne geboren, und allein wegen dieser Großtat wurde sie schon allseits bewundert und beneidet.

Khalidah wollte uns unbedingt ihr Heim zeigen, und meine Töchter und ich folgten ihr nur zu gerne durch die riesige Anlage. Jeder Pavillon bestand aus einer kleinen Ansammlung von Räumen, und jeder Raum war mit Schätzen von unvorstellbarer Schönheit geschmückt. Bald drehte sich mir der Kopf von all den Details, auf die Khalidah uns hinwies, seien es nun die Mosaikfußböden, die Wandmalereien oder die bemalten Decken.

Schließlich wollte ich dieser Anhäufung von Alabasterbädern, juwelengeschmückten Vasen und Seidenüberzügen entkommen. Ich sehnte mich nach frischer Luft und Weite. Also schlug ich vor, nach draußen zu gehen: »Ich habe schon viel von euren wunderschönen Gärten gehört«, meinte ich.

»Ja, natürlich«, stimmte mir Khalidah liebenswürdig zu. »Setzen wir uns ein Weilchen in den Garten.«

Amani erinnerte mich. »Und die Hengste, Mutter?«

Khalidah reagierte sonderbar auf Amanis Nachfrage. Unter ihrem dicken Make-up wurde ihr Gesicht plötzlich weiß. Ihre Stimme zitterte. »Nun, das ist nur etwas für Männer, Amani.«

»Ich mag Pferde, und ich bin kein Mann«, sagte Amani empört.

»Amani!« wies ich sie zurecht und blickte müde auf Khalidah. »Wir wollen doch auch noch andere Orte besuchen. Heute sehen wir uns nur die Gärten an.«

Ich kannte diese Cousine nicht sehr gut, aber ich wußte, daß nur wenige Leute an ein solch halsstarriges Kind wie Amani gewöhnt waren.

»Nun kommt, gehen wir in die Gärten«, sagte Khalidah und ignorierte netterweise das unhöfliche Verhalten meiner Tochter.

Maha meinte, sie müsse erst noch auf die Toilette, und danach wollte sie sich zu uns gesellen. Layla hatte ihren Auftrag erledigt und begleitete Maha aus dem Raum.

Ich sah, daß Amanis Lippen zu einer höchst unattraktiven Schnute verzogen waren und zwickte sie in den Arm als Zeichen, daß sie sich und ihre Zunge zügeln solle.

Khalidah führte uns zu einem breiten Kiesweg, der von einer dichten Hecke gesäumt wurde. Schon von weitem sahen wir den Garten vor uns liegen, der, wie erwartet, tatsächlich herrlich war. Bäume faßten ihn ein, in allen Ecken wuchsen üppigblühende Blumen und Büsche. Der intensive Duft der Blumen verfolgte uns auf unserem ganzen Spaziergang. Terrassierte Blumenbeete wichen hier und da kleinen Teichen, in denen exotische Fische schwammen. Sorgfältig angelegte Bächlein plätscherten mit dem beruhigenden Geräusch fließenden Wassers um uns herum. Ich war geblendet von all der Pracht.

Ein kunstvoll gestalteter Aussichtspunkt fiel mir ins Auge. »Können wir uns nicht etwas hinsetzen?«

»Natürlich, ganz wie du willst.«

Eben als ich mich niederlassen wollte, stieß Amani plötzlich einen kleinen Schrei aus. Sie hatte Käfige mit Vögeln bemerkt, die in der Nähe in den Bäumen hingen.

Ich folgte ihrem Blick. Überall in den Ästen der Bäume hingen winzige Käfige, und in jedem dieser Käfige saßen viel zu viele Vögel.

Amani rannte zu den Käfigen hinüber.

»Ihr habt viele Vögel, Khalidah«, sagte ich etwas nervös, während ich Amani nachblickte, die wie wild von einem Käfig zum nächsten stürmte.

Khalidah schien hypnotisiert von Amanis eiliger kleiner Gestalt. Sie klang wie in Trance. »Ja. Faddel glaubt, daß das Paradies mit Abertausenden von Singvögeln angefüllt ist.«

Selbst auf die Entfernung hin sah ich die Wut auf Amanis Gesicht.

Ich rief: »Amani? Amani, Liebling, komm bitte wieder zu uns zurück!«

Mit zornig geballten Fäusten stürzte sich Amani auf Khalidah und begann zu schreien: »Ihre Käfige sind viel zu klein! Sie haben ja nicht einmal genug Wasser und Futter!«

Khalidah wirkte plötzlich verwirrt von der Grobheit meiner Tochter. Die Stimme schien ihr zu versagen.

»Amani!« ermahnte ich sie. »Entschuldige dich bitte!« Tränen strömten über Amanis Gesicht. »Einige der Vögel sind tot!«

Ich wandte mich an Khalidah und versuchte, die Situation etwas zu entschärfen. »Kümmere dich nicht weiter um Amani. Alle Lebewesen sind eine Quelle endloser Faszination für meine Tochter.«

Amani blickte mich vorwurfsvoll an, als habe ich sie verraten. »Die Käfige sind viel zu klein. Die Vögel haben nicht genug Futter!«

»Amani! Ich befehle dir, dich zu entschuldigen, und zwar auf der Stelle!«

In dem Versuch, mein Kind etwas zu beruhigen, stammelte Khalidah: »Aber . . . meine Liebe, im Paradies gibt es nun einmal Vögel . . .«

Meine Tochter schrie so laut, daß die Adern auf ihrer Stirn und ihrem Nacken hervortraten: »Im Paradies fliegen die Vögel frei herum!«

Khalidah faßte sich an den Hals.

Amani wurde nun völlig hysterisch. »Sie fliegen frei herum, das sage ich Ihnen! Vögel im Paradies fliegen frei herum! Sie sind grausam, wenn Sie die Vögel so gefangen halten!«

»Amani, jetzt reicht es aber!« Ich ging auf meine Tochter los und wollte sie kräftig schütteln. Es war an der Zeit, sie heimzubringen.

Khalidah hatte noch immer ihren Hals umfaßt und meinte nun hilflos: »Aber wenn ich es dir sage, Amani, im Paradies gibt es Vögel. Da bin ich mir ganz sicher.«

Amani starrte sie haßerfüllt an. In ihrer Stimme lag tiefste Verachtung. »Das werden Sie nie herausfinden! Ihre bösen Augen werden nie das richtige Paradies erblicken!«

Überwältigt von so viel unerwarteter Wut, fiel Khalidah in Ohnmacht.

Entsetzt beobachtete ich, wie Amani, die ihre Chance witterte, von einem Käfig zum anderen stürmte. Sie holte die Käfige von den Bäumen.

Als ich mich hinkniete, um Khalidah wiederzubeleben, kam plötzlich Maha völlig aufgelöst zu mir gerannt. Ihre Stimme war laut vor Empörung. »Mutter, hast du gewußt, daß Faddel junge Mädchen gefangenhält? Er hat einen Harem junger Frauen! Sie werden in einem der Pavillons gefangengehalten!«

Beunruhigt und schockiert starrte ich Maha an.

Erst jetzt bemerkte Maha die am Boden liegende Khalidah.

»Was ist denn mit unserer Cousine passiert?«

Ich wunderte mich darüber, wie ruhig ich antworten konnte: »Amani hat sie beleidigt. Sie ist in Ohnmacht gefallen.« Ich deutete auf den Palast. »Jetzt lauf und hole Hilfe!«

»Aber was wird aus diesen armen Mädchen?«

»Sei still, Maha! Damit befassen wir uns später.« Ich blickte auf Khalidah herab und stellte erleichtert fest, daß sie noch atmete. »Renn jetzt los und hole Hilfe! Sofort!« befahl ich Maha.

Maha stürmte in den Palast und rief dabei laut nach Layla.

Inmitten dieses Chaos sah ich, wie Amani den Garten verließ, wobei sie mit einer schweren Last kämpfte. Ich brauchte ein Weilchen, bis ich begriff, daß Amani dabei war, sich Faddels Vögel samt ihrer Käfige anzueignen.

»Oh Allah!« schrie ich, und dann: »Amani! Amani! Komm sofort zurück!«

So viele Käfige im Arm, wie sie nur tragen konnte, verschwand Amani aus meinem Blickfeld.

7. Kapitel

Paradiesvögel

Einmal hörte ich jemanden sagen, daß wir nicht einzelne Tage unseres Lebens in Erinnerung behalten, sondern nur Momente. Ich weiß, daß dies zutrifft, denn auch ich habe solche Momente erlebt.

Von Verzweiflung überkommen, bettete ich Khalidahs Kopf auf meinen Schoß. Ungeduldig erwartete ich Mahas Rückkehr und strengte mich an, sie zu sehen. Hilflos sah ich nur Amanis kleine Gestalt immer wieder hin- und herrennen und Vogelkäfige einsammeln, in denen unzählige zwitschernde Vögel eingepfercht waren. Diesen Augenblick werde ich nie vergessen!

Endlich kehrte Maha mit Layla in den Garten zurück, gefolgt von drei Ägyptern. Ich nahm an, daß diese drei Männer Angestellte von Faddel waren.

Layla war von Maha bereits vorgewarnt worden und wußte, was mit Khalidah passiert war. Sie eilte zu mir, um mir in meinen bislang erfolglosen Versuchen beizustehen, ihre Herrin wiederzubeleben. Die drei Männer stellten sich schweigend um uns herum auf und sahen uns nervös zu.

In der Zwischenzeit beschäftigte sich Amani weiterhin mit ihrer dringlichen Aufgabe, aus Faddels Paradiesgarten jede singende Kreatur zu entfernen. Gott sei Dank waren Khalidahs Bedienstete so besorgt um den Zustand ihrer Herrin, daß sie die hektischen Bemühungen meiner Tochter hinter ihrem Rücken nicht bemerkten.

Endlich schlug Khalidah die Augen auf, aber als sie mein

Gesicht über ihrem bemerkte, seufzte sie nur und fiel wieder in Ohnmacht. Nachdem ich meine Cousine dreimal dazu gebracht hatte, aus ihrer Ohnmacht aufzutauchen, nur um sofort wieder darin zu versinken, beschloß ich, sie in ihr Bett bringen zu lassen. Ich sprang auf und befahl den Dienern: »Rasch, hebt euere Herrin auf und tragt sie in den Palast!«

Die drei Männer tauschten besorgte Blicke aus, dann traten sie zurück. Ihre Augen ließen erkennen, was sie dachten: Ich sah, daß sie mich für leicht verrückt hielten. Der kleinste der drei sagte schließlich: »Das ist verboten.«

Als ich da stand, die hilflose Khalidah zu meinen Füßen, wurde mir klar, daß diese Männer schon allein von dem Gedanken, Khalidah zu berühren, peinlich berührt waren. Khalidah war zwar ihre Herrin, aber dennoch eine Frau.

Viele moslemische Fundamentalisten glauben, daß alle Frauen unrein sind und daß sie, selbst wenn sie nur die Handfläche einer Frau, die nicht rechtmäßig an sie gebunden ist, berühren, am Tag des jüngsten Gerichts glühendheiße Kohlen in ihre eigenen Hände gelegt bekommen.

Da berichtet wird, daß der Prophet Mohammed sich weigerte, eine Frau zu berühren, die ihm nicht gehörte, gibt es zu diesem Thema viele Hadithe, Interpretationen der Worte und der Taten des Propheten. Ein weitverbreiteter Hadith besagt: »Ein Betender kann seine Gebete unterbrechen, wenn eines der folgenden drei Dinge an ihm vorübergeht: ein schwarzer Hund, eine Frau oder ein Esel.« Mehr als einmal habe ich meinen eigenen Vater sagen hören, daß er lieber von einem Schwein besudelt werden würde, als den Ellbogen einer Frau zu streifen, die er nicht kannte.

Ohne weiter darüber nachzudenken, lief ich zu den beiden Männern, die mir am nächsten standen, und packte beide an den Armen. »Ihr bringt eure Herrin jetzt in den Palast, und zwar sofort!«

Die beiden Männer bemühten sich, sich aus meinem Griff zu befreien. Ihre Augen waren weit aufgerissen vor Panik. Mit einem Ausdruck echter Bestürzung und Abneigung auf den Gesichtern beugten sich beide nieder und begannen, Sand auf die Stelle an ihren Armen zu reiben, an der ich sie berührt hatte.

Diese Reaktion versetzte mich in Wut. Obwohl ich weiß, daß im Koran steht, wenn ein Mann eine fremde Frau berührt hat und kein Wasser findet, um sich zu waschen, soll er mit »sauberer« Erde die Verschmutzung dieser Frau entfernen, war ich dennoch beleidigt.

Die mit einem raschen Verstand begabte Layla schritt ein. »Wartet«, sagte sie, »ich habe eine Idee.« Sie rannte in den Palast zurück.

Ich wandte mich wieder Khalidah zu, klopfte ihr auf die Wangen und rief ihren Namen. Sie reagierte nicht auf meine Rufe, aber als ich mich kurz umdrehte, um etwas zu Maha zu sagen, bemerkte ich, wie Khalidah mich durch leicht geöffnete Augenlider hindurch anstarrte. Offenbar täuschte Khalidah ihren Zustand nur vor, um eine Antwort auf Amanis Vorwurf der Grausamkeit zu vermeiden und dabei noch Mitgefühl zu erregen.

Layla kehrte mit einer Decke zurück, die sie wie eine Matte neben ihrer Herrin ausbreitete. Da die dummen Diener sich noch immer weigerten, ihre Herrin zu berühren, rollten Layla, Maha und ich Khalidah vom Boden auf die Decke. Dann befahl ich den Männern, die Ecken der Decke zu nehmen, und als sie sich noch immer weigerten, kreischte ich, daß ich sie ins Gefängnis stecken lassen würde. Da sie wußten, daß ich eine Angehörige der königlichen Familie war, griffen schließlich alle drei zögernd nach den Ecken der Decke. Mit leidverzerrten Gesichtern trugen sie die geschwächte Khalidah langsam zum Palast zurück.

Ich befahl Maha, ihre Schwester zu suchen, die im Garten nicht mehr zu sehen war, und sagte ihr, sie solle sie zu mir in den Palast bringen.

Sobald Khalidah wieder genügend bei Kräften war, um

einen Schluck Tee zu sich zu nehmen, entschuldigte ich mich wortreich für den unglücklichen Vorfall. Meine Cousine trank schweigend ihren Tee, ohne mich eines Blickes zu würdigen. Doch als ich sie daran erinnerte, daß viele Kinder in den modernen Zeiten völlig überdreht und unkontrollierbar sind, schenkte sie mir ein kleines beifälliges Nicken. Mir war zu Ohren gekommen, daß mehrere von Khalidahs Söhnen Probleme verursachten, und nun schien Khalidah etwas Verständnis aufzubringen für jemanden mit einem solch dickköpfigen Kind wie Amani.

Nach einem ziemlich nüchternen Abschied verließ ich den Palast, ohne Khalidah darüber zu informieren, daß Faddels Vögel nicht mehr in seinem irdischen Paradies lebten. Ich verschwieg es ihr deshalb, weil ich den optimistischen Plan hatte, diese Vögel wieder zurückzubringen, bevor sie vermißt wurden.

Auf dem langen Gang zum Ausgang des Palastes eilte Maha auf mich zu. Wir nahmen uns an den Händen. Völlig außer Atem, weil sie so schnell gerannt war, keuchte Maha: »Amani ist verschwunden, und zwar mitsamt unserem Chauffeur.«

Ich holte tief Luft, wobei ich mir ein kleines Lächeln verkneifen mußte, weil mir ein altes Sprichwort einfiel, das mir meine Mutter oft gesagt hatte und das ich nun auch Maha aufsagte: »Denk daran, Maha: Egal, wie hoch sich ein Vogel in die Lüfte schwingt, irgendwann einmal muß er wieder landen. Wir werden Amani schon wieder finden, und diese Vögel wird sie auch noch bei sich haben.«

Ich fragte Mustafa, den ägyptischen Wächter, und erfuhr von ihm, daß unser Chauffeur Amani geholfen hatte, Faddels Vögel einzusammeln, und dann meine Tochter und ihre illegale Fracht abtransportiert hatte. Mustafa meinte noch, er habe sich sehr darüber gewundert, daß seine Herrin meiner Tochter als Eid-Geschenk so viele Vögel gegeben habe. Hinter vorgehaltener Hand, als wolle er mir ein Geheimnis mitteilen, flüsterte er mir zu: »Mein Herr und meine Herrin hängen sehr an ihren irdischen Gütern.«

Ich blickte nachdenklich auf diesen armen Mann. Offenbar war doch nicht alles vollkommen in Faddels Paradies.

Im Islam herrscht sowohl eine freiwillige als auch eine gesetzlich vorgeschriebene Pflicht, Almosen zu verteilen. Jahrelang hatte ich Gerüchte gehört, daß Faddel, einer der reichsten Al Sauds, stets ein großes Aufheben darum machte, den obligatorischen Zakat zu zahlen, einen kleinen Prozentsatz des Einkommens, eine Art Zehnten, den das Gesetz jedem Moslem vorschreibt. Er weigerte sich jedoch, auch nur einen Rial freiwillig für wohltätige Zwecke zu spenden. In der arabischen Welt wird Großzügigkeit erwartet, vor allem von denjenigen, die reich sind, doch sogar arme Araber sind oft übermäßig großzügig, weil sie meinen, daß es sehr demütigend ist, mehr zu bekommen, als man gibt.

Faddel war offenbar ein sehr gieriger Mann, wenn es darum ging, seine eigenen Wünsche zu befriedigen, während er im Umgang mit anderen knauserte. Ich nahm an, daß er seinen Bediensteten nur einen kümmerlichen Lohn zahlte und die Armen gnadenlos ignorierte. Ein solcher Mann würde sicherlich darauf bestehen, die Vögel, die er mit seinem Geld gekauft hatte, wieder zurückzubekommen.

Während mir diese Gedanken durch den Kopf schossen, kümmerte sich Mustafa darum, daß einer von Khalidahs Chauffeuren Maha und mich zu unserem Palast zurückbrachte. Sobald wir uns in der Limousine niedergelassen hatten und die Straßen von Dschidda durchquerten, kam Maha wieder auf die jungen Mädchen in Faddels Harem zu sprechen.

An den Fahrer denkend, brachte ich meine Tochter mit einem Blick und einem kleinen Stupser zum Schweigen und flüsterte: »Liebling, ich verspreche dir, mich darum zu kümmern. Wir werden diesen jungen Frauen helfen, aber zuerst müssen wir die Vögel zurückbringen, bevor sie vermißt werden.«

Sobald ich auf der Zufahrt zu unserem Palast stand, rief ich nach meiner jüngeren Tochter: »Amani!«

Drei unserer philippinischen Gärtner, Tony, Frank und Jerry, blickten von ihrer momentanen Beschäftigung, dem Zurechtschneiden der Bäume, auf.

»Sie ist dorthin gegangen, Herrin«, sagte Tony und deutete in die Richtung des Frauengartens.

»Wir haben ihr bei dem Transport von vielen Vögeln geholfen, Herrin«, fügte Jerry hinzu.

Gut, dachte ich, ich werde mit Amani reden, während die Diener die Vogelkäfige wieder ins Auto laden.

In diesem Moment sah ich Karims Wagen langsam die Auffahrt heraufkommen. Als er aus dem Auto stieg und auf mich zukam, bereitete ich mich innerlich auf das vor, was nun sicherlich kommen würde. Er schien nach einem Tag mit dem König und den königlichen Cousins bester Laune zu sein und lächelte mir fröhlich zu.

Mich überkam ein Anflug von Mitleid für meinen Mann, denn ich wußte, daß seine gute Laune bald verschwunden sein würde. Ich hob die Augenbrauen zur Begrüßung, lächelte jedoch nicht und sagte auch nichts, als er mir die Hand drückte.

Karim kennt mich gut. »Wo liegt das Problem, Sultana?«

»Du wirst es kaum glauben, wenn ich es dir erzähle«, sagte ich kraftlos.

Als ich ihm von unserem Nachmittag in Faddels Palast berichtete, verfärbte sich sein Gesicht immer dunkler, während sein Zorn wuchs.

»Und jetzt ist Amani mit den Vögeln im Garten«, schloß ich meinen Bericht.

Karim war sprachlos. Er versuchte wohl abzuwägen, welche Konsequenzen sich für ihn daraus ergeben würden, daß seine Tochter einem königlichen Cousin eine große Zahl von Vögeln gestohlen hatte.

Das anhaltende Klingeln von Karims Handy unterbrach

unsere sorgenvollen Gedanken, und zu meiner Verärgerung nahm Karim das Gespräch an. Rasch wurde mir klar, daß die Unterhaltung ihm nicht zur Freude gereichte, denn sein Gesicht wurde noch röter.

»Ja«, sagte er schließlich mit ruhiger Stimme. »Was du gehört hast, trifft zu. Ja. Ich werde mich sofort darum kümmern.« Karim warf mir einen vielsagenden Blick zu.

»Wer war denn dran?«

»Faddel will diese verdammten Vögel zurückhaben, und zwar sofort.«

Ich stöhnte. Es war kaum eine Stunde vergangen, und Faddel wußte bereits über Amanis Streich Bescheid. Mein Plan, die Vögel zurückzubringen, bevor er ihren Verlust bemerkte, war nun nicht mehr ausführbar.

In diesem Moment kam Maha aus dem Frauengarten zu uns gelaufen. »Mutter, Amani sagt, sie würde sich lieber umbringen, als es zuzulassen, daß du ihr die Vögel wegnimmst.«

Ich rang die Hände.

»Ich glaube, sie meint es ernst«, fügte Maha erregt hinzu. »Sie sagt, sie will sich mit ihrem roten Ledergürtel erdrosseln.«

Ich begann zu schreien.

Besorgt machte sich Karim in den Frauengarten auf.

Maha und ich folgten ihm wortlos. Tony, Frank und Jerry taten es uns gleich, wenn auch in angemessener Entfernung.

Amani hielt vor den aufgereihten Vogelkäfigen Wache. Sie wirkte fest entschlossen, und ihre Augen funkelten unheilverkündend.

Karim war höchst erzürnt, aber er wählte seine Worte vorsichtig. »Amani, ich habe gerade ein beunruhigendes Telefonat von unserem Cousin Faddel erhalten. Er hat mir eine unglaubliche Geschichte erzählt. Er sagte mir, daß du, Amani, ihm seine Vögel gestohlen hättest. Ist dies richtig, Tochter?«

Amani verzog die Lippen zu einem Lächeln, aber ihre

Augen lächelten nicht. »Ich habe ein paar Vögel vor einem schrecklichen Tod bewahrt, Vater.«

Ruhig sagte Karim: »Du weißt, daß du diese Vögel zurückgeben mußt, Tochter. Sie gehören dir nicht.«

Flehentlich sah ich Amani an und hoffte, sie würde einwilligen.

Amanis falsches Lächeln verschwand. Sie dachte kurz nach, bevor sie den Kopf trotzig zur Seite warf. Mit klarer, sicherer Stimme zitierte sie eine Stelle aus dem Koran: »Und sie speisen aus Liebe zu Allah den Armen, Waisen und Gefangenen.« Mit ihren eigenen Worten setzte sie noch hinzu: »Der gerechte Moslem wird kein Tier hungern lassen.«

Jeder Moslem weiß, daß die islamischen Autoritäten sich einig sind, daß das Wort »Gefangener« auch Tiere umfaßt, die einem Menschen gehören, und daß solche Lebewesen von gläubigen Moslems angemessen gefüttert, untergebracht und versorgt werden müssen.

»Du wirst die Vögel zurückgeben müssen, Amani«, wiederholte Karim streng.

Ein unterdrückter Aufschrei entrang sich Amanis Brust: »In vielen Käfigen war kein Wasser und kein Futter!« Ihre heisere Stimme wurde leiser, als sie sich umwandte und in den ihr am nächsten stehenden Käfig starrte. »Als ich in ihre süßen kleinen Gesichter blickte, wußte ich, daß ich sie retten mußte!« Sie wies auf eine Bank hinter ihr. »Ich kam zu spät, um sie alle zu retten«, sagte sie mit bebender Stimme. »Mehr als zwei Dutzend Vögel waren tot.«

Ich blickte auf die Bank und sah tatsächlich ziemlich viele tote Vögel aufgereiht darauf liegen. Amani hatte einen Kranz frisch gepflückter Blumen um die winzigen Körper drapiert.

Tränen traten in ihre Augen. »Ich werde sie später beerdigen«, versprach sie.

Die unsensible Maha lachte laut auf, und die drei philippinischen Gärtner taten es ihr gleich.

»Seid still und verlaßt diesen Ort!« befahl Karim verärgert.

Maha zuckte mit den Schultern und wandte sich ab, aber das Geräusch ihres belustigten Lachens hallte hinter ihr her, während sie den Garten verließ.

Die drei Philippinos versteckten sich hinter ein paar Büschen. Ich wies Karim nicht darauf hin, denn sie gehörten zu meinen bevorzugten Angestellten, und ich wollte es nicht riskieren, Karims immense Wut von Amani auf sie zu lenken. Unsere unverheirateten Dienstboten haben so wenig Familienleben, daß sie immer sehr an unseren häuslichen Dramen interessiert sind.

Amani weinte nun haltlos. »Ich werde diese Vögel nicht zurückgeben!« jammerte sie. »Und wenn du mich dazu zwingst, werde ich mich ins Rote Meer stürzen.«

Mir stockte der Atem. Erst der Strick, dann das Meer! Wie sollte ich nur jemals mein Kind vor der Gewalt seiner Gefühle schützen?

Karims Stimme klang erschöpft und matt. »Amani, mein Schatz, ich werde dir tausend andere Vögel kaufen.«

»Nein! Nein! Ich werde diese Vögel nicht zurückgeben!« Amani warf sich über einen der Käfige und begann zu schreien.

Bestürzt rannten Karim und ich an ihre Seite.

»Liebling«, jammerte ich, »du machst dich ja noch krank! Beruhige dich doch, meine arme Kleine!« Amanis Schluchzer kamen aus tiefstem Herzen. Ich hatte von einer Cousine gehört, die beim Anblick ihrer verstorbenen Mutter so hysterisch geweint hatte, daß ein Blutgefäß in ihrem Hals platzte und sie beinahe ihre Mutter in deren Grab hätte begleiten müssen. Jetzt hatte ich schreckliche Visionen, daß meiner eigenen Tochter etwas Ähnliches passieren könnte. Noch nie hatte ich Amani so verzweifelt gesehen.

Karim hielt sein Kind liebevoll in den Armen. »Also gut, Amani, du kannst die Vögel behalten. Ich werde Faddel ein paar neue kaufen.«

Aber auch diese Idee stieß nicht auf Amanis Billigung.

»Nein! Willst du denn dem Mörder neue Opfer zuführen?« kreischte sie.

Karim hielt sein Kind fest. Er und ich tauschten verzweifelte Blicke aus. Er nahm ihr zartes Gesicht in seine großen Hände und flehte sie an: »Amani, jetzt hör doch wenigstens zu weinen auf! Ich verspreche dir, mir etwas einfallen zu lassen.«

Amanis wildes Weinen verebbte langsam zu einem erbärmlichen Schluchzen. Karim hob seine Tochter auf und trug sie in den Palast in ihr Zimmer. Während er Amani tröstete, durchsuchte ich den Raum und entfernte jeglichen Gegenstand, mit dem sie sich möglicherweise Schaden zufügen konnte. Auch aus dem Bad entfernte ich sämtliche scharfen oder spitzen Dinge. Amani schien mein Tun nicht zu bemerken.

Dann befahl ich Maha, unseren Dienerinnen behilflich zu sein, den ganzen Palast zu durchsuchen. Bis diese Krise vorüber war, wollte ich alles, was als Waffe Schaden anrichten konnte, wegschließen lassen.

Maha begann zu murren, daß wir zwar bereit wären, Faddels blöde Vögel zu retten, es uns aber egal sei, daß junge Mädchen gegen ihren Willen in seinem Palast gefangen gehalten wurden. Tatsächlich hatte ich gar nicht mehr an Mahas Behauptung gedacht, daß sie einen Harem von verängstigten Mädchen entdeckt hätte. Jetzt versicherte ich meiner Tochter: »Maha, laß deinem Vater und mir ein wenig Zeit, die Situation wieder unter Kontrolle zu bringen. Danach werde ich versuchen herauszufinden, was mit diesen jungen Frauen los ist, das verspreche ich dir.«

Doch als Maha eine Grimasse schnitt und anfing, sich über ihre Schwester lustig zu machen, riß mir der Geduldsfaden. »Gib jetzt endlich Ruhe! Du weißt doch, was Amani Tieren gegenüber empfindet. Wie würde es dir gehen, wenn sich deine Schwester den Hals aufschlitzte oder sich erhängte?«

»Ich würde ein Festmahl anrichten lassen und eine große Party feiern«, knurrte Maha.

Da schlug ich sie zweimal. Sie gab endlich klein bei und beeilte sich, meinen Auftrag auszuführen.

Als ich in Amanis Zimmer zurückkehrte, erstellte mein wunderbarer Mann gerade geduldig eine Liste mit Amanis unmittelbaren Forderungen zur Versorgung der geretteten Vögel. Er spürte offenbar ebenso wie ich, daß Amani kurz vor einem Nervenzusammenbruch stand.

Karim streckte mir die Liste entgegen. »Sultana, schick bitte einen der Fahrer los. Er soll zwanzig große Vogelkäfige, unterschiedliches Vogelfutter und sämtliche Leckerbissen sowie Spielzeug kaufen, die es für Vögel gibt.«

»Ja, natürlich«, murmelte ich, überflog die Liste und gab Karims Auftrag weiter. Noch in derselben Stunde kehrten zwei unserer Fahrer zurück. Sie hatten aus den Kleintierhandlungen in der Stadt sämtliche Bestände der Dinge aufgekauft, die für die Versorgung von Vögeln vorgesehen waren.

Karim unterwies unsere sechs Gärtner, ihre normale Beschäftigung ruhen zu lassen und dabei zu helfen, die Vögel aus ihren kleinen Käfigen in die neuen, größeren umzusetzen. Erst nachdem Amani die Vögel begutachtet und mit eigenen Augen gesehen hatte, daß sie nun ordungsgemäß mit Wasser und Futter versorgt und in großen Käfigen untergebracht waren, willigte sie ein, etwas zu schlafen.

Meine Sorgen hatten sich noch immer nicht völlig gelegt. Ich befahl sechs Dienerinnen, abwechselnd über mein schlafendes Kind zu wachen.

Aus Wut über die Vorfälle dieses Tages weigerte sich Maha, mit uns zu Abend zu essen. Karim und ich waren zu erschöpft, um uns damit auseinanderzusetzen. Wir nahmen schweigend unsere leichte Abendmahlzeit – Kebab aus Hühnerfleisch mit Reis – zu uns.

Faddel rief während des Essens dreimal an, doch Karim nahm die Gespräche nicht entgegen. Erst nach dem Essen rief er ihn zurück und sagte ihm, er würde ihn am nächsten Tag besuchen.

Dann informierte er den Koch, daß wir den Kaffee im Frauengarten trinken wollten, und wir gingen gemeinsam nach draußen und setzten uns an einen Tisch unter einem Baum. Obwohl es schon fast dunkel war, verursachten die flatternden, zwitschernden und in den Vogelbädern herumplanschenden Vögel einen kaum zu überhörenden Lärm im Hintergrund. Doch es bereitete mir großes Vergnügen, den Vögeln zu lauschen, wie sie da ihr neues Leben genossen.

Ein Blick von Karim brachte mich dazu, mich von meinem Stuhl auf seinen Schoß zu setzen. Ich wußte, daß wir dasselbe dachten: Wenn wir diese Vögel zurückgäben, war Amani durchaus dazu fähig, sich wirklich Schaden zuzufügen. Aber wenn wir als Ersatz für die gestohlenen neue Vögel kauften, würde sie uns sicher auf die Schliche kommen. Andererseits war Faddel nicht jemand, der einfach nachgab. Was sollten wir bloß tun?

»Hast du einen Plan, Karim?« flüsterte ich.

Karim seufzte, sagte jedoch lange nichts. Schließlich meinte er: »Dieser Faddel ist ein gieriger Schweinehund. Ich habe beschlossen, ihm einen Teil meines besten Grundbesitzes in Riad anzubieten, falls er einwilligt, auf Vögel in seinem lächerlichen Paradies zu verzichten. Damit sollte Amani dann wohl zufrieden sein.«

»Bestes Land für eine Handvoll mickriger Singvögel? Oh Allah! Das macht uns zum Gespött des Jahres!«

»Nein. Faddel wird nicht darüber reden. Er ist nicht nur habgierig, sondern auch feige. Ich werde ihm schon klarmachen, daß es nicht in seinem Interesse liegt, Informationen über unsere privaten Geschäfte preiszugeben.«

»Er ist ein ziemlich übler Bursche«, pflichtete ich Karim bei und dachte plötzlich wieder an Mahas angebliche Entdekkung. Ich war schon versucht, Karim zu fragen, ob er etwas über Faddels Harem wisse, beschloß dann aber, daß mein armer Mann für diesen Tag genügend Probleme zu hören bekommen hatte.

Wie wir da so unter den Bäumen saßen, begannen plötzlich sämtliche Vögel in unserem Garten gleichzeitig zu singen. Überwältigt von der Schönheit dieses Gesangs saßen Karim und ich still da und lauschten.

Nachdem wir den Kaffee getrunken hatten, zogen wir uns in unsere Privaträume zurück. Ein langer Tag war zu Ende, und dafür war ich überaus dankbar. Doch als ich an mein Versprechen gegenüber Maha dachte, fand ich kaum in den Schlaf. Die Ereignisse dieses Tages hatten mich meiner ganzen Kraft beraubt. Was würde der nächste Morgen wohl bringen?

8. Kapitel

Himmlischer Harem

Als ich am nächsten Tag die Augen aufschlug, stellte ich fest, daß ich allein im Bett lag. Ich rief nach Karim, aber er antwortete nicht. Ich war noch so benommen, daß es ein Weilchen dauerte, bis die Erinnerung an den vergangenen Tag sich wieder einstellte. Amani und ihre Vögel! Aus diesem Grund war Karim so früh aufgestanden. Die Angelegenheit mit Faddel zu regeln, hatte für ihn sicher oberste Priorität an diesem Tag.

Ich schlüpfte in ein einfaches Baumwollgewand, bevor ich meine Suite verließ. Zuerst hielt ich vor Mahas Tür inne und lauschte. Ich hörte nichts – was ein gutes Zeichen war. Wenn sie schon wach gewesen wäre, hätte ich ohrenbetäubende Musik aus ihrem Zimmer vernommen. Mir war es sehr recht, daß Maha möglichst lange schlief. Ich brauchte Zeit, um mir etwas einfallen zu lassen, was ich gegen das Leid der angeblich gefangenen Mädchen unternehmen konnte. Und um unseren Haushalt davon abzuhalten, in eine weitere Krise um Faddel gestürzt zu werden.

Seufzend verdrängte ich auf dem Weg zu Amanis Zimmer diesen unangenehmen Gedanken aus meinem Kopf. Auch meine jüngere Tochter schlief noch. Eine der sechs philippinischen Hausangestellten, die ich beauftragt hatte, an ihrer Seite zu wachen, saß an ihrem Bett und beruhigte mich: »Herrin, Ihre Tochter hat die ganze Nacht friedlich geschlafen.«

Ich zog mich wieder in meine eigenen Gemächer zurück, bevor ich Kaffee und ein leichtes Frühstück aus Joghurt, Käse und einem Fladenbrot bestellte. Im Gegensatz zu den schrecklichen Wirrungen des letzten Tages hatte ich nun Zeit, mich einer köstlichen Trägheit hinzugeben. Langsam rührte ich meinen Kaffee um, während ich auf der Terrasse saß und den phantastischen Blick auf das Rote Meer genoß, den wir von unserem Palast in Dschidda aus haben. Es war ein göttlicher Tag. Der Himmel war wolkenlos und blau, die Strahlen der Sonne waren zu dieser Tageszeit warm, noch nicht heiß. Bündel von Sonnenlicht durchdrangen das kristallklare Wasser des Roten Meeres. Als ich die trägen Wellen leise an den Strand schwappen sah, gab sich mein Körper bald dem Rhythmus des Meeres hin. Wenn nur alle Tage so friedlich sein könnten wie dieser!

Noch bevor ich mein Frühstück beendet hatte, kehrte Karim zurück. Er ließ sich auf dem Stuhl neben mir nieder und begann, mit den Fingern in meinem Frühstück herumzustochern.

Schweigend musterte ich Karims gutaussehendes Gesicht. Ich wollte diese Minuten der Ruhe so lange wie möglich ausdehnen.

»Nun erzähl mal!« sagte ich schließlich.

Karim runzelte die Stirn, dann schüttelte er düster den Kopf. »Dieser gemeine Kerl, Faddel, behauptet, er habe für die verdammten Vögel eine besondere Zuneigung entwikkelt.«

»Er wollte die Vögel nicht gegen ein Stück Land tauschen?« fragte ich ungläubig.

Karims Stirn glättete sich wieder. »Natürlich wollte er es, aber er machte es mir absichtlich schwer.«

»Erzähl mir alles!«

»Ich möchte nicht jede Einzelheit noch einmal erleben, Sultana«, erwiderte er ungeduldig. »Es genügt zu wissen, daß die Vögel unseres Cousins Faddel nun uns oder besser Amani gehören. Und Faddel hat mir versichert, daß in seinem irdischen Paradies keine Singvögel mehr gehalten werden.« Karim senkte seine Stimme ein wenig. »Ich bin davon überzeugt, daß dieser Mann verrückt ist. Glaubt er denn wahrhaftig, daß er Gott ein Schnippchen schlagen kann, indem er das Paradies vor seinem Tod genießt?« Karim schüttelte verwundert den Kopf. »Der Kerl spinnt.«

Ich lächelte meinen Mann dankbar an. »Zumindest wird Amani getröstet sein. Nicht viele Väter würden so weit gehen, um ihre Kinder glücklich zu machen.« Ich beugte mich zu ihm hinüber und gab ihm spielerisch einen Kuß auf die Lippen.

Doch Karims Gesichtszüge verdüsterten sich wieder. »Sultana, diese Cousins waren nie unsere Freunde. Ich verstehe also nicht, warum du sie überhaupt besuchen wolltest. Ich bitte dich um unser aller willen: Halte dich ab sofort von dieser Familie fern!«

Ich versuchte, meine Gefühle nicht zu zeigen. Ich wollte Karim unbedingt noch von Mahas schockierender Behauptung berichten, daß es dort einen Harem gebe, in dem Mädchen gegen ihren Willen festgehalten wurden, und daß ich, falls dies denn tatsächlich zutraf, unbedingt eingreifen wollte. Aber ich konnte nicht jetzt darüber sprechen, es war einfach nicht die richtige Zeit. Ich wußte, daß mein Mann das Schicksal der gefangenen Frauen als etwas betrachten würde, das außerhalb unseres Einflußbereichs lag. Er würde mir sicherlich jegliche Einmischung verbieten.

Als Karim nun meinen Arm nahm, mir tief in die Augen blickte und sagte: »Halte dich fern von Faddel und Khalidah! Hast du mich verstanden, Sultana?« nickte ich nur und murmelte: »Der wahrhaft Gläubige wird niemals zweimal von derselben Schlange gebissen werden.«

Karim war zufrieden, daß er sich deutlich genug ausgedrückt hatte. Er stand auf und sagte mit höchst ernster Miene: »Wir müssen klug sein bei der Wahl unserer Bekannten, Sultana. Eine Verbindung mit Leuten wie Faddel kann nur zu äußerst unangenehmen Folgen führen.«

Nach einer kleinen Pause bemerkte er: »Ich denke daran, Hanan und Mohammed zu besuchen. Möchtest du mich begleiten?«

»Danke für dein Angebot, aber ich bleibe heute lieber bei unseren Töchtern. Aber bitte, Schatz, nimm die Eid-Geschenke mit, die ich für sie besorgt habe.«

Hanan, Karims jüngste Schwester, und ihr Mann Mohammed waren mir sehr lieb. Eigentlich mochte ich, abgesehen von Karims Mutter Nura, alle Mitglieder der Familie meines Mannes und freute mich immer auf unsere gemeinsamen Besuche. Im Lauf der Jahre merkte ich, daß ich wirklich großes Glück hatte, in eine Familie wie die von Karim eingeheiratet zu haben.

Karim verließ den Palast, und nachdem ich gebadet hatte, ging ich zu Amani. Ich wollte ihr die gute Nachricht ihres Vaters überbringen. Das arme Kind schlief noch immer tief und fest. Der gestrige Tag war für sie wirklich sehr schlimm gewesen. Als ich Amanis schlafende Gestalt betrachtete, überkam mich eine große Liebe für meine Tochter, ungeachtet ihrer scharfen Zunge. Ich küßte sie sanft auf die Wange, bevor ich mich aufmachte, um Maha zu suchen.

Nachdem Amanis Krise überstanden war, wußte ich, daß ich nun Mahas Geschichte Beachtung schenken mußte, um den Respekt meiner Tochter und meine Selbstachtung als Kämpferin für die Rechte der Frauen nicht zu verlieren.

Maha war schon aufgestanden und zog sich gerade an. Zu meiner Überraschung hörte sie dabei nicht Musik. Ihre Augen trafen sich im Spiegel mit meinen. Ich sah, daß sie noch immer verärgert war wegen des gestrigen Vorfalls.

»Was ist nun aus diesen Vögeln geworden?« fragte sie säuerlich.

Vorsichtig sagte ich: »Dein Vater hat sich darum gekümmert. Die Vögel gehören nun Amani.«

Maha schnitt eine müde Grimasse. »Wie hat Vater denn das geschafft?«

»Dein Vater hat Faddel ein großzügiges Angebot gemacht«, gab ich zu.

Mahas Mund verzog sich. »Nun, ich weigere mich, an einem Vogelbegräbnis teilzunehmen. Das ist mein Ernst, Mutter!«

Sanft legte ich eine Hand auf Mahas Schulter und sprach mit ihrem Spiegelbild: »Wie du willst, Maha.«

Sie entzog sich meiner Berührung.

Ich wußte, daß ich mich bei ihr entschuldigen mußte. Seufzend sagte ich: »Liebling, das mit gestern tut mir leid. Es tut mir wirklich leid, aber es hat mich wahnsinnig aufgeregt, dich so grausame und gefühllose Dinge über deine Schwester sagen zu hören. Glaube mir, wenn Amani wirklich etwas Schlimmes zustoßen würde, würdest du wohl kaum feiern und tanzen wollen.« Ich machte eine kleine Pause, bevor ich hinzufügte: »Wenn Amani tatsächlich etwas Tragisches zustoßen würde, würden deine gedankenlosen Worte für alle Zeiten schwer auf deinem Herz lasten.«

Nach einigem Nachdenken schien sich Mahas Wut zu legen. Sie lächelte. »Du hast recht, Mutter.« Dann wirbelte sie auf ihrem Drehstuhl herum und blickte mich ernst an. »Können wir jetzt los und diese jungen Frauen in Cousin Faddels Palast retten?«

Ich seufzte tief. Auch in mir hatte einmal der überwältigende Wunsch gebrannt, jeder bedürftigen Frau zu helfen. Liebevoll tätschelte ich Mahas Wangen, bevor ich mich auf ihr Bett setzte.

»Liebling, erzähle mir von diesen jungen Frauen. Wie hast du von ihnen erfahren?«

Maha legte ihre Puderquaste zur Seite und drehte sich um, so daß sie mich direkt anblicken konnte. Die Worte sprudelten so schnell aus ihrem Mund, daß sie sich mehrmals verhaspelte. »Also, Mutter, jetzt erzähle ich dir alles. Als ich gestern an diesem schrecklichen Ort aus dem Bad kam, war Layla verschwunden. Da ich nicht wußte, wo genau die Gärten waren, begann ich in der ganzen Anlage herumzulaufen und nach euch zu suchen. Ich suchte überall und verlief mich rasch in diesem Labyrinth von Pavillons. Schließlich stand ich auf dem Weg, der zu den Pferden führte, und dachte, daß die Gärten vielleicht dort wären.«

Maha rollte auf ihrem Drehstuhl zu mir. Sie nahm meine Hände und drückte sie. »Mutter, Cousin Faddel besitzt kein einziges Pferd. Dieses Schild führte zu einem Pavillon, der voll war von lauter wunderschönen jungen Frauen.«

Es dauerte eine Weile, bevor mir die Sache klar wurde. Hengste! Ich verstand, daß dieses Schild Faddels Vorstellung von einem guten Witz war – ein Witz auf Kosten unschuldiger junger Frauen.

»Vielleicht haben sich diese Frauen freiwillig zu ihrem Tun entschieden?« schlug ich zögernd vor. Ich wußte, daß die Armut in anderen Ländern junge Mädchen oder ihre Familien oft dazu brachte, die Körper der Mädchen zu verkaufen.

»Nein! Nein!« Maha schüttelte heftig den Kopf. »Mehrere dieser jungen Frauen warfen sich vor meine Füße und flehten mich an, sie zu retten!« In Mahas Augen stiegen Tränen. »Einige von ihnen sind sicher nicht älter als zwölf oder dreizehn!«

Ich stieß einen erschütterten Schrei aus. Dann waren sie jünger als Amani!

»Was hast du ihnen gesagt?«

»Ich habe ihnen versprochen zurückzukommen, und zwar bald! Und meine Mutter mitzubringen, die dann sicher wüßte, was zu tun wäre!«

»Ach, Maha!« Ich schloß die Augen und senkte den Kopf. »Wenn das Leben nur so einfach wäre!«

Sinkenden Mutes begann ich, mich an die vielen Male zu erinnern, an denen auch ich so idealistisch und optimistisch wie meine Tochter gewesen war. Jetzt, als Frau von vierzig Jahren, wußte ich, daß es kein Leichtes war, sich zwischen Männer und ihre sexuellen Wünsche zu stellen. Viele Männer, und nicht nur Männer aus dem Nahen Osten, haben die Neigung, junge Mädchen oder junge Frauen als sexuelle Eroberungen zu suchen. Und allzu oft scheint es ihnen völlig egal zu sein, daß sie ihre Lust an einem Mädchen befriedigen, das zu jung ist oder sogar gegen seinen Willen dazu gezwungen wurde.

»In welch grausamer und böser Welt wir leben«, sagte ich verzagt, und Tränen stiegen auch mir in die Augen.

Maha blickte mich vertrauensvoll an. »Was wirst du nun tun, Mutter? Ich habe ihnen mein Versprechen gegeben!«

»Ich weiß es nicht, Maha. Ich weiß es nicht«, gestand ich ihr, auch wenn es mir schwer fiel.

»Vielleicht kann Vater helfen«, sagte Maha, und auf ihrem unschuldigen Gesicht zeigte sich Hoffnung. »Amanis Vögel hat er ja auch gerettet.«

Ich saß schweigend da und kämpfte gegen die unbezwingbare Macht unserer Wirklichkeit an. Ich erinnerte mich deutlich an eine Zeit in den späten achtziger Jahren, als Corazon Aquino, die philippinische Präsidentin, es zu einer diplomatischen Krise hatte kommen lassen, weil junge Philippininnen, die als Hausangestellte nach Saudi-Arabien gekommen waren, nach ihrer Ankunft oft dazu gezwungen wurden, als Sexsklavinnen zu arbeiten. Aquino hatte es gesetzlich verboten, daß alleinstehende Philippininnen nach Saudi-Arabien einreisten.

Unser König Fahd hatte sich über diese beleidigende Einschränkung geärgert und mit einem Verbot seinerseits reagiert. Sämtlichen Philippinos, ob männlich oder weiblich, sollte untersagt sein, in Saudi-Arabien zu arbeiten, wenn Aquinos Verbot durchgesetzt werden würde. Aquinos tapferer Versuch, ihre weiblichen Landsleute zu schützen, scheiterte, denn die Wirtschaft ihres Landes brauchte das Geld, das Philippinos in den durch Öl zu Reichtum gekommenen Ländern des Nahen Ostens heimschickten und damit ihre Familien unterstützten. Deshalb dienen junge Philippininnen neben der Erledigung ihrer Pflichten als Hausangestellte noch heute unseren Männern als Sexsklavinnen.

»Mutter?«

Angestrengt dachte ich über eine Lösung nach, aber ich mußte ein weiteres Mal gestehen: »Ich weiß nicht, was wir tun sollen.«

»Wenn Vater eine Handvoll Vögel befreien kann, warum kann er dann dasselbe nicht für Menschen tun?«

»Dein Vater ist den ganzen Tag außer Haus.«

»Dann werden wir dorthin gehen, Mutter. Wir werden diese Mädchen in unseren Palast bringen und sie als Bedienstete anstellen!« sagte Maha leidenschaftlich.

»Maha, so einfach ist das nicht!«

Maha sprang mit schmerz- und wutverzerrtem Gesicht auf. »Dann gehe ich eben allein. Wie Amani die Vögel werde ich diese Mädchen allein befreien!«

Ich wußte, daß es meiner Tochter mit diesem Entschluß ernst war, und merkte, daß mir nichts anderes übrig blieb, als sie zu begleiten.

Ich informierte mein philippinisches Mädchen Letha, daß wir das Haus verließen, und wies sie an, Amani sofort nach deren Erwachen zu berichten, daß die Vögel nun ihr gehörten. Dann fuhr ich mit Maha zurück zum Paradiespalast, ohne zu wissen, was ich von der Sache halten sollte.

Nach unserer Ankunft sagte ich unserem Chauffeur, daß wir Khalidah außerhalb des Palastes treffen wollten. Ich deutete auf das Schild, das zu den »Hengsten« wies. »Laß uns bitte hier raus, kehre zum Eingang zurück und warte dort, bis du wieder von uns hörst.« Sowohl der Chauffeur als auch ich hatten ein Handy.

Auf dem Gesicht des Mannes zeichnete sich Skepsis ab, doch er tat, wie ihm gesagt worden war.

Maha und ich liefen schweigend den langen Pfad entlang. Wir wußten beide, daß wir uns auf eine sehr ernste Angelegenheit einließen. Und dies alles ohne Karims Wissen!

Schließlich sah ich den berüchtigten Pavillon, der abseits der anderen stand, wie Maha es mir schon beschrieben hatte. Mir schien dieses Gebäude auf den ersten Blick identisch mit all den anderen zu sein, doch beim näheren Hinsehen bemerkte ich, daß die Fenster vergittert waren.

»Wie kommen wir da rein?« flüsterte ich. Sicherlich war dieses Gebäude fest verriegelt.

»Die Tür ist nicht verschlossen«, bemerkte Maha sehr zu meiner Verwunderung. »Ich fragte die Mädchen, warum sie denn nicht wegliefen, und erfuhr, daß es schon mehrere versucht hatten. Aber ohne ihren Paß und die nötigen Reiseunterlagen, die von einem saudischen Mann unterschrieben sein müssen, wurden sie immer wieder zurückgebracht, schwer bestraft und noch schlechter behandelt.«

»Hmmmm.« Das konnte ich verstehen. Leider haben die meisten Menschen in Saudi-Arabien, seien es nun Gastarbeiter oder auch saudische Bürger, viel zu große Angst vor Vergeltungsmaßnahmen, um ihre Hilfe anzubieten, wenn eine Frau behauptet, festgehalten und sexuell mißbraucht zu werden. Nur wenige Menschen riskieren es, einer Fremden wegen ins Gefängnis gesteckt zu werden, und die Männer meiner Familie rächen sich oft an Leuten, die die Schattenseite des Lebens in Saudi-Arabien aufdecken.

Als wir uns dem Pavillon näherten, trat plötzlich ein sehr alter und merkwürdig aussehender kleiner Mann aus den Büschen und stellte sich uns in den Weg. Wir waren so entsetzt über diese Erscheinung, daß wir zu schreien begannen.

Um Luft ringend stand ich da, ohne ein Wort herauszubringen, während ich dieses höchst ungewöhnliche Wesen näher betrachtete. Der Mann war klein, dürr und schwarz wie Ebenholz. Eine unglückliche Rückgratverkrümmung ließ ihn noch kleiner wirken. Sein verwittertes Gesicht zeigte sein hohes Alter. Die Haut schlotterte lose um seine Gliedmaßen. Dies mußte wahrhaftig der älteste Mensch sein, den ich je gesehen hatte.

Doch trotz seines Alters trug er ein knallgelbes Oberteil und eine mit Ziermünzen bestickte rote Weste. Ein türkisfarbener Seidenturban war um seinen Kopf geschlungen. Seine weiten Hosen, die aus einem üppigen Brokatstoff geschneidert und mit Goldfäden durchwirkt waren, sahen aus wie ein Kostüm aus einer anderen Zeit.

»Kann ich Ihnen helfen, Madam?« Die Stimme des Mannes war ungewöhnlich hoch. Aber sie klang freundlich.

Ich betrachtete sein Gesicht eingehender und sah braune Augen, die vor Neugier funkelten.

»Madam?« Er fuhr mit einer kleinen schwarzen Hand vor meinen Augen auf und ab.

Ich bemerkte, daß er an jedem Finger einen Ring trug.

»Wer sind denn Sie?« schaffte ich endlich zu fragen.

»Ich heiße Omar«, sagte er stolz. »Omar aus dem Sudan.«

Nun erst fiel mir auf, daß das Gesicht des Alten so haarlos war wie mein eigenes. Plötzlich kam mir ein Gedanke: Stand da vor mir ein Eunuch? Aber in Saudi-Arabien gab es doch gewiß keine Eunuchen mehr!

Allerdings war es noch gar nicht so lange her, daß in Arabien viele Eunuchen lebten. Obwohl der islamische Glaube den Moslems verbietet, Knaben zu kastrieren, war es Moslems nicht untersagt, Eunuchen als Sklaven zu halten. Sogar meine eigenen Vorfahren hatten Eunuchen als kostbares Gut geschätzt und viel Geld für sie bezahlt. Früher bewachten Eunuchen den Harem reicher Araber. Auch in den Moscheen von Mekka und Medina sah man sie häufig, denn dort hatten sie die Aufgabe, Frauen beim Betreten der Moschee von den Männern zu trennen.

Und jetzt blickte ich tatsächlich auf einen dieser Eunuchen, und zwar auf einen erbärmlich alten, dessen war ich mir sicher.

Bittere Worte kamen aus meinem Mund, denn ich war mir sofort sicher, welche Rolle dieser kleine Mann hier in Faddels Pavillon spielte. »Und ich nehme an, du bewachst Faddels Harem?«

Omar kicherte. »Nein, Madam, das tue ich nicht.« Er zupfte an dem losen Fleisch, das von seinem Arm herunterhing. »Ich könnte nur Gefangene bewachen, die freiwillig gefangen wären, sonst keine.«

Als ich diese kleine, verschrumpelte Gestalt betrachtete, erkannte ich, daß er recht hatte.

»Faddels Vater war früher mein Herr, und sein Sohn läßt mich weiterhin hier leben«, erklärte Omar.

Auch Maha hatte ihre Angst vor dem kleinen Mann inzwischen überwunden. Nun zupfte sie ungeduldig an meinem Arm. »Mutter! Bitte beeile dich!«

Omars Auftauchen hatte mich in eine andere Zeit entführt, und ich hätte diesem Eunuchen zu gerne alle möglichen Fragen gestellt, aber der zwingende Grund für meinen Besuch hatte Vorrang. Ich mußte die gefangenen Frauen finden, bevor Faddel mich entdeckte. Nun hoffte ich nur, daß der Eunuch nicht Faddel und Khalidah über unser unerlaubtes Betreten des Grundstücks informierte.

»Wir wollten nur einmal kurz mit den jungen Frauen reden, die hier leben.« Ich deutete auf den Pavillon. »Ich verspreche, daß es nicht lange dauern wird.«

Omar verbeugte sich anmutig. »Aber gerne!«

Angenehm überrascht über seine höflichen Manieren, lächelte ich ihn an, als Maha und ich an ihm vorbeigingen.

Sobald wir den Pavillon betreten hatten, umringten uns viele aufgeregte junge Frauen. Die meisten sahen wie Asiatinnen aus. Maha wurde mit vielen Umarmungen und Küssen begrüßt. Glückliche Stimmen erschallten im ganzen Raum. »Sie haben Ihr Wort gehalten! Wir werden befreit werden!«

Ich warnte sie. »Leise! Ihr weckt ja noch die Toten auf!«

Die lauten, freudigen Stimmen wurden zu einem leisen, frohen Gemurmle.

Ich nahm mir ein wenig Zeit, Faddels Harem zu betrachten, während die aufgeregten jungen Frauen Maha mit vielen Fragen bestürmten. In Anbetracht von Faddels offenkundiger

Vorliebe für das Schöne war dieser Raum überraschend schäbig. Zwar waren die Möbel teuer, die Wände mit einer goldenen Seidentapete bespannt, doch alles wirkte kitschig und schmuddelig. Stapel von Videokassetten und Aschenbecher, aus denen Zigarettenkippen quollen, verunstalteten den Raum.

Ich betrachtete die jungen Mädchen genauer. Jede war zwar schön, aber ihr vernachlässigtes Äußeres überlagerte ihre Schönheit. Einige trugen knappe Oberteile und Jeans im westlichen Stil, andere nur durchsichtige Nachthemden. An ihrer Haremstracht war jedenfalls nichts Glanzvolles. Und traurigerweise waren alle Mädchen hier unerträglich jung.

Die meisten stammten wohl aus Asien, eine schien arabischer Herkunft zu sein. Viele rauchten Zigaretten und nippten an kalten Getränken. Ich hätte mir nie träumen lassen, daß ein Harem und seine Bewohnerinnen so offensichtlich vulgär wirken könnten. Doch in Faddels Augen wirkten diese jungen Frauen wohl wie die verführerischen Jungfrauen, die im Koran beschrieben werden, die Huris. Ich vermutete, daß ich vor mir eine Bühne hatte, die Faddel unsägliche Lust bieten sollte. Doch für diese Frauen, die hier gegen ihren Willen festgehalten wurden, war es sicher die reine Hölle.

»Rasch, setzt euch alle hin!« befahl ich und kramte einen Kugelschreiber und einen Block aus meiner großen Handtasche. »Wir haben nicht viel Zeit!« Besorgt blickte ich auf den Eingang des Pavillons. Mir stockte der Atem, als ich sah, daß Omar Maha und mir gefolgt war und es sich auf dem Teppichfußboden bequem gemacht hatte. Er grinste breit. Doch eine innere Stimme sagte mir, daß ich keinen Grund hatte, den kleinen Mann zu fürchten.

»Ich werde jetzt dieses Notizbuch herumreichen. Jede schreibt ihren Namen und eine Adresse in das Buch, unter der ich ihre Angehörigen erreichen kann.«

Ein leises Stöhnen der Verzweiflung und Enttäuschung erhob sich im ganzen Raum. Eines der älteren Mädchen – ich schätzte sie etwa auf zwanzig – fragte mich mit sanfter Stimme: »Dann werden wir also heute nicht mit Ihnen mitgehen?«

Traurig winkte ich mit der Hand. »Das ist nicht möglich. Ihr seid einfach zu viele. Ich kann euch keine Pässe besorgen. Ihr würdet noch vor Einbruch der Dunkelheit wieder hierher zurückgebracht werden.« Ich hielt inne und zählte sie rasch. Es befanden sich fünfundzwanzig junge Mädchen in diesem Raum. Dann erhob ich wieder meine Stimme über ihrem Gemurmle.

»Eure Familien müssen bei ihren Botschaften Protest einlegen. Damit hättet ihr die besten Chancen freizukommen.«

Schluchzende Stimmen taten ihren Einspruch kund.

Eines der jüngeren Mädchen berichtete, daß sie aus Thailand stammte, und jammerte: »Aber Ma'am, meine eigenen Eltern haben mich ja an diesen Mann verkauft.« Verzagt setzte sie hinzu: »Sie werden mir nicht helfen ...«

»Meine Geschichte ist genau die gleiche«, sagte ein anderes Mädchen, das in ihrem kärglichen Gewand zitterte. »Ich wurde aus meinem kleinen Dorf im Norden von Bangkok verschleppt. Mein Bruder hat viele amerikanische Dollar für mich eingesteckt.«

Ein weiteres verängstigtes Mädchen sagte: »Ich glaubte, daß man mich als Hausangestellte haben wollte. Aber das war eine Lüge!«

»Und ich, ich wurde als Näherin in einer Fabrik angestellt. Meine Tage verbrachte ich mit Nähen, meine Nächte damit, vielen Männern zu dienen. Ich wurde an drei verschiedene Männer verkauft, bevor mich Master Faddel kaufte.«

Ich versuchte, meine bestürzten Gedanken zu ordnen, und tauschte einen Blick mit Maha aus. Wie konnte ich diesen jungen Mädchen helfen, wenn ihre Familien sie tatsächlich in die Sklaverei verkauft hatten?

»Laßt mich nachdenken«, sagte ich nervös. »Ich muß nachdenken.«

Eine zarte junge Schönheit mit tränenfeuchten Augen berührte sanft meinen Arm. »Sie müssen uns mitnehmen! Wenn Sie erst meine Geschichte erführen, würden Sie mich nie hier zurücklasssen, nicht einen Augenblick länger!«

Als ich in die Augen dieser traurigen jungen Frau blickte, brach es mir schier das Herz. Obwohl ich befürchtete, Zeit zu vergeuden, hörte ich ihr still zu.

Ermutigt durch mein Schweigen, berichtete die junge Frau: »Ich komme aus einer großen Familie in Laos. Meine Familie hatte nie genug zu essen, und als zwei Männer aus Bangkok meinen Eltern Geld für mich boten, blieb ihnen nichts anderes übrig: Ich wurde zusammen mit drei weiteren Mädchen aus meinem Dorf in Ketten gelegt und nach Bangkok gebracht. Dort wurden wir in einem großen Lager abgeladen. Dann wurden wir gezwungen, uns in einem Raum voller Männer nackt auf eine Plattform zu stellen. Wir wurden versteigert. Die anderen drei Mädchen wurden von einem Bordellbesitzer ersteigert, aber ich wurde von einem Mann gekauft, der im Auftrag von Arabern handelte. Und so kam ich hierher.« Ihre Stimme senkte sich zu einem flehentlichen Flüstern. »Bitte lassen Sie mich nicht hier zurück!«

Diese Geschichte machte mich sprachlos. Frauen wurden auf Auktionen versteigert, an den Höchstbietendsten verkauft?

Omar brachte sich ein. »Warum nehmen Sie die Mädchen nicht gleich heute mit, Mistress? Bringen Sie sie doch zu ihren Botschaften. Dort können sie Zuflucht finden, glaube ich.«

Das stimmte. Ich erinnerte mich an einen Londoner Fernsehbericht über mißhandelte Hausmädchen von den Philippinen, die im benachbarten Kuwait auf diese Weise Zuflucht gefunden hatten. Obwohl die Regierung von Kuwait ihre Geschichten über Mißhandlungen abgestritten und die jungen Frauen gezwungen hatte, mehrere Monate in Ungewißheit zu leben, war ihnen schließlich die Freiheit geschenkt worden, in ihre Heimat zurückzukehren.

Ich lächelte Omar an. Ich hatte gehofft, daß er kein Feind

wäre, mir aber nie träumen lassen, daß er tatsächlich ein Verbündeter werden könnte.

Sanfte Stimmen flossen zusammen in der Forderung nach Freiheit. »Ja! Ja! Nehmen Sie uns noch heute mit!«

Ein kleines, hübsches Mädchen mit arabischen Gesichtszügen rückte näher an mich heran. »Bitte helfen Sie uns, Ma'am! Unser Herr ist ein grausamer Mann. Er und vier seiner sechs Söhne kommen jeden Tag zu uns. Oft bringt er noch andere böse Männer mit.«

»Unser Leben hier ist einfach schrecklich«, sagte ein anderes Mädchen und blickte mich beschwörend an. »Sie können sich gar nicht vorstellen, was wir hier erdulden müssen!«

Ich holte tief Luft. Sollte ich versuchen, diese Mädchen zu retten, ohne an die Folgen zu denken? Ein Blick auf Mahas Gesicht beantwortete meine Frage. Ja, das sollte ich. Aber zuerst mußte ich mir einen Plan zurechtlegen. Ich musterte die Mädchen um mich herum. Viele waren nur notdürftig bekleidet. So konnte ich sie unmöglich auf die Straßen des konservativen Saudi-Arabien mitnehmen. Wütende Massen würden sich versammeln und uns mit Steinen bewerfen, wir würden gewiß scheitern. »Habt ihr denn Umhänge, mit denen ihr eure Körper verhüllen könnt?«

Mehrere Mädchen blickten sich unsicher an. Eine sagte: »Soviel wir wissen, gibt es hier keine.«

»Nehmt doch die Laken von den Betten«, schlug Omar vor und warf einen schlauen, wissenden Blick auf mich. »Es gibt breite Betten mit vielen Laken.«

Ich blickte auf die geöffneten Türen, die rund um den Harem angelegt waren. Die meisten führten zu kleinen Kämmerchen, in denen Betten standen.

Während die Mädchen von Zimmer zu Zimmer eilten und die Laken und Zudecken aufklaubten, umringten mich einige der kleinsten Mädchen. Erstaunt stellte ich fest, daß zwei dieser Mädchen noch richtige Kinder waren. Eine davon war sicher nicht älter als acht oder neun!

Ich nahm diese Kinder an die Hand und kämpfte gegen Wut und Tränen an. Wie konnte nur eine Mutter ihre eigene Tochter verkaufen? Es war schier unvorstellbar.

In meinem Kopf überschlugen sich die Gedanken. Ich wußte, daß ich nicht alle fünfundzwanzig Mädchen in einem Auto transportieren konnte. Trotz des Risikos dieser geheimen Mission mußte ich daheim anrufen und dafür sorgen, daß einige weitere unserer Chauffeure uns hier in Faddels Palast abholten.

Ich winkte meiner Tochter zu. »Maha, nimm diese Kinder und besorge ihnen etwas, mit dem sie sich bedecken können.« Nachdem Maha mir die Kinder abgenommen hatte, holte ich mein Handy aus der Handtasche. Doch ich sollte nie die Gelegenheit bekommen, jenes Telefonat zu führen.

Plötzlich brach ein Chaos aus, denn Faddel, Khalidah und drei große Männer kamen herein. Mir lief ein eisiger Schauer den Rücken hinunter, als ich in Faddels kalte Augen blickte.

»Als wir die Unruhe bemerkten, hatten wir keine Ahnung, daß wir so hochgestellte Gäste hatten«, sagte Faddel böse grinsend, als er mir das Telefon aus meiner starren Hand nahm. »Sultana, du bist hier nicht willkommen! Verlasse diesen Ort auf der Stelle!«

Ich blickte an Faddel vorbei auf Khalidah. Bei unserer letzten Begegnung war sie in Ohnmacht gefallen, doch jetzt wirkte sie völlig ruhig.

»Khalidah, du heißt dies hier doch gewiß nicht gut!«

Khalidah sah mich verächtlich an. »Sultana, du kannst anderen nicht vorschreiben, was in ihren Heimen abläuft.«

Als die jungen Frauen merkten, was los war, hob ein Chor von Schreien an. Faddel machte eine rasche Handbewegung. Die drei kräftigen Männer in seiner Begleitung begannen, die jungen Frauen in die Nebenräume zu stoßen und sie dort einzusperren.

»Maha!« schrie ich und blickte mich verzweifelt um. »Komm sofort her zu mir!« Die Vorstellung, daß meine

Tochter zusammen mit diesen armen Frauen eingesperrt werden könnte, brachte mich an den Rand der Hysterie.

Sobald ich Maha entdeckt hatte, nahm ich sie fest an die Hand. Dann wandte ich mich an Khalidah in der Hoffnung, daß sie sich für diese Frauen, ihre Schwestern, einsetzen würde.

»Khalidah, weißt du denn nicht, daß diese jungen Mädchen immer wieder vergewaltigt werden, von deinem Mann, deinen Söhnen, anderen Männern?« Ich hielt kurz inne, bevor ich fortfuhr: »Das kann dir doch als Frau und als Mutter nicht recht sein!«

Oberflächlich betrachtet war Khalidah bemerkenswert schön, doch die Worte, die sie an diesem Tag äußerte, zeigten mir, daß sie in ihrem Inneren häßlich war. Schlimmer noch, ihre Gefühle und ihr Geist waren tot.

Meine Worte ließen sie völlig kalt. »Sultana, diese Sache geht nur Männer etwas an.«

»Wenn du das wirklich glaubst, Khalidah, dann bist du nichts mehr als ein Sumpfgras im Wind, ohne den geringsten eigenen Verstand.«

Khalidah errötete, erwiderte jedoch nichts auf meinen Vorwurf.

Ich hatte vor einigen Jahren das Gerücht gehört, daß Khalidah von Faddels enormem Reichtum so angezogen sei, daß sie ihrem Mann blinden Gehorsam entgegenbrachte. Zu gerne hätte ich sie angeschrien, ihr eine Volksweisheit an den Kopf geschleudert: Diejenige, die einen Gorilla wegen des Geldes heiratet, muß den Rest ihres Lebens mit einem Gorilla verbringen, auch wenn das Geld nicht mehr da ist. Das Leben nahm oft seltsame Wendungen, und vielleicht kam noch der Tag, an dem Khalidah sich mit einem verarmten Faddel wiederfand, dessen Bosheit sich als beständiger erweisen könnte als sein Reichtum.

Aber ich sagte nichts, denn mir war klar, daß solche Worte diesen jungen Frauen auch nicht weiterhelfen würden.

Faddel hatte die Stirn, seine bösen Taten zu rechtfertigen. »Obwohl es dich nichts angeht, Sultana – jede Frau hier ist von ihren Eltern verkauft worden. Sie haben das bekommen, was sie wollten, genauso wie ich. Diese Geschäfte waren völlig legal. Ich habe kein Unrecht begangen.«

»Rechtlich gesehen vielleicht nicht, Faddel, aber moralisch gesehen bestimmt.«

Faddel zuckte nur mit den Schultern.

Gereizt von dem Wissen, daß ich diese jungen Frauen nicht befreien konnte, beleidigte ich meinen Cousin vorsätzlich: »Faddel, fällt es dir denn so furchtbar schwer, sexuelle Partner zu finden, die nicht erst in Ketten gelegt werden müssen?«

Maha wandte sich wutentbrannt an ihn: »Sie sind eine rohe Bestie, weiter nichts!«

Faddel kicherte nur, als er erwiderte: »Sultana, ich glaube, daß du und deine Töchter sich verschworen haben, meinen Ruf zu schädigen.«

Maha umfaßte meine Taille. »Mutter! Wir können sie doch unmöglich hier lassen!«

Mutlos blickte ich in Mahas Gesicht. »Doch, Tochter, wir müssen. Wir können hier nichts mehr tun.« Ich zog Maha mit mir. »Komm jetzt bitte!«

Khalidah wandte sich ab und verließ den Raum.

Faddel äußerte mit trügerisch sanfter Stimme drohende Worte, während er mich und Maha hinausbegleitete. »Du weiß doch, Sultana, daß ich dich töten lassen würde, wenn du eine andere wärst.«

Als ich neben diesem rohen Menschen einherschritt, spürte ich in mir einen größeren Haß, als ich ihn je einem Menschen gegenüber empfunden hatte. Selbst meinen Bruder Ali hatte ich nie so gehaßt. Wie gerne hätte ich Faddel mit einer Million Verfluchungen bedacht! Aber ich wußte, daß die Gesetze Saudi-Arabiens nicht vorsahen, diesen armen Mädchen zu helfen. Ich konnte rein gar nichts ausrichten, das wußte ich genau. Und auch Faddel wußte es, was mich am meisten schmerzte.

Bei unserem Rückzug hörte ich die herzzerreißenden Schreie der jungen Mädchen hinter den verschlossenen Türen. Ich konnte es kaum ertragen und wollte mir erst gar nicht vorstellen, wie es Maha damit ging.

Üble Gedanken schwirrten mir durch den Kopf. Oh Allah! Was für ein Land! Was für Leute! Wir sind so reich, daß wir kaum darüber nachdenken, wenn wir teuren Grundbesitz gegen ein paar kümmerliche Vögel austauschen, um den verrückten Launen unserer Kinder nachzukommen. Gleichzeitig sind wir moralisch so verkümmert, daß junge Frauen als Sexsklavinnen gehalten werden können, und unglaublicherweise haben anständige Leute kein Rechtsmittel in der Hand, um diese Frauen zu befreien. In mir brannte eine heiße Scham für mein Land und meine Landsleute.

Faddel rief unseren Chauffeur herbei. Er blieb neben uns stehen, um sicherzugehen, daß wir sein Grundstück auch gewiß verließen. Als das Auto gekommen war, öffnete Faddel die Tür, gab mir mein Handy zurück und verabschiedete uns ironisch. »Besuch uns doch mal wieder, Sultana«, sagte er grinsend. »Aber dann bitte in unserem Haupthaus!«

Manchmal scheinen die Niederlagen im Leben schier unerträglich zu sein. Ich brachte keinen Ton heraus und konnte keinen klaren Gedanken fassen, bis ich von Faddels verhaßter Gegenwart befreit war.

Maha begann zu weinen. Ich war zu betrübt, um sie mit Worten zu trösten, und streichelte nur sanft ihre Schultern.

Hinter der ersten Kurve der Einfahrt trat plötzlich der Eunuch Omar vor unseren Wagen. Unser Chauffeur bremste heftig. Omar grinste sein zahnloses Grinsen und klopfte ans Fenster.

»Mach das Fenster auf!« befahl ich.

»Mistress, könnte ich wohl mit Ihnen kommen?« fragte Omar mit seiner weiblich hohen Stimme.

»Mit mir? Ich dachte, du gehörst zu Faddels Familie.«

»Ich sagte doch, man ließe mich hier leben. Ich sagte nicht, daß ich hier willkommen sei.« Dann fügte er noch hinzu: »Eigentlich war ich nie richtig willkommen, seit Faddels Vater starb, und der starb vor über fünfzehn Jahren.«

»Nun ...« Ich blickte in den Außenspiegel und bemerkte, daß der Fahrer mich beunruhigt ansah. Ich wandte mich wieder an Omar. »Wurdest du von Faddels Familie als Sklave gekauft?«

»Sklaven ist vor vielen Jahren die Freiheit geschenkt worden.«

Das stimmte. 1962 hatte der amerikanische Präsident John F. Kennedy sich persönlich an Faisal, den damaligen Premierminister, gewandt mit der Bitte, die Sklaverei in Saudi-Arabien abzuschaffen. Unsere Regierung war dieser Bitte nachgekommen und hatte für einen Preis von fünftausend Rials, tausendfünfhundert Dollar, pro Kopf die Freiheit sämtlicher Sklaven erkauft. Viele dieser befreiten Sklaven waren in den Heimen ihrer ehemaligen Herren geblieben. Doch obwohl Omar sich dazu entschlossen hatte, bei der Familie zu bleiben, der er früher gehört hatte, war er sein eigener Herr.

»Bitte, Mistress!«

Rasch überdachte ich dieses ungewöhnliche Anliegen. Vielleicht würde Faddel Omar dafür bestrafen, daß er meine Ankunft in seinem Harem nicht gemeldet hatte. Ich kannte ihn inzwischen gut genug, um ihm eine solche Niedertracht zuzutrauen.

Zögernd sagte ich: »Nun, so steig ein und komm mit!«

Sobald der kleine Mann sich hingesetzt hatte, fragte ich: »Warum willst du denn bei meiner Familie leben?«

Omar musterte mich eindringlich, bevor er mir darauf eine Antwort gab. »Nun«, sagte er schließlich, »ich lebe schon seit vielen Jahren in diesem Land. Mit acht Jahren wurde ich meiner Familie im Sudan geraubt und an einen reichen Türken verkauft. Im selben Jahr noch reiste mein Besitzer nach

Mekka zum Hadsch.« Omar kicherte. »Er war ein dicker Dummkopf, der zu viel Fettes und Süßes aß, und fiel tot um, während er den schwarzen Stein in der großen Moschee umrundete. Ich wurde von den Behörden aufgegriffen und schließlich Faddels Großvater, dem die Behörden einen Gefallen schuldig waren, als Geschenk überreicht.

Inzwischen bin ich achtundachtzig Jahre alt. Seit achtzig Jahren lebe ich bei Ihrem Volk.« Er machte eine lange Pause, bevor er sagte: »Früher einmal hatten Araber in diesem Land ein wenig Menschlichkeit in ihren Herzen. Aber seit langer Zeit, schon so lange, daß ich mich gar nicht mehr genau daran erinnern kann, habe ich persönlich keine einzige freundliche Tat erlebt.« Er holte tief Luft. »Vor ein paar Jahren habe ich mir fest vorgenommen, dem nächsten freundlichen Menschen zu dienen, den ich treffen würde.« Omar blickte mich an und lächelte froh.

Plötzlich wurde mir klar, was ich da wieder angestellt hatte. Mein Mann war ein sehr langmütiger Mensch, aber was würde er wohl sagen, wenn er diesen irre gekleideten Eunuchen vor sich sehen würde?

Als wir zu Hause angekommen waren, rannte Maha weinend in ihr Zimmer.

Ich sagte Omar, er solle im großen Wohnzimmer auf mich warten, und er kam dieser Aufforderung gutgelaunt nach.

Dann suchte ich nach Amani und fand sie auch dort, wo ich sie vermutet hatte, nämlich im Garten bei ihren Vögeln. Ein Weilchen stand ich da und beobachtete meine Tochter, wie sie ihre Vögel mit besonderen Körnern und Leckerbissen verwöhnte. Nun denn, zumindest diese Vögel würden nicht mehr leiden müssen. Der Garten war erfüllt von ihrem munteren Gesang.

Ich holte tief Luft, als ich über meine Siege und Niederlagen nachdachte. Die Singvögel waren frei, die jungen Mädchen jedoch noch immer gefangen!

Als Karim heimkam und mich im Wohnzimmer in ein

Gespräch mit dem kleinen schwarzen Eunuchen Omar vertieft antraf, starrte er mich an, als könne er nicht glauben, was er sah. Der arme Mann! Er hatte keine Ahnung, was an diesem Tag in seiner Abwesenheit vorgefallen war. Und er wußte ebensowenig, daß nun auch ein Eunuch zu seinem Haushalt gehörte.

9. KAPITEL

Die Geschichte des Eunuchen

Oft habe ich Karim sagen hören, daß Gottes Wege unergründlich seien. Als ich ihn nun fassungslos auf mich zukommen sah, hoffte ich, seine sicherlich verärgerte Reaktion dadurch etwas abzuschwächen, indem ich ihn an diese Feststellung erinnerte. »Karim, ich kenne jetzt die wahre Bedeutung deiner weisen Worte. Gottes Wege sind tatsächlich unergründlich.« Ich wandte mich wieder lächelnd dem Eunuchen zu. »Gott der Allmächtige hat Omar aus dem Sudan in unser Heim geführt.«

Karims Gastfreundschaft zügelte momentan seinen Ärger mir gegenüber. Er blickte den sonderbaren kleinen Mann an, der da an meiner Seite saß, und begrüßte ihn höflich: »Sei willkommen in unserem Heim, Omar.«

Ich versuchte, Karim mit meiner Begeisterung zu verzaubern. »Liebling! Omars Geschichte ist eine Legende aus unserer Vergangenheit!«

Karim musterte skeptisch Omars farbenfrohe Pracht. »Ach ja?«

Ich wollte nicht, daß Karim Omar zu streng aburteilte, denn mir war klar, daß dieser kleine Mann sein Leben nicht freiwillig gewählt hatte.

»Ja! Omar hatte zeit seines Lebens die Aufgabe, Frauen zu beschützen!«

In diesem Moment kam Amani herein. Auf dem Arm balancierte sie eine Reihe ihrer neuen Spielgefährten. Wunderbarerweise hatte es unsere Tochter bereits geschafft, einige

Vögel, die sie aus Faddels Gartenparadies gerettet hatte, abzurichten.

Mit einem breiten Lächeln sprang Omar auf. »Junge Herrin, ich habe Sie hinter den Büschen beobachtet, als Sie die armen Vögel aus Master Faddels Palast in die Freiheit trugen. Allah wird Sie gewiß für Ihre Güte segnen!«

Amani war für ihre Tierliebe noch nie so gelobt worden. Entwaffnet lächelte sie Omar herzlich an.

Karims anfängliche zögerliche Toleranz begann, sich in Besorgnis zu verwandeln. »Großer Gott, Sultana! Was geht hier vor? Hast du nun auch noch Faddels Zwerg mitgenommen?«

»Omar ist kein Zwerg!« protestierte ich. »Omar ist ein Eunuch!«

Karim reckte die Arme gen Himmel. »Sultana!« Seine laute Stimme und sein Herumgefuchtele ließen Amanis Vögel aufgeschreckt im Raum herumflattern.

»Vater!« kreischte Amani.

Omar beeilte sich, Amani beim Einfangen der Vögel und ihrem Rücktransport in den Garten zu helfen. Sobald sich die Türe hinter ihnen schloß, versuchte ich, Karim zu besänftigen, indem ich ihm die Ereignisse dieses Morgens erklärte und wie es dazu gekommen war, daß nun ein alter, sehr sonderbar gekleideter Eunuch bei uns lebte.

Als Karim allmählich zu begreifen anfing, daß ich nicht nur seine Weisung mißachtet hatte, indem ich in Faddels Palast zurückgekehrt war, sondern bei einer weiteren Hilfsmission einen Aufstand in jenem Palast verursacht hatte, verschwand seine Toleranz für mein Verhalten.

»Allah möge mich vor lügenden Lippen und betrügerischen Zungen bewahren!« schrie er. Die auf seinem Gesicht und Nacken hervortretenden Adern waren besorgniserregend.

Ich versuchte, Karim vom Elend dieser armen Frauen zu berichten, die dort gegen ihren Willen festgehalten wurden, doch Karims laute Schreie übertönten meine Rede. Rasch verwickelten wir uns in ein sinnloses Wortgefecht, das erst verebbte, als unsere Stimmen heiser wurden.

Als Karim endlich verstummte, versuchte ich, ihm die tragische Geschichte der jungen Frauen zu erklären, die von Faddel in sexueller Sklaverei gehalten wurden. Aber selbst die schreckliche Realität der unschuldigen Mädchen in diesem entsetzlichen Harem konnte Karims Wut nicht beschwichtigen.

Schließlich setzte ich noch erschöpft hinzu: »Ich weiß, daß ich mich erst dir hätte anvertrauen sollen, meinem Mann. Aber du warst schon so belastet mit Amani und diesen Vögeln, daß ich gezögert habe.« Ich beugte mich zu ihm herüber und legte eine Hand auf sein Knie. »Maha hätte es mir nie verziehen, wenn ich nicht mit ihr gegangen wäre und versucht hätte, diese jungen Frauen zu befreien.«

Karim schüttelte nur ärgerlich den Kopf. »Und was hast du erreicht, Sultana? Diese Frauen gehören Faddel, daran wird sich nichts ändern. Du weißt genau, daß niemand in diesem Land sich in einer solchen Situation für Frauen einsetzen wird.« Er wies auf die Stelle, an der Omar gesessen hatte. »Und was hast du tatsächlich erreicht? Daß nun zu diesem Haushalt ein uralter Eunuch hinzugekommen ist, den hier kein Mensch braucht.«

Karim und ich waren beide überrascht, als Omar sich hinter uns räusperte. Die Trübsal auf seinen eingefallenen Gesichtszügen machte uns klar, daß er Karims bittere Bemerkung gehört hatte.

»Ich werde Ihr Heim sofort verlassen, Master«, stotterte Omar mit seiner hohen Stimme, die nun sehr kläglich klang. »Sie haben ja recht. Ein Eunuch ist ein völlig nutzloses Wesen, zumindest in der heutigen Zeit.«

Omars Augen glänzten, und ich fürchtete schon, der arme Mann würde gleich auf die Knie sinken und in Tränen ausbrechen.

Manchmal ist Karim sehr gefühlvoll, und dies war so ein

Moment. »Meine unüberlegten Worte tun mir sehr leid, Omar. In Allahs Augen ist kein Mensch nutzlos. Und wenn Faddel gegen deine Abwesenheit nicht protestiert, sollst du bei uns willkommen sein!«

Omars Stimmung hellte sich sofort wieder auf. »Oh, Master, ich werde dort nicht vermißt werden. Einmal war ich vier Monate lang weg, weil ich mit einem Gast aus Taif auf Reisen ging. Nach meiner Rückkehr merkte ich, daß meine Abwesenheit von Master Faddel und seiner Frau überhaupt nicht bemerkt worden war.«

Verbittert fuhr er fort: »Die anderen Diener sagten mir, daß Faddel und Khalidah schon gehofft hatten, ich hätte mich in den Büschen verkrochen und sei dort gestorben. Diese zwei gönnten mir kaum das wenige Essen, das mein kleiner Körper benötigt!« Er strich an dem Stoff seiner Brokathosen entlang. »Master Faddel verwehrte mir das Geld, mir angemessenere Kleidung zu kaufen. Deshalb trage ich diese uralte Tracht aus meiner Vergangenheit, Master.«

Karim lächelte freundlich. »Hier kannst du gerne so viel essen, wie du möchtest, Omar. Und ich werde Mohammed sagen, daß er dir beim Kauf von neuer Kleidung behilflich sein soll. Wenn du bei uns lebst, sollst du auch ordentlich gekleidet sein.«

Omar blickte mich mit frohen Augen an, bevor er sich wieder an Karim wandte. »Master, Gott hat meine Gebete erhört. Ich wußte, daß eine gute Frau wie Ihre Ehefrau sicherlich mit einem freundlichen Mann zusammenlebt.«

Ich blickte auf Karim in der Hoffnung, daß er in Omars Lob einstimmte, aber dies tat er nicht. Statt dessen tätschelte er Omar den Rücken. »Mein Freund, nur eines: Nenne mich bitte nicht ›Master‹. Kein Mensch ist der Herr eines anderen. Nenn mich einfach nur Prinz Karim.«

Omar nickte. »Das ist eine uralte Gewohnheit, die ich nicht ohne weiteres ablegen kann, aber ich werde es versuchen, Prinz Karim.«

Lächelnd lehnte sich Karim auf dem Sofa zurück und rief nach einem Diener, um uns Tee servieren zu lassen.

Erstaunt bemerkte ich, wie rasch die enorme Wut meines Mannes von diesem kleinen Mann beschwichtigt worden war. Als ich darüber nachdachte, fiel mir ein, wie Omar mich früher an diesem Tag ebenfalls getröstet hatte, und mir wurde klar, daß dieser Eunuch einen wirklich beruhigenden Einfluß besaß. Als ich Omar anblickte, kam mir ein neuer Gedanke. Vielleicht stellte sich dieser kleine Mann als ein unerwartetes Geschenk für meine überspannte, höchst gefühlsgeladene Familie heraus?

Karim sah Omar freundlich an. »Omar, erzähl uns aus deiner Vergangenheit! Eigentlich hatte ich gedacht, daß der letzte Eunuch in Saudi-Arabien schon vor vielen Jahren gestorben sei.«

Omar wurde sehr lebhaft. »Es wäre mir ein großes Vergnügen, Ihnen alles zu erzählen, was sie wissen wollen«, sagte er aufgeregt.

Ich lächelte, denn ich hatte bereits bemerkt, daß Omar gerne Geschichten zum Besten gab.

Anmutig richtete Omar sich auf, ordnete seine weiten Beinkleider und setzte sich im Schneidersitz auf das Sofa. Als er den Kopf hob, um Karim anzublicken, schienen seine Augen in die Ferne zu blicken, während er dazu ansetzte, aus seinem Leben zu erzählen.

»Ich erinnere mich kaum an bilad as-Sudan, das ›Land der schwarzen Völker‹, aber ich weiß noch, daß der Stamm meiner Familie, die Humr, nomadische Viehzüchter waren. Wir folgten dem Regen und dem hohen Gras.

Jene Zeiten waren sehr gefährlich. Viele afrikanische Häuptlinge arbeiteten mit moslemischen Sklavenhändlern zusammen und fingen ihre eigenen Leute ein, um sie zu verkaufen. Alle Mütter aus dem Stamm der Humr litten unter der Sorge, daß man ihnen ihre Kinder stehlen würde. Noch heute erinnere ich mich an die sanften braunen Augen meiner

Mutter, wenn sie mich anblickte, und ihre strenge Warnung, daß ich immer in der Nähe meines Stammes bleiben sollte.« Omars traurige Augen spiegelten seinen Schmerz. »Ich war jung und dumm und gehorchte meiner Mutter nicht.

Jeder junge Humr-Mann wollte gern als Jäger gelobt werden. Schon kleine Knaben klaubten Steine auf, um sie nach Vögeln oder kleinen Tieren zu werfen. Ich war nicht anders, und eines Tages entfernte ich mich auf der Suche nach glatten Steinen törichterweise ziemlich weit von meinem Stamm. Eben wollte ich einen Stein auf eine Trappe werfen, da wurde ich plötzlich von hinten umfangen und weggezerrt. Ich sah meine Mutter nie wieder.«

Noch nach all diesen Jahren wischte sich Omar die Tränen weg bei dem Gedanken an seine Mutter. »Aber dies ist lange, lange her.«

Omar begann nun leise weiterzuerzählen, ohne Karim und mich anzublicken. »Ich war nicht allein in meinem Elend. Viele Männer, Frauen und Kinder waren aus ihren Dörfern oder Stämmen verschleppt worden. Wir wurden aneinandergekettet und über Land zum Roten Meer gebracht. Diese Reise dauerte viele Tage und Nächte. Als wir schließlich am Roten Meer ankamen, stieß ein ägyptischer Christ zu unserem Führer. Sie unterhielten sich leise über die jungen männlichen Gefangenen. Entsetzen machte sich unter uns breit, als wir mitbekamen, daß eine gewisse Anzahl der jüngsten Knaben ihrer drei kostbaren Geschenke beraubt werden sollten. Ich wußte nicht recht, worum es sich dabei handelte, und protestierte nicht sehr heftig, als ich aus der Gruppe geholt und von den anderen Sklaven abgesondert wurde.«

Karim fühlte sich offensichtlich unwohl und unterbrach Omar. »Einen Moment, Omar.« Er wandte sich mir zu. »Sultana, geh bitte in die Küche und bitte den Koch, uns ein paar Erfrischungen zuzubereiten.«

Karims Absicht war klar. Er wollte mich nicht Omars eingehende Schilderung seiner Kastration hören lassen. In unserer konservativen Gesellschaft wäre meine Anwesenheit unschicklich gewesen. Und dies sogar, obwohl Omar eigentlich nicht als richtiger Mann betrachtet wurde. Der arme Omar hatte ein trauriges, unsicheres Schicksal. Er war weder Mann noch Frau, obwohl sein Status etwas niedriger war als der eines Mannes, wenn auch höher als der einer Frau.

Ich widersprach Karims Aufforderung nicht, obwohl ich mich bereits gewappnet hatte, die grausigen Einzelheiten von Omars Kastration zu erfahren. Ich wußte, daß Karim mir bereitwillig alles erzählen würde, sobald wir alleine wären. Aber ich war zu ungeduldig, um das abzuwarten. So beschloß ich, den Rest von Omars Geschichte von der anderen Seite der Tür aus zu belauschen.

»Ja, natürlich«, erwiderte ich, stand auf und verließ den Raum. Ich eilte in die Küche und bat den Koch, etwas Käse, Früchte und Süßigkeiten anzurichten.

Dann schlich ich mich leise zurück und stellte mich vor die Tür zum Wohnzimmer.

Omar sprach noch immer, und ich bemerkte schnell, daß ich den Hauptteil der Geschichte noch nicht verpaßt hatte. ». . . der Mann war auf seine Pflicht bestens vorbereitet. Sein Messer war scharf, und ohne zu wissen, was auf mich zukam, war ich plötzlich meiner drei männlichen Teile beraubt.«

Karim holte hörbar Luft. »Diese Männer haben durch ihre grausamen Taten Allahs Worte verhöhnt!«

»Allah war an diesem Tag nirgends zu finden«, sagte Omar wehmütig, »obwohl er von jedem Jungen, der sich dieser grausamen Behandlung unterziehen mußte, oft genug angerufen wurde.«

Wieder hörte ich, wie Karim tief Luft holte.

Omar erinnerte sich noch an jede Einzelheit. »In die Öffnung, die an der Stelle meines Penis entstanden war, wurde ein Schlauch gesteckt, damit diese Öffnung nicht zuwuchs. Ich blutete schrecklich, aber die Blutung hörte auf, als ein Gehilfe dieses Mannes siedend heißes Öl auf meine Wunden goß.« Omar kicherte. »Wie ich so schmerzverkrümmt dalag, zeigte er mir meine Genitalien in einer Flasche. Ich hob die Flasche und ihren Inhalt viele Jahre lang auf. Vor fünfzehn Jahren hat sie mir schließlich jemand geklaut, der mir damit einen gemeinen Streich spielen wollte.«

»Es ist ein Wunder, daß du bei dieser grausamen Behandlung nicht gestorben bist«, brachte Karim schließlich heraus.

»Wie Sie sehen, habe ich sie überlebt. An diesem Tag wurden insgesamt zehn Jungen kastriert. Einer starb sofort. Wir anderen wurden bis zum Hals in Sand eingegraben.« Er kicherte nochmals trocken. »Wer weiß, was für ein grausamer Dummkopf zu der Meinung gelangt war, daß heißer Sand ein hilfreiches Heilmittel sei. Drei Tage und drei Nächte bekamen wir kein Wasser und keine Nahrung. Am Ende waren nur noch drei der neun Jungen am Leben.«

Meine Knie wurden schwach beim Zuhören. Dies war die schrecklichste Geschichte, die ich je gehört hatte! Ich wußte zwar, daß Eunuchen früher in vielen Ländern hoch geschätzt waren, doch ich hatte nie über die schrecklichen Qualen nachgedacht, die diese armen Männer hatten erdulden müssen. Ich hoffte aufrichtig, daß Gott den heißesten Ort in der Hölle für diejenigen reserviert hatte, die solche Taten vollstreckt hatten!

Der arme Omar fuhr mit seiner tragischen Geschichte fort. »Alle gratulierten sich, als der Christ den Schlauch aus dem engen Gang herausholte, der mir noch zum Wasserlassen übrig geblieben war, und als tatsächlich Flüssigkeit herausquoll. Die Männer wußten, daß derjenige, der Wasser lassen konnte, überleben würde. Nur zwei von uns drei Überlebenden konnten urinieren, ich und ein weiterer Junge. Der Körper des dritten unglücklichen Jungen wurde von seinem eigenen Urin vergiftet, und er starb bald unter schrecklichen Qualen.

Nach dem vierten Tag wurden wir auf ein Schiff verfrachtet, das zu einem Sklavenmarkt in Konstantinopel aufbrach. Ich hatte die Kastration überlebt, und die Sklavenhändler wußten, daß ich ihnen eine stattliche Summe einbringen würde.«

Das stimmte. In jenen Tagen waren Eunuchen als vertrauenswürdige Wächter moslemischer Frauen hoch geschätzt. Nur impotente Männer hatten Zutritt zu den Frauengemächern.

Omar sprach weiter und unterbrach meine Gedanken. »Deshalb behandelten die Sklavenhändler uns zwei kastrierte Knaben freundlicher als die anderen Sklaven. Wir wurden auf dem Oberdeck untergebracht und bekamen genug zu essen, während die anderen armen Seelen im Schiffsrumpf mehr oder weniger aufeinandergestapelt worden waren und auf dieser Reise keine Nahrung und kein Wasser erhielten, soviel ich sah. Als wir im Hafen von Konstantinopel ankamen, waren viele von ihnen gestorben.«

Ich schätzte, daß Omars Geschichte nun soweit gediehen war, daß Karim nichts mehr dagegen hatte, wenn ich wieder zuhörte. Also trat ich leise in den Raum und setzte mich hin.

»Fahre fort«, sagte Karim, als Omar ihn fragend anblickte. »Jetzt ist es in Ordnung.«

Omar sah mich lächelnd an. »Ich habe der Mistress bereits erzählt, daß ich von einem reichen Türken erworben wurde. Er besaß eine Reihe von Sklaven, aber nur zwei Eunuchen, und beide waren schon ziemlich alt. Mir wurde gesagt, daß ich die Frauen des Türken bewachen sollte, wenn ich groß und stark geworden sei.

Mein neuer Herr nahm mich mit auf seine Pilgerreise nach Mekka. Dort starb er in der großen Moschee, und ich wurde zum Eigentum der Behörden von Mekka. Die Beamten übergaben mich Faddels Großvater, dem sie einen Gefallen schuldeten.

Bei dieser Familie verbrachte ich eine relativ angenehme Zeit. Ich aß am selben Tisch mit der Familie. Mit vierzehn wurde ich beauftragt, die Frauen und Sklavinnen meines Herrn zu bewachen. So verstrich die Zeit bis zum Tod von

Faddels Großvater und seines Vaters. Da ich nicht wußte, wo ich sonst hin sollte, blieb ich bei Faddel.« Omar blickte mich direkt an. »Faddel ist ganz anders als sein Großvater und sein Vater, Mistress.« Er machte eine Pause, bevor er hinzufügte: »Faddel wird sicher zur Hölle fahren und dort für alle Ewigkeiten bestraft werden.«

Ich seufzte verzweifelt, als mir nun wieder die jungen Frauen einfielen, die Faddel gehörten. Konnte die Hölle schlimmer sein als das, was jene Frauen erduldeten? Auch Faddels Frau Khalidah fiel mir ein. Sie könnte diesen jungen Frauen sicher helfen, wenn sie wollte. Aufbrausend sagte ich: »In meinen Augen ist Khalidah genauso böse wie Faddel!«

Omar zuckte seine schmalen Schultern. »Wenn der Herr des Hauses auf dem Tamburin trommelt, sollte man seine Familie nicht dafür verdammen, daß sie dazu tanzt.«

Karim sah mich lächelnd an.

Mit dem Instinkt einer langjährigen Ehefrau wußte ich, daß Karim es oft gern gesehen hätte, wenn ich nach seiner Pfeife getanzt hätte.

»Dies wird niemals passieren, mein Mann«, flüsterte ich ihm zu.

Karim lachte laut auf, bevor er sich wieder Omar zuwandte.

Omar richtete seinen Turban, während er Karim anlächelte. »Aber heute bin ich glücklicher, als ich es in vielen Jahren gewesen bin. Es ist gut, bei einer freundlichen Familie zu leben.«

In diesem Augenblick kamen mehrere Dienerinnen mit Erfrischungen herein. Omars Augen zwinkerten, als sie das Essen erblickten, und eifrig langte er nach einem honiggesüßten Gebäckstück.

Karim und ich sahen erstaunt zu, als Omar eilig mehr Essen verschlang, als man von einem zweimal so großen Mann wie ihm erwartet hätte.

Als wir später an diesem Abend allein in unseren Privatgemächern waren, gestand mir Karim, daß er viel über Omar nachgedacht habe. Er versuchte, mich davon zu überzeugen, daß es für Omar besser wäre, nicht in Saudi-Arabien zu leben, sondern in einem unserer Paläste im Ausland. Omar wäre sicherer, wenn niemand in unserem Land wüßte, daß der Eunuch, der früher Faddels Familie gehört hatte, bei uns Zuflucht gesucht hatte.

Zwar war Omar rechtlich gesehen ein freier Mensch, und Faddel hatte seinen Ärger darüber bekundet, einem alten Eunuchen Wohnsitz und Nahrung zu gewähren. Aber sicher war er jetzt beleidigt, daß Omar lieber bei einer anderen Familie wohnte. Und wer wußte schon, ob Faddel nicht versuchen würde, sich an dem armen Omar zu rächen?

Anfangs gefiel mir die Idee, den armen Omar wegzuschicken, nicht besonders. Er schien so glücklich und zufrieden bei uns zu sein. Abgesehen davon mochte ich den kleinen Mann sehr und sah voraus, daß seine sanftmütige Anwesenheit dazu beitragen konnte, unserem Familienleben einen höchst willkommenen Frieden zu bringen. Doch nachdem ich eine Nacht darüber geschlafen hatte, zauberte der Gedanke, daß Omar das Leben eines freien Mannes in der Welt außerhalb Arabiens leben könnte, ein zufriedenes Lächeln auf mein Gesicht. Außerdem konnten wir ihn ja immer noch im Ausland sehen, dachte ich mir.

Am nächsten Morgen redete Karim eine Weile allein mit Omar. Es wurde entschieden, daß Omar in unserer Villa in Ägypten leben sollte. In diesem dichtbesiedelten Land, in dem es vor Ägyptern, Arabern und Afrikanern wimmelte, würde ein kleiner schwarzer Mann mit einer hohen Stimme nicht weiter auffallen. Und die monatliche Überweisung, die Karim Omar anbot, würde ihm so viel persönliche finanzielle Freiheit schenken, wie er sie noch nie gehabt hatte.

Omar schien überglücklich zu sein, auf den Kontinent zurückzukehren, auf dem er geboren worden war. Er sprach aufgeregt davon, einmal in den Sudan zu reisen, um dort nach übriggebliebenen Mitgliedern seiner Familie oder seines Stammes zu suchen.

Das Glück, das Karim und ich dabei empfanden, als wir Omars Freude sahen, schenkte uns große Zufriedenheit. Selbst Karim mußte zugeben, daß mein zweiter Besuch in Faddels Palast auch positive Folgen gehabt hatte. Zwar hatten die jungen Mädchen nicht davon profitiert, doch der Eunuch Omar würde nun den Rest seines Lebens so angenehm verbringen, wie er es sich nie hätte träumen lassen.

Als Omar schließlich nach Ägypten aufbrach, war er uns allen ans Herz gewachsen. Dieser kleine Mann war rasch zum Vertrauten sämtlicher Familienmitglieder geworden. Zu meiner Verwunderung weinte sogar Amani, als sie Omar versprach, an alles zu denken, was er ihr gesagt hatte, und alles daran zu setzen, eine nachsichtigere und sanftmütigere Moslemin zu werden, als sie es gewesen war.

Wir alle freuten uns schon auf den Tag, an dem wir Omars freundliches Gesicht wiedersehen würden.

10. Kapitel

Der geschmähte Prophet

Einige Tage nach Omars Abreise nach Ägypten teilte mir Karim mit, daß er und Assad nach New York reisen müßten, um einige wichtige Geschäftsangelegenheiten zu regeln. Da Karim wußte, daß mich das schreckliche Schicksal der jungen Frauen in Faddels Harem noch immer sehr beschäftigte, dachte er, mir täten zur Ablenkung ein paar neue Eindrücke gut, und schlug mir vor, ihn zu begleiten.

Anfangs war ich nicht sonderlich begierig darauf, zu verreisen, und es kränkte mich, daß Karim mir offenbar nicht vertraute und mich nicht allein in Saudi-Arabien zurücklassen wollte. Wenn mein Mann glaubte, daß ich erneut versuchen würde, die Freilassung dieser jungen Frauen zu bewirken, sobald er weg war, täuschte er sich. Doch nichts, was ich tat oder sagte, konnte Karim davon überzeugen, daß ich mich mit der Hoffnungslosigkeit der Lage abgefunden hatte. Obwohl ich diesen Mädchen nur allzu gerne geholfen hätte, besaß ich doch genügend gesunden Menschenverstand, um zu begreifen, daß ich tatsächlich nichts ausrichten konnte. Die jungen Mädchen waren von ihren eigenen Eltern verkauft worden und lebten jetzt in einem Land, in dem die Regierung an dieser Lage nichts Ungesetzliches fand. Ich konnte dieses Problem tatsächlich nicht lösen.

Doch als ich schließlich erfuhr, daß Sara mit zwei unserer Cousinen, Maysa und Huda, ebenfalls nach New York mitkommen würde, änderte ich meine Meinung. Ich wollte sie gerne begleiten.

Da nach dem Ramadanfest die Schule wieder angefangen hatte, vereinbarten Sara und ich, unsere Kinder in der Obhut unserer ältesten Schwester Nura zu lassen.

Am Tag der Abreise flog unsere Reisegesellschaft mit einem unserer Privatjets nach London. Nach einem kurzen Zwischenstop dort setzten wir unseren Weg in die Vereinigten Staaten fort.

Einschließlich der drei Dienerinnen, die uns begleiteten, Afaaf, Libby und Betty, waren wir sieben Frauen im Flugzeug. Zum Zeitvertreib begannen wir, uns unterhaltsame Geschichten zu erzählen, doch das Lachen verging uns, als Maysa eine Geschichte erzählte, die ganz schrecklich war.

Maysa ist Palästinenserin und mit Naif Al Saud, einem meiner Lieblingscousins, verheiratet. Obwohl sie lebhaft und attraktiv ist, kann man sie kaum als schön bezeichnen; doch alle, die sie kennenlernen, mögen sie auf Anhieb. Maysa kam in Hebron im besetzten Palästina zur Welt und hatte in ihrer Kindheit allerlei Schreckliches erlebt. Unsere Familie hatte schon viele Geschichten über Flüchtlinge, Straßenkämpfe mit israelischen Soldaten und die Beteiligung ihres jüngeren Bruders an der Intifada, der palästinensischen Rebellenbewegung gegen die Israelis, gehört.

Die palästinensischen Araber haben sich schon immer mehr um die Rechte der Frauen gekümmert als die Wüstenaraber. Maysas Eltern hatten die Intelligenz ihrer Tochter erkannt und ihr unter vielen Opfern eine Schulbildung ermöglicht. Maysa wurde nach Beirut an die amerikanische Universität geschickt, die einen sehr guten Ruf hat. Dort lernte sie auch meinen Cousin Naif kennen. Die lebhafte Maysa eroberte rasch Naifs Herz. Bei ihrer Heirat waren sie sehr verliebt und sind glücklicher als die meisten Paare in meinem Land. Obwohl Maysa und Naif nur ein einziges Kind haben, eine Tochter, hat Naif nie die geringste Neigung gezeigt, sich eine zweite Frau zu nehmen, um seine Familie zu vergrößern.

Maysa ist ein fürsorglicher Mensch und kümmert sich

intensiv um andere Menschen und deren Probleme. Wenn sie sich keine Sorgen um die hungernden Babys im Irak macht, auf dem ein Wirtschaftsembargo lastet, denkt sie an die Erdbebenopfer im Iran oder in China.

Einige Wochen vor unserer Reise war Maysa von ihrem jährlichen Besuch bei ihrer palästinensischen Familie in Hebron zurückgekehrt. Bei diesem Besuch hatte sie etwas für Moslems ganz Schreckliches erlebt.

Maysas Stimme zitterte, als sie uns davon berichtete. »Ich wußte, daß wir an diesem Tag niemals hätten ausgehen sollen! Es hatte seit mehreren Wochen Unruhen gegeben, und ich wollte es nicht riskieren, daß meine liebe Mutter von einem verirrten Stein getroffen würde. Aber Mutter war rastlos und bestand darauf, wenigstens bis zur nächsten Straßenecke zu gehen. Wir wollten nur etwas frische Luft schnappen, weiter nichts.

Als wir am Ende unserer Straße angekommen waren, stellten wir erleichtert fest, daß alles ruhig war. Also beschlossen wir, noch ein wenig weiterzulaufen.« Maysa schlug sich mit der flachen Hand an die Stirn. »Das war unser Fehler!«

Maysa regte sich schon allein bei der Erinnerung wieder auf.

»Wir sahen eine junge Frau vor uns herlaufen. Sie klebte Plakate an die Wände. Wir dachten, diese Frau sei eine tapfere Palästinenserin, die Protestplakate gegen die Israelis verteilte.«

Maysa schlug sich abermals an die Stirn, diesmal noch heftiger. »Wie hätten wir zwei naive Frauen auch wissen sollen, daß diese Frau eine Zionistin war, die unseren geliebten Propheten angriff?«

Maysa sank in ihren Sitz zurück und stöhnte bei der Erinnerung.

Sara streichelte sie sanft. »Erzähl es uns lieber nicht, Maysa, wenn es so schmerzlich für dich ist!«

Maysa richtete sich wieder auf. »Ich muß es euch erzählen,

Sara! Jeder Moslem sollte diese Geschichte erfahren!« Maysa ist religiös, wenn auch nicht so strenggläubig, daß sie anderen damit auf die Nerven geht.

Alle Passagiere im Flugzeug einschließlich Assad und Karim hörten ihr zu.

»Nun, ich sage euch, ich bin noch nie so schockiert gewesen. Mutter und ich waren neugierig geworden, und deshalb traten wir vor eines dieser Plakate. Es dauerte eine Weile, bis wir verstanden, daß die Darstellung auf diesem Plakat etwas war, das kein Moslem jemals in seinem Leben sehen sollte.«

Sie starrte mit leerem Blick in die Ferne und sagte nichts mehr, bis Sara sie am Arm berührte. »Maysa?«

»Ich sage dir, Sara, meine Lippen wagen es kaum, die Worte auszusprechen.«

Nun nahm ich das Wort. »Um Gottes willen, Maysa, nun sag es uns schon! Die Spannung treibt uns ja noch in den Wahnsinn!«

Maysa blickte mit bleichem Gesicht von einem zum anderen. Ihre Stimme geriet zu einem Flüstern. »Es war eine Karikatur unseres Propheten.« Sie vergrub das Gesicht in den Händen, bevor sie laut losweinte. »Auf diesem Plakat war unser geliebter Prophet Mohammed als Schwein abgebildet!«

Alle Frauen im Flugzeug stöhnten entsetzt auf.

Ich kämpfte um meine Fassung, während ich Karims Hand fest umklammerte.

»Ja! Dort war es, direkt vor meinen Augen! Der Prophet Mohammed als Schwein! Ich sage euch, mir wäre fast das Herz stehengeblieben. Und Mutter? Nun, sie fiel in Ohnmacht. Ich mußte um Hilfe rufen, um sie in unsere Wohnung zurückzutragen. Sie hat sich noch immer nicht völlig erholt. Sie ist nicht mehr dieselbe Frau wie früher.«

Die arme Maysa sank wieder in ihren Sitz zurück. »Seit dieser Zeit habe ich schreckliche Alpträume. Jede Nacht besucht mich der Prophet Mohammed in meinen Träumen. Und dann hat er den Körper eines Mannes und das widerwärtige Gesicht eines Schweins!«

»Oh Maysa«, murmelte Sara mitfühlend. »Wie schrecklich für dich!«

Träume von unserem geliebten Propheten als Schwein! Ich zog mich zurück und bedauerte es, daß Sara Maysa zu dieser Reise eingeladen hatte. Ich jedenfalls wollte nicht gern davon angesteckt werden, wenn ich einer Person nah war, die solch üble Träume hatte!

Maysa weinte nun schrecklich. »Ich sage dir, Sara, es geht schon so weit, daß ich Angst habe, die Augen zuzumachen, denn ich bin doch sicher eine schreckliche Sünderin, weil ich diesen Traum nicht verhindern kann.«

Ich begann, meine erste Reaktion zu bedauern, und versuchte, Maysa freundlicher zu begegnen.

Libby, meine philippinische Dienerin, meinte: »Ich habe kürzlich in einer Zeitung gelesen, daß die Feinde der arabischen Länder ihre Kugeln mit Schweineschmalz beschmieren, um sie gegen Moslems im Krieg einzusetzen.«

Dies war ein bekannter Skandal. Wenn ein moslemischer Soldat von einer solchen vergifteten Kugel getroffen oder getötet wurde, waren ihm die Tore des Paradieses verschlossen. Der islamische Glaube untersagt einem Moslem jeglichen Kontakt mit Schweinefleisch. Ein Moslem glaubt, daß schon die Berührung von Schweinefleisch ihn von der Einkehr ins Paradies abhält.

Maysas gepreßte Schluchzer wurden lauter, und sie flehte Sara an, sie, falls nötig, zu zwicken, jedenfalls alles zu tun, um sie am Schlafen und am Träumen ihres blasphemischen Traums zu hindern.

Ich flehte innerlich Gott an, Maysa von diesem bösen Bild zu befreien. Traurig den Kopf schüttelnd, drehte ich mich um und ging zu meinem Sitz zurück. Eben wollte ich mich hinsetzen, da bemerkte ich, daß Saras Dienerin Afaaf still vor sich hinweinte. Ich winkte Sara zu mir herüber, und gemeinsam gingen wir zu Afaaf.

Sara berührte Afaafs Schulter. »Afaaf, geht es dir nicht gut, meine Liebe?«

Afaafs Gesicht war ein Bild tiefsten Elends. Sie versuchte, etwas zu sagen, brachte aber kein Wort heraus. Endlich, nachdem Libby ihr ein Glas Wasser gebracht und sie ermuntert hatte, ein paar Schluck zu trinken, sprach Afaaf zu uns: »Es tut mir leid, daß ich weine, aber diese entsetzliche Geschichte erinnerte mich daran, wie unser Heiliger Prophet verunglimpft wurde, und zwar auf vielfältigste Weise . . .« Afaaf begann wieder zu weinen. »Und sein Name und seine Heiligen Worte werden oft als Waffen der Rache benutzt, selbst von seinen eigenen Leuten. Besudelt dies nicht auch unseren Propheten?«

Sara nickte, sagte jedoch nichts.

Ich stand hilflos vor der schluchzenden Afaaf. Wenn jemand auf der Welt einen Grund hatte zu weinen, dann sie.

Afaaf war aus Afghanistan geflohen. Obwohl sie dem Krieg in ihrem Land entkommen war, erholte sie sich nie völlig von den schrecklichen Verlusten, die sie hatte erleiden müssen. Afaaf hatte ihre gesamte Familie verloren. Ihre Eltern und ihr Bruder waren in dem langen Krieg umgekommen, der vor der brutalen Taliban-Herrschaft im Land gewütet hatte. Afaaf und ihre jüngere Schwester waren allein zurückgeblieben, ohne männlichen Schutz, in einem Land, in dem nun Männer herrschten, die entschlossen waren, jeglichen Aspekt im Leben einer Frau zu kontrollieren.

1994, als die Taliban-Anhänger an die Macht kamen, trieben sie die Unterdrückung der Frauen auf die Spitze. Zwar kann das Leben saudischer Frauen unglaublich öde sein, doch von Afaaf hatte ich erfahren, daß das Leben von Frauen in Afghanistan noch tragischer und härter war als unseres.

In ihrem Eifer, die islamische Reinheit zu erneuern, unternahmen die Taliban entsetzliche Angriffe auf ihre Frauen.

Afghanische Frauen wurden nicht nur gezwungen, ihre Körper mit der Burqa zu verhüllen, einem dicken, zeltartigen Umhang, der noch seltsamer und unbequemer ist als die saudische Abahja und der Schleier; es wurde ihnen sogar verboten, in der Öffentlichkeit laut zu reden oder zu lachen. Obwohl Frauen durch die Burqa völlig verhüllt waren, behaupteten die Männer, daß schon der Klang einer weiblichen Stimme die Macht hätte, Männer zu erregen! Außerdem durften Frauen nicht mehr zur Schule gehen, sie durften kein Make-up, keinen Schmuck, keine Schuhe mit Absätzen tragen, ja nicht einmal zur Arbeit gehen, um sich und ihre Familien zu ernähren. Afghanische Frauen wurden von sämtlichen normalen Aktivitäten ausgeschlossen.

Die Erlasse dieses harten Regimes weiteten sich sogar auf kleine Kinder aus. In Afghanistan war es von nun an ein Verbrechen, fernzusehen oder sich einen Videofilm anzuschauen, mit Spielzeug zu spielen, Musik zu hören oder Bücher zu lesen.

Mit der Machtübernahme der Taliban änderte sich Afaafs Leben von Grund auf. Sie hatte früher als Lehrerin gearbeitet, durfte ihren Beruf jedoch jetzt nicht mehr ausüben. Früher hatte sie ihr Haar kurz getragen, nun war ihr gesagt worden, es sei ein Verbrechen, wenn Frauen ihre Haare schneiden ließen.

Kurz nach der Machtergreifung der Taliban war Afaafs Schwester dabei ertappt worden, wie sie mit einem Mann sprach, mit dem sie nicht verwandt war: Sie hatte einen ehemaligen Nachbarn gefragt, wie es seinen alten Eltern ginge. Eine Gruppe Jugendlicher hatte diesen Wortwechsel beobachtet und Afaafs Schwester aufgefordert zu beweisen, daß sie mit diesem Mann verwandt war. Natürlich konnte sie einen solchen Beweis nicht erbringen. Sie wurde vor die »Abteilung zum Schutz der Tugend und zur Verhütung des Lasters« zitiert und von einem Gremium männlicher Richter zu fünfzig Schlägen verurteilt.

Afaaf war gezwungen worden, dabei zuzusehen, wie ihre geliebte Schwester an einen Pfahl gebunden und mit einem Lederriemen ausgepeitscht wurde. Sie hatte ihre Schwester wieder gesund gepflegt, doch die arme Frau litt so unter den Veränderungen in ihrem Leben, daß sie Rattengift nahm. Da Frauen nicht in Krankenhäusern behandelt werden durften, war sie in Afaafs Armen gestorben.

Nun hatte Afaaf nichts mehr zu verlieren. Sie floh nach Pakistan. Dort wurde sie von einem von Assads Leuten eingestellt, der auf der Suche nach Hausangestellten, die in Saudi-Arabien arbeiten wollten, zufällig in Pakistan war.

Afaaf vergrub ihr Gesicht in den Händen und seufzte tief. »Fanatische Moslems schänden den Propheten und seine Worte in ihrer Entschlossenheit, das Leben der Frauen zu zerstören.«

Ich wurde so traurig, daß ich am liebsten in das Weinen der armen Frau eingestimmt hätte. Die unglückliche Afaaf erschien mir als einer der traurigsten Menschen, denen ich je begegnet war. Sie war wahrhaft völlig allein auf der Welt, und dies alles nur, weil Männer vorsätzlich die Worte des Heiligen Propheten verdrehen in ihrem Wahn, die Frauen zu kontrollieren.

Langsam ging ich zu einem Fensterplatz und setzte mich hin. Ich preßte den Kopf gegen das kleine Fenster, hüllte mich in eine Decke und schloß die Augen. Plötzlich war ich froh, in Saudi-Arabien und nicht in Afghanistan zu leben. Fast mußte ich lachen über die Ironie dieses Gedankens, denn auch Saudi-Arabien birgt viele Gefahren für Frauen. Auch in meinem eigenen Land haben fanatische Männer die Macht, das Leben von Frauen zu ruinieren.

Im vergangenen Jahr war etwas Widerwärtiges vorgefallen, das mir nun wieder in den Sinn kam. Eine junge Frau namens Hussah, eine von Mahas Schulfreundinnen, hatte am eigenen Leib zu spüren bekommen, welch enorme Macht Männer im Namen der Religion über Frauen ausüben.

Hussah war ein ungewöhnlich hübsches, liebenswürdiges Mädchen. Ihre Leistungen in der Schule bewiesen ihre Intelligenz, und ihr munteres Wesen verhalf ihr zu vielen Freundinnen. Maha berichtete oft, daß Hussah die langweiligen Schultage unterhaltsamer machte.

Hussah hatte uns schon öfter besucht, und auch mir war diese junge Frau ans Herz gewachsen. Meine Zuneigung zu ihr wuchs noch, als ich erfuhr, daß ihre Mutter im Vorjahr gestorben war und die neue Frau ihres Vaters Hussah ablehnte. Trotz dieser traurigen Tatsache war Hussah immer freundlich und fröhlich.

Als Hussah drei Jahre alt war, war ihre Familie nach Ägypten umgezogen, wo sie zehn Jahre lang lebte. In Ägypten hatte sich Hussah an eine größere Unabhängigkeit gewöhnt, als sie Mädchen in der unbeugsamen Atmosphäre Saudi-Arabiens gewährt wird. Nach der Rückkehr der Familie nach Riad hatte Hussah jedoch trotz dieser in Freiheit verbrachten Jahre in Ägypten das saudische Leben akzeptiert, ohne sich darüber zu beschweren. Sie trug in der Öffentlichkeit gehorsam Schleier und Abahja und beklagte sich auch nicht über die anderen Zwänge, die Frauen in Saudi-Arabien auferlegt sind.

Innerhalb der sicheren Mauern ihres Heims war Hussah ein ganz normales, modernes Mädchen. Sie trug Jeans und T-Shirts, führte lange Telefongespräche und verbrachte viele Stunden im Schwimmbad der Familie. Hussah hatte immer gern Sport getrieben und bedauerte es sehr, daß saudische Frauen nicht an internationalen sportlichen Wettkämpfen wie etwa den Olympischen Spielen teilnehmen dürfen. Ein solcher Traum bleibt saudischen Frauen verwehrt, Hussahs Leistungen beim Schwimmen mußten also ihrem reinen Vergnügen vorbehalten bleiben.

Ihr tragisches Schicksal entwickelte sich aus ihrer Liebe zum Schwimmen. Hussah trug bei ihrem täglichen Schwimmtraining oft Bikinis, und die enthüllten die Tatsache, daß sie mit einem sehr ansehnlichen Körper ausgestattet war.

Unglücklicherweise waren die Nachbarn islamische Fundamentalisten. Als der älteste Sohn jener Familie einmal einen Blick auf die betörende Hussah in ihrem knappen Bikini erhaschte, änderte sich Hussahs Leben von Grund auf.

Obwohl jedes Haus in Saudi-Arabien von hohen Mauern umgeben ist, hat man von Häusern mit mehreren Stockwerken oft Blick auf die danebenliegenden Gärten. Hussahs Heim war eine einstöckige Villa, das Haus der Nachbarn hatte drei Stockwerke. Aus einem bestimmten kleinen Fenster im dritten Stock konnte man in den benachbarten Garten und auf den Swimmingpool blicken. Als entgegenkommende Nachbarn würden die meisten Moslems ein solches Fenster wohl verschließen, aber in diesem Fall geschah dies nicht.

Der älteste Sohn dieser Nachbarn, Fadi, wollte Mutawa werden. Nachdem er Hussah in ihrer Schwimmkleidung gesehen hatte, wurde er so versessen, daß er eine Kamera mit einem Zoom erwarb und viele Fotos von der jungen Frau in ihrem Schwimmbad machte. Wie das Schicksal es wollte, lockerte sich Hussahs Bikinioberteil eines Tages, als Fadi wieder einmal heimlich seine Fotos machte. Ihre vollen Brüste waren gerade lange genug unverhüllt, daß der Nachbar dieses Bild fotografisch festhalten konnte.

Erfüllt vom Gift der Selbstgerechten, beschwerte sich Fadi bei den religiösen Behörden, daß Hussah eine böse Sünderin sei, die ihm absichtlich ihre Brüste gezeigt hätte. In seinem Wahn behauptete er sogar, Hussahs Augen seien seinen begegnet, und sie habe einladend gelächelt, bevor sie ihr Bikinioberteil lockerte! Weiterhin erklärte er, Hussahs Tat habe ihn dazu getrieben zu sündigen, indem er von nackten Weibern träumte. Er verlangte, daß Hussah zu Tode gesteinigt werden sollte, damit er wieder zu seinem früheren Zustand der Reinheit zurückfinden konnte!

Wenn die Behörden Fadi zugestimmt hätten, wäre das arme Mädchen nun in ihrem Grab. Ihren Vater überzeugte man davon, daß die Jahre im Ausland und die kleinen Freiheiten, die seine Tochter früher genossen hatte, Hussah dazu gebracht hätten, eine offenkundige Exhibitionistin zu werden. Die religiösen Männer, die mit dem Vater redeten, waren der Ansicht, daß es zum Verfall der saudischen Gesellschaft führen würde, wenn man Frauen eine Ausbildung und Hobbys zugestand.

Sie willigten großzügig ein, Hussah nicht zu bestrafen, falls ihr Vater persönlich harte Maßnahmen ergreifen würde. Hussah sollte aus der Schule genommen werden, das Schwimmen sollte ihr verboten werden, und vor allem sollte sie noch im selben Monat verheiratet werden. Man bestand darauf, daß Hussahs Ehemann ein älterer Mann sein sollte, der erfahren darin war, aufsässige weibliche Wesen unter Kontrolle zu bringen. Die Mutawas hatten sogar schon einen bestimmten Mann im Sinn. Sie glaubten, daß Fadis Vater eine gute Wahl sei, denn der hatte schon drei Frauen, und sie kannten ihn als strengen und frommen Mann. Er würde Hussah keine Gelegenheit geben, dem Namen ihrer Familie Schande zu machen. Sie berichteten, daß dieser Nachbar zum Glück für Hussah schon Fotos von ihr gesehen und eingewilligt habe, die moralische Pflicht auf sich zu nehmen, diese böse Verführerin zu »zähmen«.

Die Tatsache, daß Fadi offensichtlich ein Voyeur war, denn sonst hätte er den Anstand besessen, seine Augen von dem privaten Garten eines anderen abzuwenden, blieb völlig unerwähnt. Es wurde auch nicht in Betracht gezogen, daß Hussahs Bild bei Fadis Vater vielleicht weniger religiöses Pflichtbewußtsein als vielmehr sexuelle Lust hervorgerufen haben könnte.

Zuerst kämpfte Hussahs Vater noch für seine Tochter, aber seine Gegner waren zu mächtig. Seine neue Frau schlug sich auf die Seite der Mutawas und behauptete, daß Hussah nicht die unbefleckte Tochter sei, die er zu haben glaubte, und daß das Mädchen mit ihrem beschämenden Verhalten den Ruf der Familie ruinieren würde. Überwältigt von dem Druck an allen

Fronten, glaubte er, daß seiner Tochter eine noch größere Bestrafung drohe, falls er sich den religiösen Behörden nicht beugte, und willigte schließlich in die Heirat ein.

In einem kurzen Augenblick hatte sich Hussahs Leben von relativer Freiheit zur größten Unterdrückung gewandelt. Nach der eiligen Hochzeit hatte Hussah es nur einmal geschafft, mit Maha zu telefonieren, doch ihre zitternde Stimme verklang, als das Gespräch plötzlich unterbrochen wurde.

Nun dachte ich an das völlig ruinierte Leben dieser zwei Frauen und fragte mich, wie es nur kam, daß so viele Männer, die dem islamischen Glauben anhingen, sich einfach nicht daran erinnerten, daß der Prophet Mohammed nie müde wurde, die unendliche Güte Allahs zu preisen. Jedes Kapitel im Koran bis auf eines beginnt mit der Eröffnung: »Im Namen Allahs, des Allbarmherzigen.«

Es war zwar traurig, aber wahr: Afaaf hatte recht. Viele moslemische Männer schänden tatsächlich den Propheten und seine Lehren, indem sie Frauen in seinem Namen unterdrücken.

Was können wir Frauen tun? In der moslemischen Welt glaubt man, daß nur Männer den Koran deuten können. Falls eine Frau sich über die Behandlung von Frauen wie Afaaf oder Hussah beschweren würde, würde man dieser Frau vorwerfen, unseren Glauben anzugreifen – ein unverzeihliches Verbrechen, das schwerste Bestrafung nach sich zieht.

Während mir diese Gedanken durch den Kopf gingen, hörte ich Maysa, die trotz aller Bemühungen eingenickt war, im Schlaf aufschreien. Ich wußte, daß sie in diesem Augenblick unseren geliebten Propheten als Schwein sah, und ich wußte auch, daß ihre Träume noch viel beunruhigender waren als meine Gedanken. Nicht um alle Freiheiten der Welt hätte ich mit Maysa tauschen wollen.

11. Kapitel

Geraubte Engel

Bald landete unser Flugzeug auf dem La Guardia-Flughafen in New York. Dankbar passierten wir ungehindert den Zoll und die Einwanderungsstelle, da einer der saudischen Beamten unseres Konsulats in New York zur Stelle war und uns eine Sonderbehandlung ermöglichte.

Zehn Limousinen standen bereit, um uns und unser Gepäck in die Stadt zum New York Plaza Hotel zu bringen. Alle waren aufgeregt, und wir brauchten ziemlich lange, um uns zu entscheiden, wer nun mit wem in welchem Auto fahren sollte.

Ungeduldig begann Karim zu schimpfen und sagte uns, daß wir ihn an große schwarze Vögel erinnerten, die von einem Ort zum anderen flatterten. Die anderen Frauen beruhigten sich und fanden endlich einen Platz in den Autos, doch ich blieb draußen stehen und weigerte mich hartnäckig einzusteigen, solange Karim sich nicht für seine grobe Bemerkung entschuldigte.

Als Karim merkte, daß es mir ernst war, zuckte er resigniert die Schultern und sagte: »Es tut mir leid, Sultana. Steige jetzt bitte ein!«

Etwas besänftigt setzte ich mich zu Sara und Maysa. Ich sah, daß der Chauffeur die Augen verdrehte. Offenbar war er nicht an das theatralische Auftreten der weiblichen Angehörigen der saudischen Königsfamilie gewöhnt. Trotz dieser Verzögerung waren wir bald auf dem Weg zum Plaza Hotel.

Karim hatte einen ganzen Flügel des großartigen alten

Hotels reserviert, das schon lange unser Lieblingshotel in New York war. Immer wieder hatten die Angestellten des Plaza ihre Diskretion bewiesen und den Gästen aus den reichen Ländern des Nahen Ostens ihre Gastfreundschaft bewiesen. Solche zuverlässigen Dienste geraten nicht in Vergessenheit.

Bei unserer Fahrt in die Stadt sah ich mit großer Freude, wie weibliche Autofahrer uns überholten. Bei Besuchen in anderen Ländern werde ich solcher Anblicke nie müde. In Saudi-Arabien dürfen Frauen nicht am Steuer eines Autos sitzen, und da es in unserer Religion für dieses Verbot keine Grundlagen gibt, hat es mich immer geärgert. Vor vielen Jahren gab mir Karim Fahrstunden in der Wüste. Ich lernte das Autofahren, bin jedoch auf den Straßen meines Landes nie selbst gefahren. In Saudi-Arabien ist es einer erwachsenen Frau untersagt, ein Auto zu steuern, während Jungen mit acht oder neun Jahren oft genug am Steuer eines schnellfahrenden Wagens gesehen werden, in dem angsterfüllte Frauen sitzen! Manche Beduinen behandeln ihre Kamele besser als ihre Frauen. Immer wieder sieht man auf dem Beifahrersitz eines mit einer Klimaanlage gekühlten Transporters ein kleines Kamel sitzen, während verschleierte Frauen hinten auf der offenen Ladefläche kauern!

Als ich nun amerikanische Frauen selbstbewußt durch den Stadtverkehr steuern sah, besserte sich meine Laune. Ich hoffte, die mißliche Lage, in der sich so viele Frauen in meinem Land befinden, endlich einmal vergessen zu können, wenn ich ein Land wie die Vereinigten Staaten besuchte. Ich hoffte, mich an der Freiheit der Frauen, die ich überall um mich herum sah, zu erfreuen. Doch leider sollte mir, wie so oft in meinem Leben, dieser Wunsch nicht erfüllt werden.

Der Verkehr war nicht sehr dicht, und so dauerte die Fahrt vom Flughafen zum Hotel nur eine gute halbe Stunde. Ein weiterer Konsulatsangestellter hatte dafür gesorgt, daß im Hotel spezielle Sicherheitsvorkehrungen getroffen worden waren, so daß wir alle direkt zu unseren Zimmern begleitet wurden.

Wir Frauen verabschiedeten uns im Hotelkorridor voneinander. In der Hochstimmung, in der wir alle waren, vereinbarten wir, den Jet-lag einfach zu ignorieren und uns so rasch wie möglich umzukleiden und in Saras Suite zu treffen, um von dort aus zu unserem lang erwarteten Einkaufsbummel aufzubrechen.

Sobald Karim und ich unsere Suite begutachtet und alles zu unserer Zufriedenheit vorgefunden hatten, drehte mein Mann sich lächelnd zu mir um und sagte: »Sultana, ich muß gleich los, aber zuvor will ich dir noch ein kleines Geschenk überreichen.«

Ich starrte ihn verwundert an. Was hatte er denn nun vor? Mein Mann ist sehr großzügig und überhäuft mich oft in den unerwartetsten Momenten mit teuren Geschenken.

Karim drückte mir eine American-Express-Karte in die Hand. »Sultana, mit dieser Karte kannst du alles kaufen, was du möchtest, und zwar in Höhe einer halben Million Dollar.«

Er lächelte über meinen Gesichtsausdruck. »Liebling, du bist in letzter Zeit so belastet gewesen. Du hast dir ein wenig Spaß verdient! Aber«, setzte er noch hinzu, »diese Karte wird vielleicht nicht ausreichen, um Schmuck zu kaufen. Falls du etwas Besonderes findest, was du gerne hättest, bitte einfach den Geschäftsführer, es für dich zurückzulegen, dann werde ich morgen einem meiner Banker sagen, daß er den Kauf tätigen soll.«

Ich drehte die Karte langsam um. So eine Karte hielt ich zum ersten Mal in meinem Leben in den Händen. Wenn ich in Saudi-Arabien einkaufe, bezahle ich meine Einkäufe nie persönlich. Eigentlich kenne ich in den seltensten Fällen den Preis der Dinge, die ich kaufe. Die Bezahlung überlasse ich immer einem unserer Manager. Ich bin daran gewöhnt, einfach auf das zu zeigen, was ich haben will, und weiß, daß später dafür bezahlt wird. Doch heute war ich hocherfreut darüber, nicht von einem unserer Manager begleitet zu werden. Ich würde also selbst für die Bezahlung meiner Einkäufe zuständig sein.

Dann zog Karim noch ein dickes Bündel amerikanischer Geldscheine aus seiner Aktentasche und stopfte es in meine Handtasche. Dreimal ermahnte er mich, Fremde dieses Geld nicht sehen zu lassen. Er wollte nicht, daß ein New Yorker Straßendieb mir den Schädel einschlug.

Da klopfte Assad an der Tür, und Karim machte sich mit seinem Bruder auf den Weg, um sich um seine Geschäfte zu kümmern.

Endlich war ich allein. Ich rief Libby an und bat sie, auf mein Zimmer zu kommen und mir ein Bad herzurichten. Nach dem langen Flug brauchte ich dringend eine Erfrischung. Später, als ich vergnügt in der Wanne lag, beschloß ich träge, bei Bergdorf Goodman einzukaufen, einem Kaufhaus, das von vielen Frauen aus unserer Familie gern aufgesucht wird.

Sobald ich angezogen war, gesellte ich mich zu den anderen Frauen, die schon in Saras Suite warteten. Nach langer Diskussion kamen wir überein, daß Sara und Maysa mich zu Bergdorf Goodman begleiten sollten. Libby, Betty und Afaaf standen schweigend neben uns und warteten auf Anweisungen. Gewöhnlich nehmen wir unsere Dienerinnen zum Einkaufen mit, aber heute tat uns Afaaf so leid, daß Sara und ich beschlossen, sie mit einem Bonus und einem freien Tag zu überraschen. Die drei Frauen lächelten dankbar, bevor sie sich aufmachten, um in der Fifth Avenue einzukaufen.

Die siebte Frau in unserer Gruppe, Cousine Huda, wollte nicht mit uns kommen. Sie hatte es mit dem Einkaufen nicht so eilig. Statt dessen, so verkündete sie uns, wolle sie lieber in ihrer Suite bleiben und etwas Gutes essen und trinken. Sie hatte bereits drei große Dosen Beluga-Kaviar bestellt und freute sich nun auf einen Nachmittag, an dem sie Kaviar essen, Champagner trinken und amerikanische Familienserien im Fernsehen sehen wollte.

Ich starrte Huda verwundert an. Warum wollte sich eine Frau freiwillig in ihre Hotelsuite zurückziehen und essen, anstatt in New York einzukaufen? Wir saudischen Frauen verbringen einen so großen Teil unseres Lebens zurückgezogen, daß man eigentlich annehmen könnte, man würde keine Gelegenheit wie diese verstreichen lassen.

Doch ich zuckte die Schultern und tat nichts, um Huda von ihrem Vorsatz abzubringen. Sie gehörte nicht zu meinen Lieblingscousinen, und wir hatten keine besonders enge Beziehung. Ich konnte ihre Begeisterung für das Essen nicht verstehen – sämtliche Gespräche mit ihr hatten mit irgendeinem besonderen Gericht zu tun, das sie gegessen oder zubereitet hatte. In unserer Familie wurde immer wieder amüsiert zum Besten gegeben, daß Huda und ihr Mann oft wegen einer einzigen Mahlzeit nach Frankreich flogen!

Nur Sara war freundlich genug, lange Gespräche mit ihr auszuhalten, in denen Huda ihr Feinschmeckergerichte schilderte. Deshalb hatte sich Huda auch an Sara gehängt, und meine sanfte Schwester war zu nett, um sich ihr zu entziehen. Ich war froh, daß Huda zurückblieb.

Wir brauchten nur zehn Minuten bis zu dem Kaufhaus, aber für mich war es ein sehr anregender Spaziergang, denn ich werde solcher einfacher Freiheiten, die von den meisten Frauen der Welt für selbstverständlich gehalten werden, nie überdrüssig. Hier spazierte ich nun am hellen Tag in einem perfekt sitzenden Armani-Kostüm auf offener Straße neben unzähligen Männern. Hier brauchten Frauen sich nicht vor dem plötzlichen Auftauchen der Mutawa, der saudischen Sittenpolizisten, zu fürchten, die mit ihren Stöcken jede Frau schlagen, die so unmoralisch ist, »provozierende« Kleidung zu tragen.

Ich verspürte große Freude und auch eine beträchtliche Eitelkeit. Es hat mich immer traurig gestimmt, daß ich nicht wie meine Schwestern mit langen Gliedmaßen gesegnet bin, auch wenn meine Beine wohlgeformt sind. Nun war ich mir durchaus bewußt, daß die zu meinem Kostüm passenden hochhackigen blauen Schuhe meine Beine in einem vorteilhaften Licht zeigten. Ein kleiner Wind strich durch meine langen, gewellten Haare, die ich absichtlich wehen ließ, während ich mit Sara und Maysa plauderte. Ich war überglücklich über die Freiheit, mein Gesicht und meine hübschen Kleider zu zeigen und auf den Straßen einer großen Stadt zu flanieren – und all dies ohne männlichen Begleitschutz!

Ich dachte daran, daß Frauen aus dem Westen wirklich mehr Glück haben, als ihnen bewußt ist. Dieser Gedanke brachte mich wieder auf Afaaf. Sicherlich genoß sie diesen süßen Tag der Freiheit noch mehr als ich.

Lächelnd blickte ich Maysa an. Sie hatte sich um ihre Erscheinung nicht besonders gekümmert, aber ein teurer schwarzer Anzug überdeckt manchen Makel. Sara war zurückhaltender gekleidet als Maysa oder ich. Sie trug ein bescheidenes Kleid aus cremefarbener Seide mit hochgeschlossenem Kragen und langen Ärmeln, aber sie sah umwerfend aus wie immer.

Ich fühlte mich unendlich weiblich und attraktiv, und mir wurde bewußt, daß viele Männer uns nachstarrten. Meine schillernde Erscheinung fiel ihnen als erstes ins Auge, doch an Sara blieben ihre Blicke am längsten haften, wie ich bemerkte. Aber meine Schwester versäumte es natürlich völlig, die vielen anerkennenden Blicke zu bemerken, mit denen wir bedacht wurden.

Sobald wir das Kaufhaus betreten hatten, verhielt ich mich so wie immer, wenn ich vor einer solch verwirrenden Auswahl von Waren stehe: Ich kaufte alles, was mir ins Auge fiel. Nach kurzer Zeit hatte ich fünfzehn teure Abendkleider erstanden, die ich auf Parties und Hochzeiten tragen wollte. Unter den Frauen der Al Saud-Familie herrscht eine ziemliche Konkurrenz, also kaufte ich nur die neueste und originellste Mode.

Ich nahm mir nicht die Zeit, die Kleider anzuprobieren. Gewöhnlich kaufe ich einfach nur viele, viele Kleider und gebe dann diejenigen weg, die mir nicht passen oder die mir dann doch nicht so gut an mir gefallen.

Doch dachte ich nicht nur an mich selbst, sondern fand auch noch viele wundervolle Geschenke für meine Kinder und Karim.

Sobald ich einer Verkäuferin gesagt hatte, daß ich ein Dutzend Seidenblusen im selben Stil und in derselben Farbe haben wollte, schloß diese, daß wir zur königlichen Familie Saudi-Arabiens gehörten, und rief eine der Geschäftsführerinnen herbei. Diese begleitete uns von nun an, während wir Bergdorf Goodmans große Auswahl an Designerkleidung begutachteten.

Bald mußten uns mehr als zehn Angestellte beim Tragen der schweren Einkaufstüten helfen. Die Gesichter um uns herum zeigten deutlich, daß unser Einkaufsbummel bei Bergdorf Goodman ein höchst aufregendes Ereignis war.

Saras und Maysas Einkäufe füllten zusammen nicht mehr als fünf Einkaufstüten, doch ich brauchte mehr als dreißig Tüten für die Sachen, die ich ausgesucht hatte. Ich dachte schon, daß Karim meine Kreditkarte aufstocken müßte, und war angenehm überrascht, als die Geschäftsführerin erklärte, daß ich insgesamt nur dreihundertachtundachtzigtausend Dollar ausgegeben hatte.

Als ich Sara von Karims Geschenk berichtete, wunderte sie sich kaum, denn die meisten Mitglieder unserer Familie sind märchenhaft reich, und wir kaufen auf unseren Einkaufsbummeln stets alles, was wir wollen. Trotzdem fallen unsere Einkäufe kaum ins Gewicht im Vergleich zu den Grundstücks- und Bankgeschäften, die unsere Männer tätigen.

Da Maysa aus einer palästinensischen Familie stammt, die nur über bescheidene Mittel verfügt, mißbilligte sie meine Exzesse. Ich hörte sie murmeln: »Wenn man seinen Besitz vermehrt, steigert man nur seine Belastungen.« Maysa blickte mich an und schüttelte traurig den Kopf. »Selbst wenn Allah mir weitere hundert Jahre zu leben erlaubt, werde ich mich nie daran gewöhnen, wie haltlos diese Familie Geld ausgibt. Sultana, selbst du solltest es doch eigentlich inzwischen satt haben, ewig diese Partykleider und Schmuckstücke zu kaufen!«

Ihre Worte beleidigten mich nicht. Wer konnte schon auf eine Frau böse sein, die ein solch beispielhaftes Leben selbstloser Großzügigkeit führte? Ich wußte, daß Maysa das Geld ihres Mannes lieber für die Armen ausgab. Einmal hörte ich, daß Naif und Maysa mehr als achtzig palästinensische Familien unterstützten, die am Westufer des Jordan lebten. Und zwar nicht nur, indem sie ihnen Geld für die Miete, ihr Essen und ihre Kleidung gaben, sondern auch, indem sie die Ausbildung ihrer Kinder bezahlten.

Ich umarmte Maysa, um ihr zu zeigen, daß sie mich nicht gekränkt hatte, doch ich bemühte mich nicht um eine Rechtfertigung für meinen extravaganten Lebensstil. Denn das Wissen, daß Karim und ich den Armen viel mehr gaben, als es unser Glauben von uns forderte, stimmte mich gelassen. Was sollten wir denn sonst noch tun?

Nach der Rückkehr von unserem anstrengenden Einkaufsabenteuer zog ich mich in meine Suite zurück, um mich vor dem Abendessen noch ein wenig auszuruhen.

Am späten Nachmittag war Karim noch immer nicht zurück, und ich wurde rastlos, denn ich wußte, daß meine Schwester und die anderen Frauen aus unserer Gruppe wahrscheinlich noch in ihren Räumen ruhten. Ich beschloß, ein paar Amerikanerinnen anzurufen, mit denen ich mich vor vielen Jahren angefreundet hatte.

Bald hörte ich zu meiner Freude die Stimme einer lieben Freundin, Anne, die beim Klang meiner Stimme hocherfreut ausrief: »Gott sei Dank, daß du mich anrufst, Sultana! Ich wollte dich schon in Riad anrufen, aber ich hatte Angst, daß man unser Gespräch abhören könnte.«

Ich lächelte. Anne ist davon überzeugt, daß sämtliche Telefonleitungen in meinem Land abgehört werden.

»Sultana, es ist etwas Schreckliches passiert! Ein kleines amerikanisches Mädchen, sie ist noch keine fünf Jahre, ist in dein Land entführt worden. Ihr saudischer Vater hat sie ihrer amerikanischen Mutter weggenommen. Die Mutter ist natürlich außer sich, und ich habe gehofft, daß du uns helfen könntest, das Kind aufzutreiben.«

Meine Stimmung sank, als ich diese Geschichte hörte. Würde ich denn diesen verstörenden Geschichten nie entkommen? Jeden Tag in meinem Leben höre ich von ausgebeuteten, schlechtbehandelten, mißbrauchten Frauen, aber anders als die meisten saudischen Frauen konnte ich es niemals hinnehmen, daß dies eben das Schicksal einer Frau sei. Vor einigen Jahren war ich zu der traurigen Erkenntnis gelangt, daß Frauen nicht nur in Saudi-Arabien mißhandelt wurden. Es war ein weltweites Phänomen!

Leider konnte ich nur ein paar sehr kärgliche Siege vorweisen. Und jetzt wurde meine Hoffnung zunichte gemacht, solche Sorgen einmal beiseite zu schieben und ein paar unbeschwerte Tage in Amerika zu genießen. Bereits in diesem Moment tat mir das Herz weh, wenn ich an das kleine Mädchen und seine Mutter dachte.

Anne wartete auf meine Antwort, das wußte ich. Ich holte tief Luft. »Anne, du weißt, daß es schwer ist, jemandem in einer solchen Lage in meinem Land zu helfen.« Annes Stimme klang traurig, als sie sagte: »Ich verstehe, Sultana, aber ich hoffte, daß du irgend etwas tun könntest.«

»Gehört dieser Vater zu meiner Familie, den Al Saud?«

»Nein, er ist kein Mitglied der königlichen Familie.«

»Nun denn, erzähl mir zumindest, was genau passiert ist.«

»Egal, ob du nun etwas ausrichten kannst oder nicht – die Mutter wird sich zumindest freuen, wenn ich ihr sage, daß ich mit dir gesprochen habe.«

»Erzähl mir alles, was du weißt«, forderte ich sie auf,

zündete eine Zigarette an und sog den Rauch tief in meine Lungen. Es würde wohl eine längere Geschichte werden.

»Die Mutter des Kindes heißt Margaret McClain. Sie unterrichtet an der Arkansas State University, und dort hat sie auch den saudischen Studenten Abdulbaset Al Omary kennengelernt und schließlich geheiratet.«

Al Omary? Ich kannte keine saudische Familie mit diesem Namen. Aber da sich mein Leben hauptsächlich um die königliche Familie drehte, war diese Unkenntnis nicht überraschend.

»Soviel ich weiß, löste sich die Ehe ziemlich rasch wieder auf. Der charmante, liebevolle Verlobte entwickelte sich zu einem eifersüchtigen, ständig schimpfenden Ehemann, sobald sie verheiratet waren.«

»Das kommt bei arabischen Männern öfter vor«, murmelte ich. Ich hatte nie den Grund für dieses problematische, immer wieder auftretende Verhaltensmuster herausgefunden, das viele arabische Männer aufweisen, die Frauen eines anderen Glaubens den Hof machen. Da in Saudi-Arabien nur wenige Männer ihre Frauen vor der arrangierten Eheschließung kennenlernen, haben saudische Männer gar nicht die Gelegenheit, vor der Hochzeit charmant zu sein. Aber wenn es darum geht, Frauen aus anderen Ländern den Hof zu machen, ist kein Liebhaber charmanter und aufmerksamer als ein saudischer oder auch einer, der aus anderen arabischen Ländern stammt, etwa Syrien, Ägypten, Kuwait oder Jordanien.

Die Frauen werden mit zärtlichen Worten, Geschenken und Versprechen überhäuft. Mögliche Probleme, die aus dem unterschiedlichen kulturellen oder religiösen Hintergrund entstehen könnten, bleiben meist unerwähnt. Doch sobald eine Frau in die Ehe gelockt worden ist, wird der Mann oft genug zum Tyrann, behandelt seine Frau schlecht oder interessiert sich für andere hübsche Frauen.

Unterschiede in der Religion oder der Kultur können bald zu ernsten Eheproblemen führen. Die ganz normale Kleidung der Frau, die, während er ihr den Hof machte, mit Komplimenten bedacht wurde, wird nun für zu enthüllend gehalten. Laute, verletzende Beschimpfungen werden der Frau an den Kopf geworfen, wenn sie es wagt, mit einem anderen Mann zu reden.

Nur wenigen Nicht-Arabern ist klar, daß alle arabischen Männer es gewöhnt sind, in jeder Situation innerhalb der Familie ihren Willen durchzusetzen. Es wird keinen häuslichen Frieden geben, bis der Mann als unumstrittener Herrscher anerkannt ist, eine Tatsache, die viele nichtarabische Ehefrauen erst erkennen, wenn es zu spät ist.

Ich hatte dies wiederholt beobachtet, denn einige meiner Cousins hatten Frauen aus Europa und Amerika geheiratet. Vor ihrer Eheschließung behaupteten diese Männer, alles an ihren ausländischen Frauen zu lieben. Nach der Hochzeit schienen sie plötzlich alles zu hassen, was sie früher angeblich geliebt hatten.

Wenn so ein Paar Kinder bekommt, wird der Mann unweigerlich darauf bestehen, daß sie als Moslems erzogen werden. Das religiöse Erbe der Mutter fällt nicht ins Gewicht.

Wenn es dann zu einer Scheidung kommt, läuft die Frau Gefahr, ihre Kinder zu verlieren. Nach dem islamischen Gesetz dürfen Mütter ihre Söhne nur bis zu deren siebten Lebensjahr behalten. Töchter können zwar bis zur Pubertät bei ihren Müttern bleiben, doch in moslemischen Ländern kommen Mädchen oft schon mit acht in die Pubertät. Und wenn ein saudischer Mann das Sorgerecht für seine Söhne oder Töchter bekommen möchte, egal wie alt die Kinder sind, hat die Mutter keinerlei Mittel, um sich rechtlich dagegen zu wehren. Wenn die Kinder in einem anderen Land leben, entführen arabische Väter sie oft und bringen sie in ihr eigenes Land zurück. Wenige arabische Regierungen werden sich für die Mutter einsetzen, wenn ein arabischer Mann das Sorgerecht für seine Kinder beansprucht.

Annes Geschichte unterbrach meine Gedanken. »Margaret

bekam von Abdulbaset eine Tochter, Heidi, aber das Paar ließ sich bald nach der Geburt des Kindes scheiden.

Abdulbaset drohte zwar oft, daß er sein Kind nie in Amerika aufwachsen lassen würde, aber er besuchte ja selbst noch die Universität in diesem Land. Deshalb war Heidi vorläufig in Sicherheit, oder zumindest ging Margaret davon aus.

Vor wenigen Monaten nahm Abdulbaset Heidi mit, denn an den Wochenenden durfte sie immer ihren Vater besuchen. Doch diesmal brachte er am Sonntagabend seine Tochter nicht zur Mutter zurück. Die besorgte Mutter hat ihr Kind seitdem nicht mehr gesehen. Etwa eine Woche später rief Abdulbaset Margaret an und behauptete, daß Heidi nun mit ihm in Saudi-Arabien lebe.«

»Die arme, arme Frau«, murmelte ich und fragte mich, wie eine Mutter wohl so einen schrecklichen Verlust ertrug.

Annes Stimme senkte sich. »Sultana, Heidi ist Margarets jüngstes Kind. Ihre anderen beiden Kinder aus ihrer ersten Ehe sind viel älter als Heidi. Die ganze Familie leidet schrecklich unter dem Verlust. Sie tun mir entsetzlich leid.«

»Auch mir bricht es das Herz bei dem Gedanken an ihr Elend«, flüsterte ich.

»Kannst du denn gar nichts tun? Die arme Margaret denkt an nichts anderes.«

Meine Gedanken rasten. Was konnte ich tun? Welche Hilfe konnte ich anbieten? Mir fiel leider rein gar nichts ein. Schließlich fragte ich: »Und was ist mit eurer Regierung? Diese Frau sollte eurem Präsidenten ihre Geschichte vortragen!«

Anne lachte. »Sultana! Kein gewöhnlicher Bürger würde die Erlaubnis bekommen, persönlich mit dem Präsidenten über so etwas zu reden!«

»Ach ja?« antwortete ich überrascht. »In Saudi-Arabien kann sich selbst der einfachste Mann an unseren König wenden. Oft genug löst der König persönlich viele kleine Probleme seiner Bürger. Tatsächlich reist unser König regelmäßig im Land umher und besucht die verschiedenen Stämme, so daß die Leute einfacher an ihn herantreten können.« Wie konnte es schwieriger sein, mit einem Präsidenten zu reden als mit einem König?

»Nein, Sultana, so wird das hier bei uns nicht gehandhabt. Amerika ist zu groß. Natürlich hat sich Margaret an das amerikanische Außenministerium gewandt. Aber unsere Regierung kann nicht viel tun, wenn es um die Souveränität eines anderen Landes geht.«

»Das verstehe ich nicht. Ein amerikanisches Kind ist seiner Mutter weggenommen worden. Warum greift eure Regierung da nicht ein?«

Wie ich die amerikanischen Soldaten in Saudi-Arabien erlebt hatte, konnte ich mir durchaus vorstellen, daß sie einfach in das Haus dieses Abdulbaset Al Omary einmarschieren und das Kind zu seiner Mutter zurückbringen könnten. Wofür ist denn eine Regierung gut, wenn sie nicht einmal eine so einfache Tat wie die Rückgabe eines Kindes an seine Mutter bewerkstelligen kann?

»Nein, nein. Offensichtlich ist es so, daß das Kind unter saudischem Gesetz lebt, wenn es sich in Saudi-Arabien befindet. Es läge einzig und allein an deiner Regierung, Heidi zurückzugeben.« Anne zögerte. »Aber das werden die Saudis natürlich nicht tun.«

»Was weißt du denn von diesem Abdulbaset Al Omary?« fragte ich. »Wo arbeitet er? Wo lebt er?«

»Margaret war nie in Saudi-Arabien, sie hat keine Ahnung, wo er lebt. Er hat an der Arkansas State University einen Abschluß als Computerprogrammierer gemacht, kann dieses Fach also auch unterrichten. Aber da er erst vor kurzem nach Saudi-Arabien zurückgekehrt ist, konnte Margaret bislang noch nicht herausfinden, ob er eine Stelle hat.«

»Hmmm.« Ich überlegte immer noch, wie ich helfen konnte. Wenn es wenigstens eine Telefonnummer oder eine Adresse gäbe!

»Anne, ich kann dieses Kind nicht retten, das weißt du. Wenn die Mutter mir ein Foto von Heidi und ihrem Vater zukommen lassen kann, werde ich mein Bestes versuchen, sie zu finden. Aber bitte mach ihr nicht zu viele Hoffnungen!«

»Von Heidi habe ich ein ziemlich neues Foto«, sagte Anne, »aber wegen eines Fotos des Vaters werde ich bei Margaret anrufen müssen.«

»Seine böse Tat wirft Schande auf jeden Saudi und auf jeden Moslem«, murmelte ich.

»Margaret sagt, daß Abdulbaset sich als gläubigen Moslem bezeichnet.«

»Glaube mir, Anne, kein wahrhaft guter Moslem würde einer Mutter ihr Kind wegnehmen«, sagte ich wütend.

Am Ende dieses Gesprächs versprach Anne noch, mir sämtliche Informationen, an die sie noch kommen würde, ins Plaza Hotel schicken zu lassen.

Ich seufzte tief auf. Deprimierende Bilder der unschuldigen Heidi in ihrer Bestürzung, sich in einem fremden Land wiederzufinden, weit weg von ihrer sie liebenden Mutter, stürmten auf mich ein. Mein Mitleid verwandelte sich rasch in Wut, die sich immer weiter steigerte, bis ich anfing, blinden Haß auf jeden Mann zu empfinden.

Als Karim in unsere Hotelsuite zurückkehrte, weigerte ich mich, auf seine Nachfragen nach meinem Einkaufstag zu reagieren. Verwirrt von meiner Verdrossenheit bedrängte er mich weiter mit seinen Fragen, bis es aus mir herausbrach: »Du und sämtliche anderen Männer auf dieser Erde sollten ausgepeitscht werden, Karim!«

Karim fiel vor Erstaunen die Kinnlade nach unten, und sein komischer Gesichtsausdruck brachte mich schließlich dazu, ihm den Grund meiner Verärgerung zu erklären.

»Ich habe mit Anne telefoniert.«

Karims Lippen wurden schmal. »Ach ja?« Obwohl er Anne gern hat, glaubt er, daß sie eine Frau ist, die immer mit dem

Kopf durch die Wand will. Aber ich weiß, daß Annes Hartnäckigkeit ihrem ehrlichen Wunsch entstammt, vielen Leuten zu helfen, und dafür mag und bewundere ich sie.

Dann berichtete ich Karim alles über mein Gespräch mit Anne. Karim reagierte genauso, wie ich es geahnt hatte. Obwohl er Frauenfragen gegenüber mehr Verständnis aufbringt als die meisten arabischen Männer, verwendet er ungern Zeit auf Probleme, die er für unlösbar hält.

»Sultana, wann wirst du je lernen, daß es für eine einzelne Frau unmöglich ist, die Probleme aller Frauen zu lösen?«

»Deshalb brauchen wir ja die Hilfe von Männern – von Männern an der Macht!«

Karim schüttelte entschlossen den Kopf. »Ich weigere mich, in diese Sache verwickelt zu werden, Sultana. Das ist eine persönliche Angelegenheit, mit der sich die Mitglieder der betroffenen Familien auseinandersetzen müssen.«

Ich konnte mein Bedürfnis nicht mehr zügeln, auf Karim loszugehen. Ich trat nach seinem Schienbein, traf ihn jedoch nicht.

Ein lachender Karim zog mich an sich und hielt mich fest.

Ich brach in Tränen aus. Ohne die Hilfe unserer Männer konnten wir Frauen niemals den Lauf unserer Leben verändern! Männer hatten alle Macht in dieser Welt!

Karim wollte zumindest den Lauf dieses Abends verändern. Er begann, mein Gesicht zu küssen, und sagte: »Ich mache mir doch nur Sorgen um dich, Sultana.« Er streichelte meinen Rücken. »Du hast so schmale Schultern, Liebling. Und doch versuchst du, sämtliche Probleme der Frauen auf deine zarten Schultern zu nehmen.«

Ich weigerte mich, etwas darauf zu erwidern.

Karim musterte mein Gesicht eingehend, bevor er sagte: »Liebling, ich habe ein besonderes Geschenk für dich. Eigentlich wollte ich es dir erst später geben, aber jetzt scheint mir doch dieser Moment der richtige zu sein.«

Ich wehrte Karims Versuch ab, mich auf die Lippen zu

küssen. An einem weiteren teuren Geschenk war ich nicht interessiert.

»Es ist nicht das, was du denkst, Liebste.« Er machte eine kleine Pause. »Ich habe ein Gedicht für dich geschrieben.«

Überrascht lehnte ich mich zurück. Wir Araber sind Menschen, die eher auf das vertrauen, was sie hören, weniger auf das, was sie lesen. Gerne drücken wir unsere stärksten Gefühle aus, indem wir ein Gedicht verfassen und es laut vorlesen.

Aber Karim war einer der wenigen Araber, die ich kannte, der nur selten seine Gedanken und Gefühle in Gedichtform brachte. Mein Mann hat einen analytischen Verstand, den ich auf seine juristische Ausbildung zurückführe.

Karim zog mich sanft zu einem Stuhl. »Setz dich, Liebste.«

Er kniete sich auf den Boden und ergriff meine Hände. Dann blickte er mir tief in die Augen. Seine starke, klare Stimme senkte sich zu einem liebevollen Flüstern.

»Du gehst zuerst.
Geh vor mir durch die Tür.
Setz dich ins Auto, während ich draußen warte.
Geh in die Geschäfte, während ich hinter dir stehe und dir den Rücken decke.
Setz dich vor mir an den Tisch.
Versuche die köstlichsten Leckerbissen, während ich ruhig neben dir sitze.
Ich wünsche mir, daß du die erste bist, bei jeder Gelegenheit in diesem irdischen Leben.
Nur ein einziges Mal will ich der erste sein.
Und das wird mein letzter Augenblick sein.
Denn wenn der Tod nach uns ruft, mußt du als letzte gehen.
Weil ich keine Sekunde ohne dich leben kann.«

Karim küßte mir die Hand.

Ich war so überwältigt, daß ich kein Wort herausbrachte. Schließlich stammelte ich: »Karim, das ist das Wunderbarste, was du jemals geäußert hast. Du hast mir eben das wundervollste Geschenk zu Füßen gelegt, das du mir je geben konntest. Ein Korb voll Diamanten«, setzte ich noch hinzu, »würde mir weniger Freude bereiten.«

Karim zog amüsiert die Brauen hoch. »Ach ja? Paß auf, was du da sagst, Sultana, sonst gebe ich Bettlern den Korb voll Diamanten.«

Ich lächelte.

Karim streichelte mein Gesicht. »Und jetzt sage mir, Sultana, hat dir das Einkaufen Spaß gemacht?«

Mich überkam ein leichtes Schuldgefühl. Ich habe wirklich Glück, einen Mann zu haben, der mir jeden Wunsch von den Augen abliest. »Natürlich, Liebster. Ich hatte einen Riesenspaß und habe viele hübsche Sachen gekauft. Ich kenne sonst keinen Mann, der zu seiner Familie so großzügig ist wie du.«

Karim freute sich über meine Worte.

Unsere saudischen Ehemänner sind sehr stolz darauf, daß sie in der Lage sind, alles kaufen zu können, was ihre Frauen und Kinder sich wünschen. Unter den Al Sauds herrscht ein erbitterter Wettkampf: Jeder versucht, dem anderen darin überlegen zu sein, seiner Familie die seltensten Dinge und kostbarsten Güter zu erwerben.

Aber die teuren Sachen, die man mit Geld kaufen konnte, bescherten mir keine Freude, kein Glück mehr. Früher hatte ich versucht, mich zu trösten und von meinen Problemen abzulenken, indem ich viele wunderbare und teure Dinge gekauft hatte. Aber etwas hatte sich verändert. Ich merkte, daß Einkaufsexzesse wie heute morgen mir nicht mehr den seelischen Trost verschafften, den ich so nötig hatte.

Was ging in mir vor? Wurde ich etwa zu einem Menschen wie Maysa, fragte ich mich. Eine solche Veränderung meiner Persönlichkeit würde alles Vertraute in unserem Leben stören. Sicher würde Karim nicht wissen, was er mit einer Frau anstellen sollte, die ihre Liebe zu teuren Juwelen und schönen Kleidern verloren hatte. Ich wollte keine Mauer zwischen mir und meinem Mann entstehen lassen. Irgendwann einmal würde ich Karim diese seltsamen neuen Empfindungen mitteilen müssen. Aber nicht heute. Wir waren beide erschöpft.

Karim sorgte sich weiterhin wegen meiner anhaltenden Bedrücktheit, und da er noch viel Geschäftliches zu erledigen hatte, bat er Sara, mich für den Rest unserer Reise unter ihre Fittiche zu nehmen.

Sara bestand darauf, daß wir alles genossen, was die Stadt New York zu bieten hatte, und dies taten wir auch. Wir besuchten zwei Vorstellungen am Broadway, gingen in das American Museum of Natural History und das Guggenheim Museum, speisten in einigen der teuersten Restaurants der Welt, bei Le Bernardin, Le Cirque, Lutece und The Quilted Giraffe.

Am Tag vor unserer Abreise erhielt ich ein Päckchen von meiner Freundin Anne. Ich machte es auf und untersuchte seinen Inhalt. Zu meiner Freude befand sich auch ein Farbfoto der kleinen Heidi darunter – ein hübsches Kind mit einem strahlenden Lächeln.

Aus dem beiliegenden Informationsmaterial entnahm ich auch einige Fakten über andere kleine Kinder, die saudische Väter den amerikanischen Müttern weggenommen und ohne Erlaubnis aus dem Land entführt hatten. Schockiert erfuhr ich, daß über zehntausend Kinder, darunter fast zweitausend amerikanische Staatsbürger, illegal ihren nicht-arabischen Müttern weggenommen worden waren und nun in Saudi-Arabien lebten.

Als ich die individuellen Geschichten von kleinen Kindern las, die ihre Mütter seit vielen Jahren nicht mehr gesehen hatten, mußte ich weinen. Nichts tat so weh, wie ein Kind zu verlieren, dessen war ich mir ganz sicher.

Auch ein Foto von Heidis Vater, Abdulbaset Al Omary, fiel mir in die Hände. Äußerlich war er ziemlich attraktiv, doch aus dem, was ich über sein Verhalten wußte, erschloß sich mir nichts, was ich bewundern konnte.

Wenn ich diesen Mann erreichen könnte, würde ich mit ihm verhandeln, daß er sein Kind wieder der Mutter zurückbrachte. Doch leider hatte es Margaret McClain nicht geschafft, eine Adresse oder Telefonnummer ihres früheren Ehemannes aufzutreiben. Die Chancen, Heidi zu finden, standen sehr schlecht.

Betrübt verließ ich New York. Auf der Reise mit meiner Familie und meinen Freunden in unserem Privatflugzeug war ich sehr still. Ich nahm mich von der munteren Stimmung um mich herum aus und suchte mir einen Platz abseits der anderen.

Sara bedachte mich mit beschützenden Blicken, versuchte jedoch nicht, mich in den Frauenkreis hineinzuziehen. Huda war vertieft in einen ausführlichen Bericht über ein besonderes Gericht, das sie bei Bouley, einem der teuersten französischen Restaurants von New York, genossen hatte. Sara wußte, daß ich mich über Hudas absurde Besessenheit von Essen zunehmend aufregte.

Inmitten der angeregten Stimmen verlor ich mich in meinen traurigen Gedanken an die unschuldigen Kinder, die ihren Müttern weggenommen worden waren.

Ich dachte wieder an Heidi. Welche Zukunft wartete wohl auf dieses einsame Kind? Aus dem, was ich über Heidis saudischen Vater in Erfahrung gebracht hatte, wußte ich, daß das arme Kind in einem sehr strengen moslemischen Heim aufwachsen würde. Bald würde sie gezwungen sein, sich mit dem Schleier zu verhüllen, denn in meinem Land werden viele Mädchen schon vor der Pubertät dazu genötigt, sich zu verschleiern. Nach ihrer Verschleierung würde Heidi zweifellos dazu gezwungen werden, sich auf eine arrangierte Ehe mit einem Mann einzustellen, den sie erst in der ersten schockierenden Nacht auf dem Hochzeitslager kennenlernen würde.

Ich versuchte zu schlafen, kam jedoch kaum zur Ruhe. Nachdem ich mich ein paar Stunden auf meinem unbequemen Sitz hin- und hergeworfen hatte, sagte Sara mir, daß wir bald landen würden. Wir wollten in London übernachten, bevor wir unsere Reise nach Saudi-Arabien fortsetzten.

Hätte ich gewußt, daß wir während dieses kurzen Aufenthalts in England von einer ausführlichen Berichterstattung über einen juristischen Fall in Saudi-Arabien gedemütigt werden würden, dann hätte ich Karim zu überreden versucht, unsere Landung in London zu streichen und unser Flugzeug lieber Paris ansteuern zu lassen.

12. Kapitel

Geköpft

Bei unserer Ankunft in London fiel unser Blick sofort auf schockierende Schlagzeilen in den Zeitungen. Die herausragenden Worte waren »Saudi-Arabien« und »Enthauptungen«.

»Was ist denn da los?« fragte ich Karim und machte mir schon Sorgen um meine Familie.

Karim sprach leise, während er uns durch den Flughafen führte. »Es geht um zwei britische Krankenschwestern. Offenbar haben sie einen Mord begangen und sind nun deswegen verurteilt worden.«

»Ach ja.« Mir fiel der Vorfall wieder ein, der im Ausland große Aufmerksamkeit erregt hatte.

Es hatte alles vor etwa einem Jahr angefangen, als zwei britische Krankenschwestern, Deborah Parry und Lucille McLauchlan, in Saudi-Arabien verhaftet worden waren, weil sie verdächtigt wurden, die australische Krankenschwester Yvonne Gilford ermordet zu haben. Während unseres Aufenthalts in New York hatte ein saudisches Gericht diese beiden Frauen für schuldig befunden, den Mord verübt zu haben. In Großbritannien ist die Todesstrafe schon vor längerer Zeit abgeschafft worden, aber in Saudi-Arabien werden Mörder noch immer hingerichtet. Wir betraten nun eine Stadt, die offenbar höchst erregt war bei der Vorstellung, daß zwei britische Staatsangehörige ihre Köpfe unter dem Schwert eines saudischen Henkers verlieren sollten.

Ich erschauderte. Zwar glaube auch ich, daß ein Mord

unbedingt gesühnt werden muß, doch die Vorstellung einer Enthauptung fand ich schon immer entsetzlich. Viele Leute finden unser gesamtes moslemisches Rechtswesen primitiv und schockierend. Das islamische Gesetz, die Scharia, ist die Grundlage für das Zivil- und das Strafrecht in Saudi-Arabien. Der Koran, das Heilige Buch des Islam, und die Sunna, Zeugnisse von Mohammeds Taten und Geboten, bilden die Grundlage der Scharia. Im Gegensatz zu vielen westlichen Ländern stellt die Scharia die Rechte der Gesellschaft über die des Individuums.

Auf Verletzungen der islamischen Gesetze stehen sehr strenge Strafen. Verurteilte Mörder und Vergewaltiger werden geköpft, Ehebrüchige zu Tode gesteinigt, Dieben wird die rechte Hand abgehackt. Andere Vergehen werden mit öffentlichem Auspeitschen oder auch mit Gefängnisstrafen und Bußgeldern geahndet. Diese strengen Bestrafungen mögen brutal wirken, doch die meisten moslemischen Staaten haben eine niedrigere Verbrechensrate als viele andere Länder.

Uns war klar, daß unser gesamtes Rechtswesen gerade öffentlich in den britischen Medien durchleuchtet wurde, und auf unserer Fahrt nach London hinein waren wir deshalb ungewöhnlich gedrückter Stimmung.

Gleich nach der Ankunft in unserer Wohnung in Knightsbridge begaben sich Karim und Assad zur saudischen Botschaft, um Näheres über den Fall herauszufinden. Wir Frauen wandten uns derweil den Zeitungen zu, die Karim am Flughafen gekauft hatte.

Auf den ersten Seiten wurde ausführlich über die Qualen berichtet, die diese beiden britischen Krankenschwestern durchstehen mußten. Sämtliche Aspekte des saudischen Rechtswesens wurden erörtert und verurteilt. Am meisten schienen diese Zeitungen sich über die Vorstellung aufzuregen, daß unsere »primitive« Gesellschaft es den Familien von Mordopfern erlaubte, bei der Bestrafung der Verurteilten mitzureden.

Wenn in Saudi-Arabien jemand des Mordes für schuldig befunden wird, hat die Familie des Opfers das Recht zu fordern, daß der Mörder auf die gleiche Weise ums Leben kommt wie sein Opfer, oder aber auf eine Weise, die die Familie bestimmt. Einige Familien in Saudi-Arabien entschieden sich tatsächlich dafür, den Verurteilten genauso zu behandeln, wie er ihr Familienmitglied behandelt hatte. So wurde schon mancher Verurteilte erstochen oder sogar mit dem Auto überfahren. Doch die meisten Saudis akzeptieren die übliche Todesstrafe, das Enthaupten.

Familien der Opfer haben jedoch noch eine Möglichkeit, nämlich Blutgeld zu fordern und dem Verurteilten damit das Leben zu schenken. Früher wurden auch Kamele als Blutgeld akzeptiert, heute wird es in Rial oder Dollar bezahlt. Je nach den individuellen Umständen werden Summen bis zu dreihunderttausend Rials festgesetzt, also etwa fünfundachtzigtausend Dollar. Wenn es sich bei dem Opfer um eine Frau handelt, beträgt das Blutgeld natürlich nur die Hälfte.

In diesem Fall waren die zwei Krankenschwestern für schuldig befunden worden, eine Frau umgebracht zu haben. Nun wurde in den britischen Zeitungen berichtet, daß man an die Verwandten des Opfers herangetreten war und ihnen die Möglichkeit des Blutgelds erläutert hatte, die das saudische Gesetz vorsieht, auch wenn die Familie des Opfers in Australien lebte. Der Bruder der toten Frau, Frank Gilford, hatte sich den Berichten zufolge schrecklich darüber aufgeregt, daß das Leben seiner Schwester mit Geld aufgewogen werden sollte, und das Angebot wütend abgelehnt.

Ich teilte Frank Gilfords Meinung. Auch ich würde so ein Angebot ablehnen. Wie kann ein Leben mit Geld aufgewogen werden? Wenn nur die saudischen Männer ihren Frauen ebensoviel Liebe und Achtung entgegenbringen würden wie Männer aus dem Westen, dachte ich, während ich Frank Gilfords Reaktion mit einer Begebenheit verglich, die sich vor kurzem in Saudi-Arabien zugetragen hatte.

Damals hatte ein betrunkener ausländischer Autofahrer mit seinem Wagen ein Auto angefahren, in dem weibliche Passagiere saßen, von denen zwei ums Leben gekommen waren. Es ging um zwei schlimme Verbrechen: erstens, Alkohol getrunken zu haben, zweitens, zwei Menschen getötet zu haben. Der Fremde war sofort ins Gefängnis gekommen. Unter den strengen saudischen Gesetzen war ihm die Todesstrafe sicher. Seine einzige Hoffnung bestand darin, den Mann der toten Frauen zu überreden, Blutgeld zu akzeptieren. Wenn ihm dies nicht gelang, würde er geköpft werden.

Zwar hatten andere ähnliche Fälle gezeigt, daß die meisten Saudis eine Bestrafung im Sinne von »Auge um Auge« vorzogen, doch der Anwalt des Angeklagten wollte in seinem Plädoyer Blutgeld anbieten.

Als es schließlich zur Verhandlung kam, war niemand schockierter über die Reaktion des Ehemanns als der schuldige Ausländer und sein Anwalt. Der Mann der beiden toten Frauen trat vor den Richter und erklärte: »Euer Ehren, ich fordere die Freilassung des Gefangenen. Ich verlange nicht seinen Tod, und sein Geld will ich auch nicht. Die beiden getöteten Frauen hatte ich in meiner Jugend geheiratet, und sie waren jetzt ohnehin zu alt, um mir noch weiter von Nutzen zu sein.« Dieser Mann hatte auf den Angeklagten geblickt und tatsächlich lächelnd erklärt: »Ich bin froh, daß ich sie jetzt los bin, denn nun kann ich mir an ihrer Stelle zwei jüngere Frauen nehmen.«

Rechtlich gesehen blieb dem saudischen Richter nichts anderes übrig, als den glücklichen Ausländer freizulassen. Es hieß sogar, daß der Ehemann sich noch bei dem Ausländer bedankt und ihm erzählt habe, daß er sich schon längst von seinen Frauen hätte scheiden lassen wollen, jedoch die damit verbundenen Ausgaben gescheut hätte!

Wieder einmal dachte ich darüber nach, welch großes Glück doch Frauen in anderen Ländern haben. Geschätzt und geehrt zu werden ist etwas, auf das die meisten saudischen Frauen nicht hoffen können.

Dann dachte ich wieder an das Schicksal der britischen Krankenschwestern. Nachdem sie nun verurteilt worden waren und ihnen die Hinrichtung drohte, hatte das öffentliche Interesse seinen Höhepunkt erreicht. Zwar war schon eine Reihe von moslemischen Frauen in Saudi-Arabien geköpft worden, doch noch nie hatte eine Frau aus dem Westen dieses grausame Schicksal erleiden müssen.

Zwischen der saudischen und der britischen Regierung wuchsen die Spannungen. Die Briten waren entsetzt, daß zwei ihrer Staatsbürger hingerichtet werden sollten, die Saudis ärgerten sich über die britische Kritik an ihrem Rechtswesen.

Huda unterbrach meine Gedankengänge, indem sie von der Zeitung, die sie gerade las, aufblickte und meinte: »Diese Engländer sollten sich nicht über unsere saudischen Methoden der Todesstrafe beschweren. Said Al Sayaf, der staatliche Henker, kann sehr gut mit dem Schwert umgehen. Mein Mann hat einmal eine Enthauptung gesehen und Saids Arbeit hoch gelobt. Diese britischen Frauen können von Glück sagen, daß sie einen so geübten Henker zugewiesen bekommen haben.« Huda schnalzte mit der Zunge. »Die beiden werden in Sekundenschnelle ihrer Köpfe entledigt sein. Sie werden keinen einzigen Augenblick Schmerzen haben.«

Sara blickte Huda entsetzt an.

Ich griff mir mit der Hand an den Hals und saß völlig gelähmt da. Auch ich wußte etwas über den Henker Said Al Sayaf, denn vor einigen Jahren hatte ich einmal ein Fernsehinterview mit ihm gesehen. Ich hatte ihn nie vergessen. Saids joviale Art ließ in keinster Weise auf seine grausame Arbeit schließen. Er ist ein Angestellter des Innenministeriums. Schon als junger Mann wurde er Henker und hat seitdem sein Schwert viele Male geschwungen. Momentan weist er einen seiner Söhne als Nachfolger ein. Bei Enthauptungen, meinte

Said, benütze er ein besonderes Schwert, das ihm Prinz Ahmed bin Abdul Asis Al Saud geschenkt habe.

Said vollstreckt auch die Strafen für weniger schwere Verbrechen wie etwa Diebstahl. Ich erinnerte mich, daß Said erklärte, die Hand von Dieben amputiere er mit einem scharfen Messer, da es schwierig sei, ein so kleines Ziel wie ein Handgelenk mit einer Waffe in der Größe eines Schwertes zu treffen.

Während des Interviews hatte Said lachend behauptet, er ziehe Enthauptungen dem Amputieren von Handgelenken vor. Er zeigte sich ziemlich enttäuscht darüber, daß die Verbrechensrate dank der florierenden saudischen Wirtschaft gesunken sei. Er habe nicht mehr genug zu tun, da es nicht mehr so viele Verbrecher gebe! Dann erzählte er von den Enthauptungen, an die er sich noch am besten erinnern konnte. Da er über sechshundert Köpfe und über sechzig Hände abgetrennt hatte, hatte er viel zu erzählen.

Am schrecklichsten fand ich die Geschichte von zwei zum Tode verurteilten Männern, die gemeinsam ein Verbrechen begangen hatten und auch gemeinsam hingerichtet werden sollten. Damals wurden den Verurteilten noch nicht die Augen verbunden, wie es heute üblich ist. So mußte also der zweite Mann zusehen, wie Saids Schwert den Nacken seines Kameraden durchtrennte. Der abgetrennte Kopf rollte vor seine Füße. Der entsetzte Mann blickte auf und sah, daß Said sein Schwert hob, um es auf ihn herabsausen zu lassen. Er brach ohnmächtig zusammen. Ein anwesender Arzt untersuchte ihn und erklärte, das Herz des Mannes habe aufgehört zu schlagen. Doch als der Leichnam seines Freundes weggetragen wurde, kam der Mann wieder zu sich. Der Henker wurde zurückgerufen, und der Mann flehte Said an, ihn zu verschonen.

Ich werde nie das böse Grinsen auf dem Gesicht des Henkers vergessen, als er sich an diesen Tag erinnerte, der wohl zu seinen besseren Tagen gehörte. Natürlich ließ er sich nicht darauf ein, den Mann zu verschonen, und enthauptete ihn auf der Stelle.

Huda ergriff wieder das Wort. »Diese britischen Frauen haben offensichtlich einen Mord begangen und müssen für ihr Verbrechen an Allah bezahlen.«

Sara mit ihrem weichen Herz blickte ungläubig auf unsere Cousine. »Oh Huda! Das kann doch nicht dein Ernst sein!«

»Und warum nicht? Wenn ein saudischer Bürger in England oder Amerika ein Verbrechen begeht, muß er sich dort doch auch der Gerechtigkeit stellen!« Huda schnippte mit den Fingern. »Bedeuten denn unsere moslemischen Gesetze nichts?«

Nun ergriff Maysa das Wort, die Zeitung in ihrer Hand schwenkend. »Hast du denn diesen Bericht hier nicht gelesen, Huda? Vielleicht sind diese Frauen unschuldig. Sie sagen, daß sie von saudischen Polizisten gefoltert worden sind. So etwas kommt tatsächlich vor, das weißt du doch auch.«

Huda funkelte sie böse an. »Maysa, sei doch nicht so naiv! Natürlich haben die Frauen das Verbrechen begangen! Ein saudisches Gericht hat sie für schuldig befunden. Und worüber sollte sich denn ein ausländischer Verbrecher schon beklagen, wenn nicht über die Brutalität der Polizei! Das ist doch ein typischer Trick von Ausländern, um ihrer Bestrafung zu entgehen.«

Huda stand auf und glättete ihr Gewand. »Dieses ganze Gerede macht mich hungrig. Ich glaube, ich werde Sultanas Köchin beauftragen, mir etwas nach einem dieser neuen Rezepte zu kochen, die ich in New York gefunden habe.«

Meine bislang verborgene Abneigung gegen Huda brach sich Bahn. Ich sprach laut genug, daß Huda mich gut hörte: »Offenbar hat ein Vielfraß einen ebenso unstillbaren Appetit auf Blut wie auf Essen.«

Huda lehnte sich an die Wand, wie von ernsten Schmerzen in der Brust gequält, aber es war klar, daß sie nur so tat. Trotzdem rannten Sara und Maysa zu ihr. Während die beiden sie wegführten, schrie Huda, daß sie einen Herzinfarkt habe und daß jemand ihren Mann benachrichtigen solle, damit der schon einmal ihre Beerdigung vorbereiten könne.

Unsere Dienerinnen waren aufgeschreckt, doch ich beruhigte sie wieder. »Macht euch keine Sorgen. Zwar wird Huda eines Tages unweigerlich einen Herzinfarkt erleiden, aber ihr Schicksal hat rein gar nichts mit meinen Worten zu tun. Hudas letztes Schicksal steht in unmittelbarem Zusammenhang mit den dicken Fettschichten, die sich um ihr Herz herum angesammelt haben.«

Die Dienerinnen begannen zu lachen. Trotz ihres Übergewichts war Huda die robusteste Frau in unserer Großfamilie, und ihre theatralischen Anfälle waren wohlbekannt. Seit ihrer Jugend täuscht Huda routinemäßig Herzattacken vor. Ich beruhigte nun alle Anwesenden, daß Huda höchstwahrscheinlich noch viele delikate Gerichte genießen dürfe, bis Gott sie zu sich riefe.

Lächelnd ging ich in die Küche, um Jada, unserer Köchin und Haushälterin in London, Bescheid zu geben, unser Abendessen zu richten.

Zu meiner Überraschung stellte ich fest, daß Jada bereits ein kleines Festmahl für uns vorbereitet hatte: Auberginensalat, Linsensuppe, Pilaw, Kufta und Shish-Kebab. Das liebe Mädchen hatte sogar Fladenbrot gebacken. »Ich bin so froh, daß Sie hier sind, Ma'am«, sagte sie, während sie die Speisen auf ein Tablett stellte. »Manchmal fühle ich mich hier ziemlich einsam«, gestand sie leise.

Ich fragte mich, was für ein Leben Jada wohl hier führte. Offengestanden wußte ich kaum etwas über das Mädchen. Als Karim im Vorjahr einmal allein nach England gereist war, hatte er herausgefunden, daß unsere damalige Haushälterin zu einem unserer Chauffeure eine Liebschaft unterhielt. Karim kündigte den beiden und schickte sie zu ihren jeweiligen Ehepartnern zurück. Danach stellte er Jada ein.

Jetzt erinnerte ich mich, daß Jada dicke Tränen geweint

hatte, als sie um die Stellung als Haushälterin und Köchin bat. Sie hatte Karim berichtet, daß sie aus einer armen ägyptischen Familie stammte und Geld verdienen mußte, um die Ausbildung ihres älteren Bruders mitfinanzieren zu können. Sie hatte zwar keine Referenzen vorlegen können, doch Karim hatte gespürt, daß er ihr vertrauen konnte, und sie sofort eingestellt.

Ich hatte auch erfahren, daß Jadas Eltern vor vielen Jahren aus Ägypten ausgewandert waren. Da der Vater in London keine passende Stelle fand, war die Familie nach Manchester umgezogen, denn dort konnte er in einer Fabrik arbeiten. Jetzt lebte Jada alleine in London und sah ihre Familie nur sehr selten. Da Karim und ich nur ein- bis zweimal im Jahr nach London kamen, verbrachte Jada wohl viele einsame und langweilige Monate in unserer Wohnung, die ihr wenig Abwechslung bot.

Als ich nun in Jadas junges Gesicht blickte, nahm ich an, daß sie kaum älter war als mein jüngstes Kind Amani. Dennoch benahm sich Jada wie eine reife Frau, während Amani oft genug wie ein Kind wirkte. Reichtum und Privilegien lassen häufig wenig erwünschte Eigenschaften entstehen, dachte ich im Stillen. Und zugegebenermaßen kann ich mich selbst nicht davon ausnehmen.

Auf meine Nachfrage hin erfuhr ich, daß Jada eine ausgezeichnete Schülerin gewesen war und am liebsten Medizin studiert hätte. Ihr sehnlichster Wunsch war es, irgendwann einmal nach Ägypten zurückzukehren und sich dort um die schwangeren Frauen in den kleinen Dörfern zu kümmern, die hohe Kindersterblichkeit dieses Landes senken zu helfen und den Brauch der weiblichen Beschneidung zu bekämpfen.

Kürzlich hatten sich auf der ganzen Welt empörte Stimmen erhoben gegen den ägyptischen Brauch, Mädchen zu beschneiden, und Jada wollte unbedingt dazu beitragen, die Frauen in ihrem Land zu erziehen, damit sich diese von dem barbarischen Brauch abwandten.

»Das ist wirklich ein bewundernswertes Anliegen«, sagte ich ihr, während meine Gedanken in die Vergangenheit zurückschweiften. »Die Enkelin von Fatma, unserer Haushälterin in Ägypten, mußte sich dieser brutalen Praxis unterziehen. Unglaublicherweise hatte die Mutter des Kindes, Elham, persönlich auf diesem unmenschlichen Ritual bestanden!

Ich ging mit Fatma zusammen zu Elham, um sie zu überreden, ihre Tochter nicht einer solch gefährlichen Verstümmelung auszuliefern. Doch Elham glaubte allen Ernstes, daß unsere Religion es von uns verlangte, Frauen zu beschneiden, und daß ihre Tochter sich nicht gegen die Gesetze ihrer Religion wenden könne.« Ich seufzte tief. Noch heute bedrückte mich der Gedanke an diesen Vorfall. »Ich teile deine Meinung: Der einzige Weg, um diesen schrecklichen Brauch abzuschaffen, besteht darin, die Frauen zu erziehen.«

»Frauen müssen lernen, Autorität zu hinterfragen«, sagte Jada. »Sonst werden sie weiterhin alles glauben, was ihre Väter und Ehemänner ihnen erzählen.«

»Das stimmt genau«, pflichtete ich ihr bei.

In Anbetracht ihrer eigenen beruflichen Ziele wunderte ich mich darüber, daß Jada überhaupt nicht frustriert war, daß fast ihr gesamter Lohn in die Erziehung ihres Bruders floß. Sie behielt immer nur ein paar Pfund im Monat für sich selbst.

»Sobald mein Bruder sein Studium beendet hat«, sagte Jada lächelnd, »werde ich ihn bitten, mir meine Ausbildung zu bezahlen.« Das gute Mädchen war sicher, daß ihre Träume wahr werden würden und ihr Bruder ihre Wünsche erfüllen würde, da sie seine so selbstlos unterstützt hatte.

Ich musterte Jada fasziniert. Ich an ihrer Stelle hätte mit meinem Lohn lieber ein Lagerfeuer entfacht, als ihn meinem Bruder Ali zu geben. Ich hegte jedoch den traurigen Verdacht, daß Jadas Träume nie in Erfüllung gehen würden, denn nach seiner Ausbildung würde ihr Bruder sehr wahrscheinlich heiraten, und dann würden die Bedürfnisse seiner Frau und seiner Kinder sicher über denen seiner Schwester rangieren.

Als ich Jada verließ, fielen mir wieder Afaaf und Hussah ein. Wieder einmal mußte ich feststellen, daß die Wünsche und Bedürfnisse arabischer Frauen den Bestrebungen arabischer Männer stets untergeordnet sind. Das ist eine schreckliche Wahrheit, die die ganze moslemische Kultur durchdringt, auch wenn nur wenige Moslems dies jemals zugeben würden. In jeder arabischen beziehungsweise moslemischen Gesellschaft ist das Leben der Frauen oft wie weiches Wachs, das Männer je nach ihren individuellen Anschauungen und Wünschen formen können.

Da Karim und Assad erst spätabends von der saudischen Botschaft zurückkehrten, genossen wir Frauen das von Jada zubereitete Festmahl ohne sie. Huda nahm mir meine Bemerkung noch immer übel und aß allein in ihrem Zimmer. Da wir alle von den Strapazen unserer Reise müde waren, zogen wir uns gleich nach dem Abendessen zurück.

Am nächsten Morgen fuhren wir zum Flughafen, um unsere Reise nach Saudi-Arabien fortzusetzen. Wir waren nur acht Tage fort gewesen, doch mir kam diese Zeit wie eine Ewigkeit vor, auch wenn ich nicht sagen konnte, warum.

Unser Flugzeug landete in Dschidda, da Maysa und Huda in dieser Stadt leben. Wir übrigen hatten vor, in den nächsten Tagen nach Riad zu reisen. Nachdem ich Heidis tragische Geschichte erfahren hatte, konnte ich es kaum erwarten, meine beiden Töchter in die Arme zu schließen.

Vor dem Zubettgehen entspannten Karim und ich uns an diesem Abend noch bei ein paar Cocktails in unserem Palast in Dschidda. Wir sprachen über die momentane Krise zwischen Saudi-Arabien und England. Ich versuchte zwar immer wieder, das Thema zu wechseln, doch Karim war höchst erzürnt, daß unser Land dafür kritisiert wurde, daß es unsere Gesetze aufrechterhielt – Gesetze, mit denen unsere Verbrechensrate deutlich niedriger gehalten wurde als in den meisten anderen Ländern der Welt.

Die endlosen Gespräche über Enthauptungen regten mich

noch mehr auf als sonst, vor allem, weil Karim detailliert die barbarischen Grausamkeiten der amerikanischen Methoden der Todesstrafe, zum Beispiel den elektrischen Stuhl oder die Giftspritze, mit der schnellen und humaneren Methode des Enthauptens verglich.

Als wir endlich zu Bett gingen, schlief Karim sofort ein, während ich mich schlaflos hin- und herwälzte.

Ich mußte immer wieder an das tragische Schicksal eines jungen Mannes namens Abdullah Al Hadhaif denken, das jedem Saudi wohlbekannt ist. Als Abdullah Al Hadhaif im August 1995 auf Befehl der saudischen Regierung hingerichtet wurde, war er nur dreiunddreißig Jahre alt und Vater von sechs kleinen Kindern. Abdullah, seine beiden Brüder und sein alter Vater waren zusammen mit einigen anderen Saudis wegen politischer Vergehen verhaftet worden. Sie hatten in den Moscheen Vorträge gehalten, Flugblätter und verbotene Kassetten verteilt, in denen sie unsere Regierung angegriffen hatten.

Es war berichtet worden, daß Abdullahs alter Vater im Gefängnis gefoltert worden war, und zwar so schwer, daß er einen Herzinfarkt erlitten hatte. Darüber hatten sich natürlich seine Söhne aufgeregt, am meisten der empfindliche Abdullah. Nach seiner Freilassung hatte er den Beamten der Geheimpolizei aufgespürt, der seinen Vater gefoltert hatte, und einen Behälter mit Säure auf ihn geworfen. Der Mann wurde verletzt, jedoch nicht getötet, und konnte seinen Angreifer identifizieren.

Abdullah wurde wieder festgenommen. Der ganze schwelende Haß der saudischen Behörden auf die Rebellen konzentrierte sich nun auf diesen einen Mann. Freunde und Verwandte Abdullahs berichteten, daß er brutal gefoltert worden war, um ihm ein Geständnis zu entlocken. Es hieß, man habe ihn mit ätzenden Flüssigkeiten übergossen, um den Polizisten zu rächen, den er angegriffen hatte. Seine Eingeweide wurden durch seinen Anus hindurch aufgeblasen, man drohte ihm an, seine Mutter und seine geliebte Frau vor seinen Augen zu schänden.

Dennoch weigerte sich Abdullah Al Hadhaif, ein Geständnis zu unterzeichnen.

Seine Standhaftigkeit gab der Wut seiner Folterknechte weiteren Auftrieb. Einem Bericht zufolge wurde Abdullah wie ein geschlachtetes Schaf aufgehängt, wobei sein Kopf zwischen seinen Füßen festgebunden wurde. Er wurde so gnadenlos geschlagen, daß er von der Hüfte ab gelähmt war.

Ich mußte zugeben, daß die Männer meiner Familie unglaublich herzlos sein können! Abdullahs schreckliche Qualen nahmen erst mit seiner Enthauptung ein Ende.

Woran hatte dieser gepeinigte Mann wohl als letztes gedacht? Hatte er Angst gekannt oder Trauer bei dem Gedanken, daß er nicht leben würde, um seine sechs Kinder großzuziehen? Oder war er erleichtert gewesen, daß der Tod ihn bald von den Qualen seiner letzten Tage erlösen würde? Nur Gott kannte die Antwort auf meine Fragen.

Nun begannen viele weitere quälende Bilder auf mich einzustürmen. Ich war mir sicher, daß die kleine Heidi viele unglückliche Stunden lang nach ihrer Mutter weinte. Die arme Afaaf war völlig allein in dieser Welt. Und Hussah wie auch Munira waren im Besitz von grausamen Männern.

Da ich keinen Schlaf finden konnte, schlüpfte ich aus dem Bett und mischte mir einen Drink aus Rum und Cola. Ich dachte, daß nichts mir helfen würde, als mich soweit zu betrinken, daß ich alles um mich herum vergaß.

Und so schüttete ich die ganze Nacht lang Alkohol in mich hinein. Ich wurde so betrunken, daß ich auf dem Weg zu meinem Schrank, wo ich eine leere Flasche verstecken wollte, über mein langes Nachthemd stolperte und eine Vase umkippte. Zwar versuchte ich noch, sie aufzufangen, aber der Alkohol hatte meine Bewegungen verlangsamt, und die Vase zerbrach, als sie an die Wand fiel. In der Stille der Nacht verursachte dies einen ohrenbetäubenden Lärm.

Als Karim alarmiert aus dem Bett sprang, konnte ich meinen Kopf und meine Zunge nicht einmal dazu bringen, etwas zu meiner Verteidigung hervorzubringen.

Karim merkte sofort, daß seine Frau zu betrunken war, um reden zu können, ohne zu nuscheln.

»Sultana!« rief er empört.

»Oh Allah!« murmelte ich vor mich hin. »Meine Sünden sind entdeckt worden!«

An weiteres kann ich mich nicht erinnern, denn mir schwanden die Sinne. Endlich hatte ich die schrecklichen Bilder, die ich im Alkohol zu ertränken versucht hatte, aus meinem Kopf verbannt.

13. Kapitel

Mein Geheimnis wird aufgedeckt

Viele Stunden blieb ich im geheimnisvollen Bereich der Dunkelheit, in dem der Geist sein Wirken einstellt und keine Information, sei sie nun neu oder alt, verarbeitet. Meine Sorgen belasteten mich nicht mehr, angenehme Träume beruhigten mich nicht mehr. Meine kurze Verschnaufpause währte zwar nicht lange, doch ich genoß diesen traumlosen, leeren Zustand, bis mich die Geräusche meiner Umgebung am nächsten Morgen herausrissen.

Als ich schließlich im grellen Licht die Augen öffnete, sah ich als erstes Karims Gesicht. Plötzlich fiel mir siedendheiß ein, wie er aufgewacht war und seine Frau betrunken gefunden hatte. In der Hoffnung, das Unheil der letzten Nacht durch ein Wunder ungeschehen zu machen, kniff ich die Augen wieder fest zu und betete zu Gott, daß das, was letzte Nacht vorgefallen war, gar nicht passiert war. Daß alles nur ein böser Traum war.

Doch als ich Karim wieder ansah, wußte ich, daß Gott mein Gebet nicht erhört hatte. Karims trauriger, wissender Blick raubte mir jegliche Hoffnung, daß mein heimliches Trinken ihm verborgen geblieben war. Mein Mann mußte gar nichts sagen, schon sein Gesichtsausdruck gab mir zu verstehen, daß er wußte: ich hatte ein ernstes Alkoholproblem.

Seine klare Stimme war trügerisch ruhig. »Sultana, wie geht es dir?«

Ich wußte nur allzu gut, daß sich in diesem Augenblick meine Zukunft unweigerlich wandeln würde, denn mir drohte das Schicksal einer verstoßenen, geschiedenen Frau. Dieser Gedanke erfüllte mich mit einem derartigen Entsetzen, daß ich kein Wort herausbrachte.

»Sultana?«

»Mir geht es nicht so gut«, sagte ich endlich gepreßt.

Karim nickte.

Wir starrten uns lange wortlos an. Uns fehlte beiden der Mut zu einer Fortsetzung dieses Gesprächs.

In der Stille kehrte langsam meine Geistesgegenwärtigkeit zurück. Mir fiel ein, daß ich ja gar nicht wußte, was Karim über mein Trinken wußte, und daß ich vielleicht das weise arabische Sprichwort berücksichtigen sollte: »Deine Zunge ist dein Pferd: Wenn du sie vom Zaum läßt, wird sie dich betrügen.«

Ich klammerte mich an die Hoffnung, daß Karim glaubte, meine Trunkenheit sei etwas gewesen, was nur sehr selten vorkam. Schließlich hatten wir in unserer Ehe oft gemeinsam Alkohol getrunken, und Karim hatte darüber nie sein Mißfallen geäußert.

»Wir müssen miteinander reden, Sultana.«

Ich sagte nichts.

Karim senkte den Blick, rieb sich die Augen und atmete tief ein. »Ich habe die ganze Nacht nicht geschlafen.« Müde seufzend blickte er mich wieder an. »Ich habe mich gefragt, wie du es nur geschafft hast, dein Alkoholproblem so lange vor mir zu verheimlichen.«

Im selben gepreßten Tonfall wie vorher fragte ich: »Alkoholproblem?«

Karim ignorierte diese Frage und blickte mich weiterhin an, während er leise Worte äußerte, die ich nicht hören wollte.

»Bitte vergeude nicht unsere Zeit, indem du versuchst, mir deine Unschuld zu beteuern. Denn du hast offensichtlich Schuld auf dich geladen. Ich habe bereits mit Sara gesprochen. Ich weiß jetzt, daß du, wenn ich weg bin, oft übermäßig trinkst.«

Leugnen war zwecklos. Sein bekümmertes Gesicht sagte mir, daß er die Wahrheit wußte. Meine Brust schnürte sich zusammen bei dem Schmerz, den dieser Gedanke mir verursachte.

Ich begann zu weinen. »Nichts wird wieder so sein wie früher«, jammerte ich und rang meine Hände. Ich konnte mir schon jetzt vorstellen, welch grausamer Klatsch sich rasch innerhalb unserer gesamten Großfamilie verbreiten würde. Mein Ruf war für immer ruiniert.

»Du weinst wie ein Kind wegen etwas, für das du dich als Frau nicht verteidigen kannst?«

Karims Worte trafen mich wie ein scharfer Dolch, doch trotzdem konnte ich nicht aufhören zu weinen. Das Schlimmste war eingetreten! Mein verzweifeltes Verlangen nach Alkohol war erkannt worden. Ich war verloren. Karim würde sich von mir scheiden lassen. Meine Kinder würden unter dem Skandal leiden. Ali, mein verhaßter Bruder, würde sich über diese Wendung zum Schlechten in meinem Leben freuen. Und mein distanzierter Vater würde sich mehr denn je bestätigt sehen in seiner Abneigung gegenüber seinem jüngsten Kind, das ihm seine erste Frau geboren hatte. Meine Schluchzer wurden immer herzzerreißender.

Mein aufrichtiger Kummer erweichte Karims Herz. Er stand auf und kam zu mir herüber. Dann setzte er sich auf meine Bettkante und begann, mir mein langes Haar aus dem Gesicht zu streichen. »Liebste, ich bin nicht böse auf dich, sondern auf mich selbst«, sagte er.

Verwirrt starrte ich Karim an. »Warum denn das?« stammelte ich.

»Ich habe es versäumt, das zu sehen, was sich vor meinen Augen abspielte.« Nachdenklich wischte er mir die Tränen vom Gesicht. »Wenn ich nicht so beschäftigt gewesen wäre, hätte ich schon längst gemerkt, daß du Probleme hattest. Bitte verzeih mir, Sultana.«

In mir machte sich Erleichterung breit. Karim war gewillt,

die Last auf seine Schultern zu nehmen. Er gab sich die Schuld, nicht mir. Ich war wieder einmal gerettet!

Angestachelt von dem Gedanken an eine weitere, wenn auch unverdiente Atempause, war ich nur allzu bereit, Karim zuzustimmen und ihm zu sagen, daß er mich, seine Frau, tatsächlich vernachlässigt habe, indem er sich allzu sehr um seine Geschäfte gekümmert hatte. Gerade wollte ich den Mund aufmachen, um triumphierend meine Unschuld zu verkünden, da fühlte ich plötzlich, daß der Geist meiner Mutter nah war. Ich schnappte nach Luft und blickte mich um. Obwohl ich Mutter nicht sehen konnte, wußte ich instinktiv, daß sie hier war und die Begegnung zwischen meinem Mann und mir beobachtete.

»Sultana, geht es dir gut?« Höchst besorgt streichelte Karim sanft mein Gesicht.

Ich nickte, auch wenn ich noch immer keinen Ton herausbrachte. Mutters Anwesenheit machte sich immer deutlicher bemerkbar. Ich kann das Entsetzen gar nicht schildern, das ich fühlte, als mich das absolute Wissen überkam, daß ich vor einer Art Prüfung stand, die so schwer war wie noch keine, und daß von mir sehr viel mehr erwartet wurde als meine üblichen unreifen Reaktionen. Eine innere Stimme sagte mir, daß ich mein Verhalten ändern mußte, wenn ich je wieder wahren Frieden, wahre Freude erleben wollte.

Eine lange Weile verstrich, bevor ich wieder etwas sagen konnte. Schließlich blickte ich meinem Mann direkt in die Augen und sagte: »Karim, ich werde nicht mehr nach schändlichen Siegen trachten. Meine eigene Schwäche, nicht deine, hat mich in dieses Dilemma gestürzt. Du trägst keine Schuld, also tilge deine Sorgen von deinem Gesicht, mein Mann. Ich bin allein verantwortlich für mein Alkoholproblem.«

Da, jetzt war es heraus! Zum ersten Mal in meinem Leben hatte ich nicht den einfachsten Ausweg gewählt, wenn es um meine persönlichen Fehler ging. Karim war ebenso schockiert wie ich über mein neues, reifes Verantwortungsgefühl.

Ich lächelte meinen Mann an. »Ich verspreche dir, ab sofort alles zu versuchen, um dieses Problem in den Griff zu kriegen.«

Karim nahm mich in die Arme. »Liebste, wir werden dieses Problem gemeinsam in den Griff kriegen!«

Karims liebevolle Umarmung war mir tatsächlich ein großer Trost. Ich wollte dieses quälende Verlangen nach Alkohol mit allen seinen Lügen und Geheimnissen unbedingt bezwingen. Hoffnung und Optimismus erfüllten mich, und rasch war ich in Hochstimmung.

Später machte sich Karim auf die Suche nach Assad, der zusammen mit Sara hier in unserem Palast in Dschidda war.

Ich wollte mit meiner Schwester sprechen und rief sie durch das Haustelefon in der Gästesuite an. Wir verabredeten uns im Frauengarten.

Nachdem ich meine Schwester umarmt hatte, gestand ich ihr rasch alles, was zwischen mir und Karim vorgefallen war. Sara freute sich für mich und lobte meinen Mut.

»Du hättest schon beim ersten Hinweis auf ein Problem deine Sorgen mit deinem Mann teilen müssen«, sagte sie. »Ich wußte, daß Karim nie so reagiert hätte, wie du befürchtet hattest. Du hättest ihn gestern nacht sehen müssen, Sultana. Er war völlig niedergeschmettert, als er erfuhr, daß deine größte Angst darin bestand, er könnte dich in Zeiten der Not im Stich lassen.«

Ich versuchte, meine Schwester dazu zu bringen, mir alles zu erzählen, was Karim über mich und unsere Ehe gesagt hatte, doch Sara ging nicht darauf ein. Mein Mann hatte vertraulich mit ihr geredet.

»Wir haben beide großes Glück, Sultana«, erinnerte sie mich sanft. »Wir sind beide mit Männern verheiratet, die wundervolle Ehemänner sind.« Nach einer kleinen Pause gestand sie: »In diesem Land sind solche Männer so selten wie lupenreine Diamanten.«

Ich dachte über Saras Worte nach, die natürlich zutrafen. Sicher war Assad ein Ehemann, wie es keinen zweiten gab. Er betete meine Schwester an. Von dem Moment an, in dem Assads Blick auf Sara gefallen war, hatte es für diesen ehemaligen Frauenheld keine andere Frau mehr gegeben. Sara hatte tatsächlich immenses Glück.

Karim hatte mich zwar mehr als einmal schwer enttäuscht, doch dies war vor langer Zeit geschehen. Im Lauf der Jahre war Karim zu einem hilfsbereiten, liebevollen Ehemann und Vater geworden. Auch ich konnte mich glücklich schätzen.

Nachdem ich meine Schwester ein weiteres Mal herzlich umarmt hatte, kehrte ich in meine Schlafgemächer zurück. Etwas später kam Karim herein und meinte mit einem breiten Lächeln, daß er eine Idee habe, die mir vielleicht sehr zusagen würde.

Ich rannte ihm entgegen und zog ihn an mich. Die Heftigkeit meiner Umarmung brachte ihn zum Stolpern, und wir fielen gemeinsam rückwärts aufs Bett.

Karim versuchte, etwas zu sagen, während ich seine Lippen, seine Augen, seine Nase mit Küssen übersäte. »Sultana, ich –«

Ich wußte, daß mir eine zweite Chance gewährt worden war, meine Fehler wiedergutzumachen. Ich kam mir vor wie ein Dieb, dem gesagt worden war, er würde seine Hand verlieren, der dann aber herausfand, daß sein Henker gestorben war und er verschont bleiben würde. Ich war so erleichtert und froh, daß ich Karim küßte, bis er die Idee vergaß, die er mit mir hatte besprechen wollen. Wir liebten uns leidenschaftlich.

Später, nachdem Karim eine Zigarette angezündet hatte und sie zwischen uns hin- und hergehen ließ, fragte er: »Und was wolltest du nun damit sagen?«

»Ist es mir nicht erlaubt, meinem Mann zu zeigen, wie sehr ich ihn liebe?« neckte ich ihn.

Er lächelte. »Natürlich, Liebste. Ruf mich, wann immer du von solch heftiger Liebe überwältigt wirst!«

Ich lachte. »Wen sollte ich sonst rufen?«

Karim streckte die Zigarette weit von sich und rieb zufrieden sein Gesicht an meinem. »Ich liebe dich, mein Schatz.«

Dann hielt er mir die Zigarette an den Mund und wartete, bis ich einen Zug genommen hatte, bevor er selbst wieder daran zog.

»Was hattest du denn nun für eine Idee?«

»Ach ja. Heute fiel mir ein, daß es schon lange her ist, seit wir einen Familienausflug in die Wüste unternommen haben.« Seine Augen suchten in meinen nach einer Reaktion auf diese Worte. »Ich glaube, daß vor allem du, Sultana, von einer Wüstenreise in unsere Vergangenheit profitieren würdest.«

Er hatte recht. Karim und Abdullah besuchten mit ihren königlichen Cousins oft die Wüste, um sich dort an der Falkenjagd zu vergnügen, doch meine Töchter und ich unternahmen solche Ausflüge selten. Als ich nun darüber nachdachte, wurde mir klar, daß es schon viele Jahre her war, seit wir mit der ganzen Familie in die Wüste gereist waren. Früher hatten mir solche Reisen in eine einfachere Lebensweise, die nicht von Uhren und Kalendern bestimmt war, immer große geistige Erholung gewährt.

Ich konnte meine Gefühle nicht verbergen. »Ja«, sagte ich, »die Wüste. Dort würde ich gerne hin, Karim!«

Obwohl wir saudischen Araber nun in reich verzierten Palästen und in modernen Städten leben, haben wir nicht vergessen, daß unsere Vorfahren noch vor gar nicht langer Zeit als Nomaden umherzogen und in Zelten lebten. Heute streifen nur noch wenige Nomaden durch die arabische Wüste. In den letzten zwanzig Jahren hat die saudische Regierung die Beduinenstämme dazu ermuntert, ihre Zelte aufzugeben und in die Städte zu ziehen. Doch alle Saudis haben noch die Erinnerung der Nomaden in ihrem Blut. Und obgleich unsere Familie Al Saud die Wüste schon vor längerer Zeit als viele unserer Landsleute aufgegeben hat, unterscheiden wir uns in unserer ungebremsten Liebe zur Wüste doch in nichts von unseren übrigen Landsleuten.

1448 zogen sich die ersten Mitglieder des Al Saud-Clans aus der kargen Wüste zurück und begannen, das Land um eine Siedlung, die sie Darija nannten, zu kultivieren. Die Männer unserer Familie wurden erfolgreiche Bauern und Händler und schließlich zu dem, was heute als Stadtaraber bekannt ist. Deshalb halten wir Al Sauds uns nicht für Nomaden, auch wenn wir uns auf unerklärliche Weise wie durch einen Magneten zu dem hingezogen fühlen, was uns wie ein unwiderstehliches Meer endloser, weiter Sandfläche erscheint.

Karim unterbrach meine angenehmen Gedanken.

»Wir werden ein Familientreffen aus diesem Ausflug machen«, sagte er und musterte mich dabei prüfend. »Wir werden alle einladen.«

Ich wußte genau, was Karim damit sagen wollte, und erhob sofort Einspruch. »Aber nicht Ali, hoffe ich!«

Karim legte seine Hände an mein Gesicht. »Liebling, glaubst du nicht, es wäre langsam an der Zeit, daß du und dein Bruder die Vergangenheit hinter sich lassen? Was habt ihr beide, du und er, von dieser endlosen Feindschaft?«

»Wie kann ich mich mit einem Mann wie Ali befreunden? Bruder oder nicht Bruder – er ist so verachtenswert, daß ich es gar nicht in Worte fassen kann«, meinte ich hartnäckig.

»Wenn wir einen einladen, müssen wir alle einladen.«

Ich wußte, daß Karim recht hatte. Es wäre eine schockierende Beleidigung, eine komplette Mißachtung der arabischen Gastfreundschaft, wenn wir unsere sämtlichen Verwandten zu einem Wüstenausflug einladen, Ali und seine Familie jedoch vorsätzlich davon ausschließen würden. Bei einer solchen Beleidigung würde der Skandal unseres Familienzwists zum Stadtgespräch von Riad werden.

Ich seufzte schwer. »Dann lade ihn eben ein, wenn du mußt. Aber mir gefällt es wirklich nicht, daß wir Araber unsere Gefühle ständig verheimlichen müssen«, murrte ich.

»Du bist als arabische Prinzessin zur Welt gekommen«,

sagte Karim und lachte kurz auf. »Warum kämpfst du gegen dein Schicksal an?«

Was sollte ich darauf erwidern?

Trotz des Hasses auf meinen Bruder war ich so ruhig wie schon lange nicht mehr. Liebevoll legte ich einen Arm um Karims Hüften und zog ihn zu mir heran. »Laß uns ein wenig schlafen«, schlug ich vor.

Obwohl Karim tagsüber selten schläft, war auch er noch müde von unserer Auslandsreise. »Ein kleines Nickerchen wäre wirklich nicht schlecht«, pflichtete er mir bei.

Ich wollte schon in den Schlaf sinken, da hörte ich meinen Mann leise ein altes Beduinengedicht zitieren, das ihm sein Vater beigebracht hatte. Sehnsucht gepaart mit Traurigkeit überkam mich nach einer Lebensweise, die für immer verschwunden ist.

»Das Land ist allen Wanderern offen,
Bedeckt mit Gras, das zum Weiden einlädt,
Reiche Quellen mit dem süßesten Wasser,
Ein Zelt, das einer großen Familie Platz bietet,
Eine wunderschöne, sanftmütige Frau,
Viele Söhne und ein paar Töchter,
Oh, wie schön es ist,
große Kamelherden zu besitzen,
einem ehrwürdigen Stamm anzugehören,
Mekka zu sehen,
Ein langes Leben ohne Scham zu führen,
Vor den Feuern der Hölle gerettet zu werden,
Die Belohnungen im Paradies zu genießen!«

Beruhigt von den angenehmen Visionen des einfachen Lebens, das meine Vorfahren einst geführt hatten, ließ ich mich in den Schlaf sinken.

Obwohl mein Mann mein schändliches Geheimnis entdeckt hatte, schlief ich den heiteren, tiefen Schlaf einer Frau, die mit neuer Hoffnung in die Zukunft blicken konnte. Hätte ich gewußt, daß schon der nächste Tag ein neues Familiendrama mit sich bringen würde, wäre mein Mittagsschlaf sicher weniger erholsam gewesen.

14. Kapitel

Der Thron ist in Gefahr

Am nächsten Morgen lag ich noch im Bett, während Karim unter der Dusche stand, und wälzte mich unruhig von einer Seite zur anderen. Ich vermißte unsere Töchter schrecklich. Am liebsten hätte ich Dschidda sofort verlassen, um nach Riad zurückzukehren.

Während das Geräusch des Wassers aus der Dusche allmählich verebbte, stand ich auf und öffnete die Läden der Balkontür. Mir bot sich der Anblick, den ich bereits erwartet hatte: Es war ein für Saudi-Arabien typischer, heller, sonniger Tag.

Karim kam aus der Dusche und trat neben mich. Er liebkoste meine Brüste mit seinen Händen.

Vor ein paar Jahren war ich in die Schweiz gereist und hatte mir dort eine neue Brust formen lassen als Ersatz für die, die ich in den ersten Jahren meiner Ehe durch Krebs verloren hatte. Man hatte mir gesagt, daß diese Brust zur Förderung der Rehabilitation täglich massiert werden sollte, um die Flüssigkeiten, die meine neue Brust formten, weich und geschmeidig zu halten. Seit dieser Zeit bestand Karim darauf, die Verantwortung für meine Therapie zu übernehmen.

Ein einladendes Lächeln breitete sich auf seinem Gesicht aus. »Willst du wieder ins Bett, Sultana?«

Ich erwiderte sein Lächeln, sagte jedoch: »Nein, Liebling. Offengestanden will ich nichts lieber, als die wunderschönen Gesichter unserer beiden Töchter wiederzusehen.«

Das Lächeln auf dem Gesicht meines Mannes verschwand,

doch er verstand mich. »Ja, natürlich. Auch ich vermisse sie sehr.« Er machte eine Pause. »Ruf Nura an und sage ihr, daß wir heute nachmittag in Riad ankommen. Ihr Chauffeur soll die Kinder nach der Schule gleich zu uns bringen.«

Bald waren wir am Flughafen und bereit, mit unserem Flugzeug den kurzen Flug von Dschidda nach Riad anzutreten. Gleich nach unserer Ankunft verabschiedeten Sara und ich uns hastig und stiegen in unsere jeweiligen Autos. Sara war ebenso erpicht darauf wie ich, die Kinder wiederzusehen.

Maha und Amani warteten schon auf uns. Nach herzlichen Umarmungen und Küssen überreichte ich ihnen die Geschenke, die ich in New York für sie erstanden hatte. Beide Töchter erhielten viele neue Kleider, ein paar elektronische Spielereien, CDs, Videos und Bücher.

Dann meinte Karim, er habe Geschäfte zu erledigen. Zu meiner weiteren Enttäuschung äußerten Amani und Maha den Wunsch, in ihren Zimmern ein paar Telefonate mit ihren Freundinnen zu führen. Es kostete mich einige Mühe, sie zu überreden, noch ein Weilchen bei ihrer Mutter zu bleiben.

Sobald meine Kinder das Teenageralter erreicht hatten, begannen sie, die Gesellschaft Gleichaltriger der ihrer Mutter vorzuziehen. Ich hatte mir oft gewünscht, die große Macht zu besitzen, die Zeit zurückzudrehen, um noch einmal die Tage genießen zu können, in denen meine Kinder Babys waren.

Mit einem einladenden Lächeln breitete ich die Arme aus und sagte: »Laßt uns doch noch ein wenig zusammensitzen. Dann könnt ihr los und eure Telefonate führen.«

Ich beauftragte eine unserer Dienerinnen, uns das Lieblingsgetränk meiner Töchter, Laban, eine Buttermilchzubereitung, zu servieren.

Maha kuschelte sich lächelnd auf dem großen Sofa gegenüber des Fernsehers an mich. Amani machte es sich in einem großen Sessel bequem.

Dann gähnte Maha und griff zur Fernbedienung. Vor ein

paar Jahren hatte Karim eine riesige Satellitenschüssel besorgt, mit der man Sender aus der ganzen Welt empfangen konnte. In Saudi-Arabien ist der Besitz eines solchen Geräts verboten. Unsere Regierung besteht darauf, das, was ihre Bürger sehen, hören und lesen, zu zensieren. Doch dieses Gesetz wird von den Leuten ignoriert, die reich genug sind, Satellitenschüsseln zu kaufen, zum Teil auch deshalb, weil das begrenzte Programm unserer saudischen Fernsehanstalt entsetzlich langweilig ist. Wir waren jedenfalls nicht interessiert an den zensierten Nachrichtensendungen und den endlosen, sich selbst beglückwünschenden Berichten über die guten Taten, die die Mitglieder unserer königlichen Familie wieder einmal vollbracht hatten. Viel mehr hatten die saudischen Kanäle nicht zu bieten.

Natürlich sind auch die religiösen Behörden in Saudi-Arabien gegen die Satellitenschüsseln, wenn auch aus anderen Gründen. Die Religionshüter fürchten, daß guten Moslems die Bilder aus dem dekadenten Westen schaden könnten. Oft sieht man Gruppen von Mutawas die Straßen unserer Städte nach Satellitenschüsseln absuchen. Zwar sind die Häuser in Riad von hohen Mauern umgeben, doch meist kann man ihre flachen Dächer von der Straße aus sehen.

Die Mutawas gehen von Straße zu Straße und überprüfen die Dächer. Wenn sie eine Satellitenschüssel entdecken, versuchen diese Männer, sie mit allen ihnen zur Verfügung stehenden Mitteln zu zerstören. Sie bewerfen sie mit Stöcken oder Steinen, und wenn sie damit keinen Erfolg haben, werfen sie die Stöcke und Steine auf den Besitzer. Im letzten Jahr ereiferte sich eine Gruppe aufrührerischer Mutawas so über eine Satellitenschüssel, daß sie Schüsse darauf abgaben! Eine indische Dienerin befand sich auf dem Dach, weil sie dort gerade Wäsche aufhängte, und wurde von einer Kugel in den Bauch getroffen. Gott sei Dank überlebte sie ihre Verletzung.

Seitdem haben sich saudische Besitzer von Satellitenschüsseln die größte Mühe gegeben, diese Vorrichtungen zu verbergen. Heute sind um viele Flachdächer Tücher gespannt, um das Dach vor Blicken von der Straße abzuschirmen. Doch diese Tarnung hat die Mutawas nur angespornt, Schüsse auf die Tücher abzugeben.

Aber natürlich werden wir Al Sauds von den unangenehmen Aktivitäten der Mutawas verschont.

Als Maha bei einer englischen Komödie landete, in der eine Frau sich gerade über einen Mann lustig machte, bemerkte ich, wie Amanis Lippen sich mißbilligend kräuselten. In der arabischen Welt würde es eine Frau nie wagen, ihren Mann zu verspotten, und es würde auch niemals eine Frau gezeigt werden, die klüger ist als ihr Mann.

Ohne Warnung sprang Amani plötzlich auf und griff nach der Fernbedienung.

»Mutter!« schrie Maha protestierend.

Dies war nicht der angenehme, entspannte Nachtmittag mit meinen Töchtern, den ich mir erhofft hatte. Ich bedeutete Amani, mir die Fernbedienung zu geben.

Um meine beiden Töchter zu besänftigen, begann ich, von Programm zu Programm zu schalten auf der Suche nach etwas Passendem, das alle unterhalten würde. Dabei stieß ich unerwartet auf die Nachrichtensendung eines britischen Senders, in der es um Professor Mohammed Al Massari, einen saudischen Bürger, ging, der allen Al Sauds ein Dorn im Auge war. Sofort war ich davon so gebannt, daß ich Amani und Maha vergaß.

Der Professor war ein saudischer Gelehrter, dessen aufrührerische Gedanken zur Demokratisierung Saudi-Arabiens ihn in große Konflikte mit seinem Land gebracht hatten. Er war verhaftet, eine Weile ins Gefängnis gesperrt und auch nach seiner Freilassung von den saudischen Behörden immer wieder belästigt worden. Im letzten Jahr war er schließlich geflohen und hatte in England Zuflucht gesucht. Dort hatte er eine Exilgruppe von saudischen Flüchtlingen gegründet, die in London ihren Hauptsitz hatte und sich »Komitee zur Verteidigung legitimer Rechte« nannte. Um ihrer Wut über alle ihnen widerfahrenen Ungerechtigkeiten Ausdruck zu geben, hatte diese Dissidentengruppe vor kurzem die Aufmerksamkeit der westlichen Medien auf sich gelenkt, indem sie die angebliche Korruption unserer saudischen Königsfamilie beschrieb. Diese Enthüllungen hatten in den Palästen der Al Saud zweifellos viele schlaflose Nächte verursacht. Der Mann hatte so viele Familiengeheimnisse gelüftet, daß meine Verwandten sich immer wieder fragten, wie er nur an solche streng vertraulichen Informationen gelangt war. Waren einige Leute, die für unsere Familie arbeiteten, etwa zu Spionen unserer Feinde geworden?

Mohammed Al Massaris Beschuldigungen umfaßten die Vorwürfe, daß bestimmte hochgestellte Mitglieder der Herrscherfamilie routinemäßig Millionen von Rials veruntreut, bei ausländischen Verträgen Bestechungsgelder angenommen und von einfachen Bürgern wertvolles Land konfisziert hatten. Al Massari behauptete, die betrogenen Menschen hätten zu viel Angst, um Einspruch zu erheben, denn sie befürchteten, unter irgendwelchen falschen Beschuldigungen verhaftet und ins Gefängnis gesteckt zu werden. Angeblich sollte die Korruption innerhalb meiner Familie mehr als fünfzig Leuten zu Milliardenbeträgen verholfen haben.

Es fiel mir schwer, all das zu glauben, was Al Massari behauptete, obwohl ich nicht leugnen konnte, daß in einigen Zweigen unserer Familie eine immense Korruption herrschte. Eine prominente Prinzessin, eine meiner Cousinen, die ich ziemlich gut kenne, prahlt zum Beispiel oft lachend damit, durch die Vermietung von Gebäuden an saudisches Militär skandalös hohe Beträge einzustreichen.

Am empörendsten finde ich es, daß es für solches Verhalten keinerlei Notwendigkeit gibt. Sämtliche Mitglieder der Königsfamilie haben monatliche Einkünfte, die ihren Bedarf weit überschreiten. Jeder Prinz, jede Prinzessin erhält monatlich fünfunddreißigtausend Rials, also etwa zehntausend Dollar, womit ein großer Zweig der Familie mehrere hunderttausend Dollar monatlich für sich verbuchen kann.

Aber es gab noch weitere Vorwürfe. Der Professor und seine Genossen beschuldigten bestimmte ausländische Journalisten von geachteten Zeitungen und Zeitschriften, stattliche Bestechungselder dafür angenommen zu haben, daß sie andere Journalisten, die es wagten, die Wahrheit über unsere Regierung und unser Land zu schreiben, verunglimpften und niedermachten. Und hier äußerte sich nun also Mohammed Al Massari völlig frei in einer britischen Fernsehsendung, die weltweit ausgestrahlt wurde, während ein Reporter ihm interessiert und verständnisvoll lauschte.

Ich sprang auf und stellte mich direkt vor den Fernseher.

Als Maha etwas sagen wollte, brachte ich sie sofort zum Schweigen. »Sei ruhig, hör einfach zu«, sagte ich, während ich mich noch weiter zum Fernseher hinabbeugte. Ich wollte mir das Gesicht dieses Verräters genau einprägen. Das Äußere dieses Feindes meiner Familie würde sicherlich der schlimmen Vorstellung entsprechen, die ich mir von diesem Menschen gemacht hatte. Doch ich sah einen durchaus würdigen Mann, dessen Augen vor Intelligenz sprühten. Von seinem freundlichen Auftreten ausgehend, würde man nie darauf kommen, daß im Kopf dieses Mannes irgend etwas besonders Wichtiges vorging, ja, daß er sogar die verzweifelte Idee hatte, einen König zu stürzen. Er war mit Sicherheit ein verwirrender Mensch!

Karim hatte sich mit mir schon einige Male über diesen Professor unterhalten. Er galt als bedrückende Bedrohung für die Herrschaft der Al Sauds und für den Thron, der es meiner Familie erlaubte, das Land und seine Einkünfte als ihr Eigentum zu beanspruchen. Ich wußte, daß mein Mann, mein Vater, meine Cousins und Onkel kein Mittel scheuen würden, um das Recht zu schützen, das Öl Arabiens zu kontrollieren – das schwarze Gold, das momentan in Tausenden von kleinen Rinnsalen direkt in die Schatzkammern des Königsclans fließt.

In meinem Kopf überschlugen sich die Gedanken, während ich die Sendung weiter verfolgte. Der Interviewer schien die Tatsache zu billigen, daß England zum Zufluchtsort von Dissidenten aus dem Nahen Osten wie Professor Al Massari wurde. Aber ich hatte das Gefühl, daß die Briten es eines Tages noch sehr bedauern könnten, den Gegnern der durch Öl reich gewordenen Regierungen Zuflucht zu gewähren, denn die Männer meiner Familie sind extrem rachsüchtig. Schließlich hatte sich die saudische Regierung schon einmal an dem britischen Volk gerächt. 1980 war Prinzessin Mishail, die Enkelin des Prinzen Mohammed, in Saudi-Arabien wegen Ehebruchs zum Tode verurteilt worden. Eine unabhängige Fernsehgesellschaft hatte ihre dramatische Geschichte verfilmt und unter dem Titel »Death of a Princess« im britischen Fernsehen übertragen.

Als König Khalid von diesem Film erfuhr, war er empört, wie darin die saudische Königsfamilie geschildert wurde. Er brach zeitweise sämtliche diplomatischen Beziehungen zu Großbritannien ab, rief den saudischen Botschafter aus London zurück und wies den britischen Botschafter aus Saudi-Arabien aus. Außerdem wurden Verträge mit britischen Firmen annulliert, bei denen es um Millionen Pfund ging, mit der Folge, daß viele britische Arbeitsplätze verloren gingen.

Am Ende dieser Sendung setzte ich mich wieder auf meinen Platz und trank langsam mein kaltes Laban. Ich dachte darüber nach, daß Mohammed Al Massari völlig anders aussah, als ich ihn mir vorgestellt hatte. Er sah eher so aus wie der Gelehrte, der er einst gewesen war, und gar nicht wie der Rebell, der er nun war.

Maha nahm mir die Fernbedienung aus der Hand und schaltete auf ein Programm um, in dem Musikvideos gezeigt wurden. Amanis Gesicht war wie versteinert und schien ins Nichts zu starren.

Ich rang meine Hände und sprach vor mich hin: »Warum nur haßt uns dieser Mann so entsetzlich? Warum setzt er wegen einer Idee seinen Ruf, seine Freiheit und das Wohl seiner Familie aufs Spiel?«

»Das weiß ich nicht«, sagte Maha leise.

Amani jedoch wurde plötzlich wieder lebendig und erklärte mit einem selbstzufriedenen Lächeln: »Aber ich weiß es!«

Ich war völlig entgeistert. Fragend blickte ich auf Maha, die ebenfalls erstaunt wirkte. Amanis Worte lösten einen Strom von Spekulationen in mir aus. »Was weißt du über diesen Mann, Amani?«

»Möchtest du das wirklich wissen?«

Verzweifelte Gedanken, schmerzhaft wie ein Dolchstoß, fuhren mir durch den Kopf. Hatte Amani sich etwa einer verbotenen politischen Organisation angeschlossen? Ich starrte sie eine Weile nur an, bis ich endlich schrie: »Deine Mutter verlangt es zu wissen!«

»In Ordnung«, sagte sie, und klang dabei, als wäre sie stolz auf ihr besonderes Wissen.

Unausgesprochene Gedanken wirbelten mir im Kopf herum. Meine Tochter gehört zu Aufständischen! Was sollen Karim und ich tun?

Amani räusperte sich, bevor sie zum Sprechen ansetzte. »Du hast gefragt, warum der Professor bereit war, alles aufs Spiel zu setzen? Aus einem einfachen Grund, Mutter – der Professor wuchs in einer Familie auf, die schon immer den Anspruch unserer Familie auf den Thron in Frage gestellt hat.«

Gequält von Sorgen um meine Tochter wischte ich mir die Stirn und die Oberlippe mit einem Tuch ab. Ich konnte mich nicht länger zurückhalten. »Einen Augenblick, Amani«, kam es heiser krächzend aus mir heraus, »bist du etwa ein Mitglied dieser verbotenen Organisation?«

Der Raum war erfüllt von Schweigen; niemand sagte etwas.

»Amani!« schrie ich.

Meine Tochter richtete sich auf und setzte sich in den Schneidersitz. Sie starrte mir trotzig in die Augen und weidete sich an der Qual, die sie ihrer sichtlich erschütterten Mutter verursachte.

Mich überkam eine große Traurigkeit. Ich kann nicht leugnen, daß Amani ein hübsches Mädchen ist. Mit ihrer perfekten Figur wirkt sie wie eine Puppe. Ihre Haut hat die Farbe von Honig, und sie hat eine zarte, gerade Nase, volle rosa Lippen, makellose, weiße Zähne und schokoladenbraune, samten schimmernde Augen unter anmutig geschwungenen Brauen. Doch obwohl meine Tochter von Jahr zu Jahr hübscher wird, ist ihr Wesen zunehmend weniger einladend geworden. Im Lauf der Jahre bin ich zur Überzeugung gelangt, daß innere Schönheit für ein glückliches Leben wichtiger ist als äußere. Deshalb hätte ich Amani liebend gern einfach einmal von innen nach außen gewendet.

Endlich – ich stand kurz davor, mein Kind zu schütteln – schenkte sie mir ein schiefes Lächeln, und machte eine beschwichtigende Handbewegung.

»Nein, Mutter, keine Sorgen!« Sie verengte die Augen, als sie fortfuhr. »Frauen spielen keine Rolle in der Bewegung des Professors. Ich bin dort unerwünscht.«

»Alhamdulilah!« Gelobt sei Gott! Zum ersten Mal in meinem Leben war ich erfreut zu hören, daß Frauen von etwas ausgeschlossen waren.

Amani hob die Stimme. »Ich erfuhr alles, was ich weiß, von einer Freundin, deren Bruder Unterlagen und Kassetten für diese Organisation verteilt. Der Bruder ist ein eifriger Unterstützer des Professors und weiß alles über ihn. Er hat mir das erzählt, was ich dir nun erzählen werde.«

Etwas gefaßter blickte ich auf Maha und sagte: »Wir Frauen müssen daran denken, daß unsere Familie mehr für die Frauen in Saudi-Arabien tun kann als jeder andere. Die Reden dieses Mannes, daß er für demokratische Rechte kämpfen will, werden in der Hitze der Wüste gewiß verdampfen. Jedenfalls ist dieser Mann ein typischer Saudi, was die Rechte der Frauen anbelangt.«

Ich wandte mich wieder Amani zu. »Die Organisation des Professors hat keine Verwendung für Frauen, das hast du ja selbst gesagt.«

Langsam und provozierend fragte Amani: »Du hast doch gesagt, du willst alles über diesen Mann wissen. Willst du das immer noch?«

»Ich will alles wissen, was du über diesen Mann weißt, Amani!«

»Nun denn.« Amani kaute konzentriert auf ihren Lippen. »Wo war ich stehengeblieben?«

Maha lieferte ihr das Stichwort. »Die Familie des Rebellen hat schon immer den Anspruch unserer Familie auf den Thron in Frage gestellt.«

»Ach ja. Der Professor stammt aus einer Familie, die die Demokratie fördern will, und setzte sich deshalb hartnäckig für Reformen ein. Er wartete darauf, daß die Regierung Reformen in die Wege leitete, aber darauf wartete er vergeblich.«

Zwar fing auch ich nun an, diesem Al Massari einigen Respekt entgegenzubringen, und teilte sogar seine Meinung, daß manche Veränderungen angesagt waren. Aber es war nie mein Wunsch gewesen, daß meine Familie ihre Macht verlor. Mohammed Al Massari mochte brillante Gedanken haben, aber ich vermutete, daß es ihm schwerfallen würde, ein Land zusammenzuhalten, das vor vielen Jahrzehnten von einem kriegerischen Geist ins Leben gerufen worden ist.

Saudi-Arabien besteht aus vielen verschiedenen Bevölkerungsgruppen, einschließlich der ungebildeten Beduinen, reicher Geschäftsfamilien und Akademikern aus der Mittelschicht. Es fällt unserer Familie, die seit der Entstehung Saudi-Arabiens an der Macht ist, schwer genug, solch eine unterschiedliche Gruppe von Bürgern zufriedenzustellen, ohne demokratische Reformen zulassen zu müssen.

Ich wandte mich wieder der lauten Stimme meiner Tochter zu.

»Dem Professor gelang es nicht, andere für seine Gedanken zu begeistern. Doch als der Irak in Kuwait einmarschierte, änderte sich die Lage. Wir Saudis stellten erstaunt fest, daß wir uns nicht verteidigen konnten und daß wir fremde Armeen zur Hilfe rufen mußten, die in unser Land kamen, um uns zu retten. Mit diesen fremden Soldaten im Land, beschäftigten sich ganz gewöhnliche Saudis plötzlich mit der Politik. Viele Saudis sagten nun, daß die Anwesenheit der fremden Armeen in ihrem geliebten Land so erniedrigend war, daß dies den letzten Nagel am Sarg des Hauses Al Saud bedeutete.«

Amani tat so, als schlage sie mit einem imaginären Hammer auf diesen Nagel.

»Und deshalb hat Onkel Fahd sein Volk verloren, als er den Feind aus dem Westen mit offenen Armen empfing.«

»Das stimmt doch nicht, Amani«, protestierte Maha laut. »Alle Saudis lieben ihren König!«

Amani bedachte ihre Schwester mit einem herablassenden Lächeln, machte sich jedoch nicht die Mühe, auf Mahas Behauptung einzugehen.

Ich erinnerte mich an die Angst, daß Saddam Hussein, unser arabischer Nachbar und früherer Freund, unsere Städte bombardieren könnte, und zitierte ein arabisches Sprichwort. »Vergiß nie, Amani: Ein besonnener Feind ist ungefährlicher als ein verwegener Freund.«

Maha wurde immer neugieriger und fragte ihre Schwester nun: »Also, was weißt du noch, Amani?«

Amani zuckte ihre schmalen Schultern. »Den Rest der Geschichte kennt jeder. In dem Augenblick, in dem Soldaten aus dem Westen den Fuß auf unseren Boden setzten, begannen die Saudis, aus einem langen Schlaf zu erwachen. Intellektuelle fingen an, an geheimen Treffen teilzunehmen, und es bildete sich eine Opposition.«

Amani hatte recht. Jeder Saudi wußte, daß ein Dissidentenausschuß aus fünfzig Männern, darunter Gelehrte, Geschäftsleute, Richter und religiöse Führer, dem König einen Brief geschrieben hatte. Darin wurde ein Ende der Unterdrückung und eine Teilnahme an den Regierungsgeschäften gefordert. Über vierhundert prominente Saudis hatten dieses Dokument unterzeichnet. Der König, so hieß es, war völlig schockiert, nachdem er diesen Brief gelesen hatte, und wandte sich schließlich an den Rat der Weisen Gelehrten. Auf Befehl des Königs hin hatte dieser Rat den Ausschuß verurteilt und erklärt, er solle abgeschafft und seine Mitglieder sollten bestraft werden. Die Geheimpolizei verhaftete den Professor und steckte ihn in das Gefängnis Al Hayir, das ein paar Kilometer außerhalb von Riad lag.

Amani sprach weiter. »Ich weiß, daß Professor Al Massari sechs Monate lang im Gefängnis saß, zum Teil sogar in Einzelhaft.«

Maha schnalzte vor Mitgefühl mit der Zunge.

Ich warf ihr einen scharfen Blick zu. »Vergiß nicht, Tochter, daß dieser Mann den Sturz deiner eigenen Familie fordert!«

Maha errötete und senkte den Blick.

»Meine Freundin berichtete mir, daß der Professor im Gefängnis gefoltert wurde«, fuhr Amani fort. »Während der Verhöre spuckten ihm die Wärter ins Gesicht, schlugen mit Bambusstöcken auf seine Fußsohlen ein, zogen an seinem Bart und boxten ihn auf die Ohren.«

Ich starrte auf meine Hände. Beschämt mußte ich zugeben, daß solche Vorfälle in saudischen Gefängnissen an der Tagesordnung waren.

»Meine Freundin hat mir auch berichtet, daß man dem Professor Gotteslästerung vorwarf. Natürlich weigerte er sich, dies zu gestehen. Das Hohe Gericht konnte sich nicht auf einen Beschluß einigen. Offensichtlich hatte es mit einem mutigen Mann zu tun, und das Gesetz besagt, daß man ihn entweder köpfen oder freilassen sollte. Aus Angst, einen Märtyrer aus ihm zu machen, wurde ihm die Gelegenheit gegeben, Einspruch zu erheben. Man sagte ihm, er würde freigelassen werden und die Chance erhalten, sein Tun zu überdenken. Wenn er sich aus politischen Kontroversen heraushalten würde, würde er in Zukunft unbehelligt bleiben.«

So läuft das immer in meiner Familie, dachte ich. Sie hoffen immer, daß Probleme sich einfach in Luft auflösen. Wenn nur alle Probleme im Leben so einfach wären!

»Natürlich ließ sich der Professor nicht so leicht zum Schweigen bringen. Gleich nach seiner Freilassung begann er, wieder im Ausschuß aktiv zu werden. Ein geheimer Informant warnte ihn, daß gegen ihn die schwerste Anklage, nämlich Hochverrat, erhoben werden sollte. Der Ausschuß war einstimmig der Meinung, daß es für den Professor an der Zeit sei, Saudi-Arabien zu verlassen und seinen Kampf vom Ausland aus fortzusetzen. Ein komplizierter Fluchtplan wurde in die Wege geleitet.«

Mein Herz begann wieder zu flattern. Wußte meine Tochter etwa auch über die geheimen Vorbereitungen dieser Flucht Bescheid?

»Der Professor und ein Freund ersannen eine List. Sie besuchten einen kranken Freund im Krankenhaus. Dort trafen sie einen dritten Mann, der dem Professor auffallend ähnlich sah und an seine Stelle trat. Als die beiden Männer das Krankenhaus wieder verließen, folgten die Regierungsagenten, die sich dem Professor an die Fersen geheftet hatten, dem falschen Mann. Der Professor konnte unbehelligt zum Flughafen von Riad fahren. Mit einem falschen Paß flog er zu einem kleinen Ort an der Grenze zum Jemen. Dort wartete er zwei Tage lang auf seine jemenitischen Kontaktleute, Männer, die einen Weg kannten, auf dem Grenzkontrollen vermieden werden konnten. Die kleine Gruppe überquerte die Grenze zwischen Saudi-Arabien und dem Jemen zu Fuß. Im Jemen warteten neue Kontaktleute auf ihn, um ihm auf seiner Weiterreise nach London beizustehen.«

Amanis Stimme senkte sich wieder unheilvoll. »Natürlich weiß jeder, daß die Söhne und Brüder des Professors gleich nach seiner Flucht von unserer Familie als Geiseln genommen und ins Gefängnis gesteckt wurden.« Amani ließ sich in ihren Schaukelstuhl zurückfallen und atmete tief aus. »Das ist die Geschichte des Professors. Nahezu alle unter dreißig in unserem Land kennen sie, und nun unterstützen viele junge Leute heimlich den Professor Al Massari.«

Langsam schüttelte ich den Kopf. Wurde deshalb der Frieden in unserem Land immer wieder von Protestkundgebungen und Demonstrationen erschüttert? Ich befürchtete, daß schon bald das ganze Land in den drängenden Ruf des Professors nach Veränderungen einstimmen würde.

»Wir Al Sauds sind dem Verderben geweiht«, jammerte ich und vergrub mein Gesicht in den Händen.

15. Kapitel

Karims Prophezeiung

In diesem Moment kam Karim ins Zimmer.

Besorgt fragte er unsere Töchter: »Was ist mir eurer Mutter los?«

»Mutter macht sich Sorgen, daß Amani Mitglied einer revolutionären Gruppe ist«, sprudelte es aus Maha heraus.

In Karims Augen tauchte Verwirrung auf, und eine Weile flogen Worte hin und her, ohne daß Karim verstand, was los war. Doch sobald ihm klar wurde, daß Amani über den Mann, der den Sturz unserer Familie forderte, besser Bescheid wußte, als sie sollte, überkam ihn eine aberwitzige Wut.

Zuerst schrie er Amani an. »Tochter! Hast du den Verstand verloren? Bist du eine Anhängerin dieses Mannes?«

Amani protestierte und beteuerte ihre Unschuld. »Ich bin keine Anhängerin! Ich habe nur berichtet, was mir gesagt worden ist.« Meine Tochter starrte mich kalt an. »Mutter hat darauf bestanden, daß ich es ihr erzähle. Es ist ihre Schuld.«

»Vergiß, was dir deine Mutter gesagt hat. Du darfst mit absolut niemandem in Verbindung gebracht werden, der das Anliegen unseres erklärten Feindes vertritt! Jeden Tag werden Leute verhaftet!« Karim hämmerte mit den Fäusten an die Wand und brachte damit die teuren Gemälde zum Schwanken. »Du törichtes Kind!«

Höchst besorgt beobachtete ich Amani, die auf ihrer Zunge kaute.

Ich wollte schon mein Kind trösten, als Karim die größere

Wucht seiner Wut auf mich lenkte. »Sultana! Du hast deine Töchter zu Rebellinnen erzogen! Das eine sage ich dir – dies werde ich keinen Augenblick länger dulden!«

Ich war so schockiert über Karims Vorwurf, daß ich kein Wort herausbrachte.

Maha schlich sich aus dem Zimmer, und Amani versuchte, ihr zu folgen, doch Karim befahl ihr zu bleiben.

»Warte hier, Vater. Ich habe etwas, das dich vielleicht interessiert.« Amani wandte sich um und eilte aus dem Zimmer.

Karim stand wie angewurzelt da, während ich unruhig im Zimmer hin- und herlief.

Amani kehrte mit einer Aktenmappe zurück, die sie ihrem Vater schweigend überreichte.

Karims Zorn wuchs offenbar noch immer von Minute zu Minute, denn er schaffte es kaum, den Verschluß der Mappe aufzubekommen. Sobald ihm dies gelungen war, betrachtete er ein Papier nach dem anderen und warf die Blätter nacheinander auf den Boden. Ich hatte Karim noch nie so erregt gesehen.

»Woher hast du diese Unterlagen?« fuhr er Amani an.

»Meine Freundin hat sie aus dem Zimmer ihres Bruders entwendet«, gestand sie.

»Da!« Karim warf mir einen Blätterstapel zu, den ich mit gemischten Gefühlen auffing.

Ich nahm eine Zigarettenschachtel in die Hand und spielte damit herum, während ich versuchte, mich auf die bedruckten Seiten zu konzentrieren. Nachdem ich mir eine Zigarette angezündet hatte, wurde ich endlich so ruhig, daß ich verstand, was die Papiere in meiner Hand bedeuteten.

Ich erkannte, daß es sich dabei um Kopien von Pressemitteilungen und Dokumenten handelte, die Dr. Al Massari und andere saudische Dissidenten verfaßt hatten. Das Blatt, das ich schließlich genauer durchlas, trug den Titel »Prinz des Monats« und war ein Artikel über die angeblichen Aktivitäten eines meiner älteren Cousins, der als Gouverneur in einer der Provinzen tätig war. Es wurden darin einige Aussagen wiedergegeben, die dieser Cousin angeblich im Madschlis, dem Gericht, vor dem Bürger ihrem Gouverneur Beschwerden vortragen können, geäußert hatte: »Die Stämme des Südens haben die Mentalität von Sklaven: Ich fülle ihre Bäuche und belade ihre Rücken.« Und weiter: »Mein Großvater Abdul Asis hat mir gesagt, daß die Leute aus dieser Provinz eine Mischung aus Affen und Sklaven sind.«

Der Verfasser dieses Artikels warf meinem Cousin noch diverse andere Vergehen vor. So hatte er angeblich auch eine große Fläche des Landes in dieser Provinz beschlagnahmt und mit beträchtlichem Gewinn verkauft.

Beim Überfliegen dieser Unterlagen sah ich, daß auf jeder Seite eine schwere Beschuldigung gegen einen meiner Onkel oder Cousins erhoben wurde. Ein Cousin war sogar in einen Mordfall verwickelt! Ein Angestellter der Saudi Airlines war erschlagen worden, nachdem er diesem Cousin eine Rechnung über mehrere Millionen Rial vorgelegt hatte. Natürlich war dieses Verbrechen nicht gerichtlich verfolgt worden.

Als ich auf den Namen meines eigenen Vaters stieß, verschwand meine vage Hoffnung, mich noch irgendwie von diesen ganzen Geschichten distanzieren zu können. Ich preßte die Hand vor den Mund, um einen Schrei zu unterdrücken, als ich eine ganze Litanei von Schandtaten überflog, die meinem Vater angelastet wurden. Mein Herz verkrampfte sich, denn ich vermutete, daß einige dieser Denunzierungen durchaus der Wahrheit entsprachen. Von traurigen Gedanken an meinen Vater überwältigt, blickte ich in die Gesichter meines Mannes und meines Kindes. Hunderte von Fragen drängten sich mir auf, doch ein Blick in Karims verschlossenes Antlitz genügte, um die Fragen auf meinen Lippen ersterben zu lassen.

Doch Amani brachte den Mut auf zu fragen: »Vater, stimmt das denn?« Sie umklammerte die Blätter, die sie noch in der

Hand hielt. »Verhaftet unsere Familie Al Saud tatsächlich auch Kinder?«

Ihre Nachfrage machte mich neugierig. Leise las ich über Amanis Schultern gebeugt: »In der vergangenen Woche wurden Fahd Al Mushaiti, elf Jahre alt, und Mansour Al Buraydi, zwölf Jahre alt, in Buraydi verhaftet, weil sie Flugblätter bei sich hatten, die die Al Sauds verärgerten. Anscheinend haben die Al Sauds vergessen, daß sie die Verbrechen Saddam Husseins wiederholen, gegen den sie früher gekämpft haben. Und sie haben auch vergessen, daß ihre Zeitungen noch heute sein Tun kritisieren.«

Unser trotziges Kind beharrte auf einer Antwort. »Vater, sage mir, verhaftet unsere Familie wirklich auch Kinder?«

Karim nahm Amani das Blatt aus der Hand, ohne ihr eine Antwort zu geben.

Amani war den Tränen nahe. »Vater?«

Karim stopfte die Unterlagen in die Mappe zurück. Mit flacher Stimme sagte er: »Du weißt doch, daß unsere Feinde lügen.«

»Vieles von dem, was ich gelesen habe, entsprach der Wahrheit, mein Mann.«

Überkochend vor Wut wie ein Topf auf einer heißen Herdplatte, warf Karim einen zornigen Blick in meine Richtung.

»Natürlich höchst übertrieben«, fügte ich rasch hinzu.

Karim versuchte, sämtliche Dokumente an sich zu nehmen, doch ich hielt eines hinter meinem Rücken. »Ich will noch einmal einen bestimmten Teil davon lesen«, sagte ich. »Ich werde dir die Papiere heute abend zurückgeben.«

Nach einigen tiefen, erregten Atemzügen wandte Karim sich wieder Amani zu. »Ich werde dich nicht nach dem Namen der Person fragen, die dir diese Unterlagen ausgehändigt hat, aber nur unter der Bedingung, daß du diese Leute aus deinem Leben verbannst.«

Amanis Stimme klang schrill. »Aber Vater! Sie ist meine Freundin!«

»Das ist ein Befehl, Kind! Ich lasse es nicht zu, daß meine eigene Tochter sich mit unseren Feinden verbündet.«

Amani begann nun zu weinen, aber Karim ließ sich nicht erweichen. »Amani?«

Nach einer Weile gab sie ihm ihr Wort. »Ich verspreche es dir, Vater«, flüsterte sie ihm ins Ohr, denn nun war sie eingeschüchtert genug, um sich ihm zu beugen. Er umarmte sie, und sie verließ den Raum.

Nun wandten sich Karims durchdringende Augen wieder mir zu. Er ahmte meine Stimme nach. »Vieles von dem, was ich gelesen habe, entsprach der Wahrheit, mein Mann!« Er starrte mich finster an. »Eine Ehefrau, die ihren Mann achtet, ist ein großer Schatz, Sultana!«

Erst vor kurzem hatte ich erfahren, daß ein schlauer Krieger weiß, wann er den Rückzug antreten muß. Karims heftiger Wut konnte ich nicht die Stirn bieten, und außerdem hatte ich Angst, ihn noch weiter zu provozieren. Also eilte ich aus dem Zimmer.

Karim stürmte aus dem Palast. Als er zur Abendmahlzeit noch nicht zurück war, wußte ich, daß ich ihn wohl erst sehr spät wiedersehen würde.

Ich sah nach den Kindern und stellte fest, daß eine ungewöhnlich gedämpfte Amani sich früh ins Bett gelegt hatte. Maha telefonierte noch.

Ich starrte auf die Uhr und wartete auf meinen Mann. Unterdessen las ich erneut die schmachvollen Vorwürfe gegen die vielen bekannten Mitglieder meiner Familie. Sie wurden des Ehebruchs, des Diebstahls, der Unterdrückung bezichtigt, sie hatten Menschen unter falschen Anschuldigungen verhaften lassen und sich arrogant über die Verpflichtungen hinweggesetzt, die mit dem Status einhergingen, den wir Al Sauds das Glück gehabt hatten zu erben.

Mein Verdacht, daß all diese Vorwürfe nicht aus der Luft gegriffen waren, bedrückte mich zutiefst. Diese Niedergeschlagenheit brachte mich bald dazu, mir vorzustellen, daß

Karim genau in diesem Augenblick in den Armen einer anderen Frau lag. Viele Prinzen aus dem Haus Al Saud bringen nur der heimlichen sexuellen Lust wegen Frauen von fragwürdiger Moral in unser Land. Verfolgt von Bildern, wie mein Liebster eine andere liebkoste, begann ich, rastlos im Zimmer herumzulaufen. In einem Ausbruch von Enttäuschung warf ich eine Kristallvase an die Wand, doch selbst das verschaffte mir keine Erleichterung. Ich begann zu weinen.

Ich fand keinen Schlaf. Als mir endlich die Augen zufielen, zeigte mir das Licht, das durch die Ritzen der Jalousien drang, daß der Morgen schon graute.

Karim kam erst am späten Vormittag des nächsten Tages heim.

Ich wollte gerade Karims Bruder Assad anrufen, als mein Mann zur Tür hereinkam. Trotz seiner rotgeränderten Augen tat Karim, als habe er nur eine Kleinigkeit erledigt und kehre eben davon zurück.

»Hallo, mein Schatz«, sagte er und beugte sich herab, um mich zu küssen.

Meine Verzweiflung verbarg sich hinter einem ruhigen Lächeln. Jede Frau hat eine verborgene Quelle, die ihr Informationen über ihren Mann zukommen läßt. Ich roch den Duft einer anderen Frau an meinem Mann und sagte ihm dies auch.

In dem Versuch, mich zu besänftigen, gab Karim eine Lüge nach der anderen zum Besten, doch in meinem eifersüchtigen Wahn zerrte ich drei Koffer ins Schlafzimmer.

Ich packte meine Sachen.

Karim packte sie wieder aus.

Ich packte sie wieder ein.

Er packte sie wieder aus.

Unsere Unterhaltung folgte diesem Muster, alles wurde mit verschiedenen Worten wiederholt.

Ich starrte in meine leere Tasche und drohte ihm, mich von ihm scheiden zu lassen.

Karim streckte mir das Telefon entgegen und sagte, ich solle die Nummer eines Freundes wählen, in dessen Heim er gestern gewesen sei, und dieser Freund würde schwören, daß keine Frauen zugegen gewesen seien.

Ich wußte, daß ein solcher Freund sich immer vor ihn stellen und ich nie die Wahrheit erfahren würde. »Warum soll ich Wasser kochen?« fragte ich verächtlich. »Es wird doch immer nur Wasser bleiben.«

Vorläufig besiegt von der Freiheit, die nur Männer für sich in Anspruch nehmen können, verspürte ich das dringende Bedürfnis, meinem Mann wehzutun. Da fiel mir mein Versprechen ein, meine Trinkgewohnheiten zu überwinden, und ich wußte, daß es Karim sehr verletzen würde, wenn ich dieses Versprechen bräche. Ich ging zu unserer Hausbar, entkorkte eine Whiskyflasche und trank gleich direkt aus der Flasche. Karim starrte mich entgeistert an. Ich sagte ihm, woran ich gerade dachte: »Ehemänner herrschen, Ehefrauen dulden.« Ich hielt inne, um einen weiteren Schluck zu trinken, bevor ich ihm drohte: »Wenn du mit anderen Frauen ins Bett gehst, Karim, dann werde ich zur Alkoholikerin, darauf kannst du dich verlassen!«

Karim blinzelte überrascht, dann sagte er: »Ah, ein Drink!« Er blickte auf seine Uhr. »Um zehn Uhr früh! Eine ausgezeichnete Idee, Sultana!« Er kam zu mir, nahm mir die Flasche aus der Hand und trank ebenfalls einen tiefen Schluck.

Mit dem Handrücken wischte er sich Lippen und Schnurrbart ab. »Wenn die Frau, die ich liebe, dem Alkohol verfällt, dann tue ich es ihr eben gleich.«

Nun starrte ich ihn entgeistert an. Daß wir beide zu Alkoholikern wurden, wollte ich ja nun wirklich am allerwenigsten!

Auf Karims Gesicht zeichnete sich ein äußerst schwaches Lächeln ab. Mein Mann hat zwei völlig unterschiedliche Seiten, eine liebenswerte und eine hassenswerte. Nach einem Blick in seine großen, schwarzen Augen, die so voller Liebe waren, begann ich, schwach zu werden.

Als Karims breite Brust begann, sich in stillem Lachen zu heben und zu senken, verflog meine Wut. Laut lachend stellte ich den Whisky wieder in die Hausbar zurück.

Plötzlich lagen wir uns in den Armen. Unser Streit war rasch begraben in demselben bodenlosen Behälter, in dem jedes andere ungelöste Problem unserer Ehe gelandet ist.

Am nächsten Morgen sagte ein sehr ernster Karim, daß er mit mir etwas Wichtiges zu besprechen habe. Nachdem ich in der Küche starken Kaffee bestellt hatte, setzte ich mich still hin und nippte an meiner Tasse, während ich Karim zuhörte.

»Der Vorfall mit Amani hat mich dazu veranlaßt, meine Vorstellungen zu Saudi-Arabiens Zukunft zu überdenken. Ich habe beschlossen, eine größere Summe in ausländische Unternehmen zu investieren.«

Ich starrte ihn erst eine Weile verständnislos an, bevor ich schließlich fragte: »Warum denn das?«

»Um unserer Kinder willen, Sultana.« Er hielt kurz inne, bevor er mich fragte: »Du pflichtest mir doch bei, oder?«

Ich rieb mir die Stirn und versuchte, darüber nachzudenken.

»Nun ja, ich weiß nicht«, meinte ich schließlich. »Es ist noch zu früh, um über Geschäfte nachzudenken.« Ich machte eine Pause, bevor ich hinzufügte: »Glaubst du denn nicht, daß wir schon genügend ausländische Geschäfte haben?«

Karim und ich besaßen Hotels und Unternehmen in Europa, Amerika und Asien. Auch jetzt schon war es nahezu unmöglich, unseren gesamten Besitz zu überblicken. Neuesten Berechnungen zufolge beläuft sich unser Vermögen in weltweiten Grundstücken, Bargeld und Firmen auf fast neunhundert Millionen Dollar.

Karim beugte sich zu mir herüber. »Hör mir zu, Sultana. Es ist an der Zeit, sich der Wirklichkeit zu stellen. Selbst unsere eigene Tochter, die Nichte des Königs, kritisiert die Regierung. Kannst du dir vorstellen, was andere Saudis von unserer Familie halten? Sultana, eines Tages werden wir

Saudi-Arabien verlieren. Vielleicht werden wir das persönlich nicht mehr erleben, aber unsere Kinder werden es sicherlich.«

Die Worte meines Mannes deprimierten mich, obwohl wir dieses Thema schon oft in unserer Familie besprochen hatten.

»Nichts dauert ewig«, meinte Karim nachdenklich. »Unsere Familie wird schließlich die Kontrolle verlieren. Ich habe die ernste Befürchtung, daß Saudi-Arabien denselben Pfad beschreiten wird, den der Iran und Afghanistan beschritten haben. Die kleinen Wellen, die die islamischen Fundamentalisten geschaffen haben, werden zu einer Flutwelle werden, die sämtliche moslemischen Länder überspülen wird.« Karim hielt inne, um seine Gedanken zu sammeln.

Die Vorstellung, daß Saudi-Arabien den Weg gehen würde, den Afghanistan vorgegeben hatte, ließ mein Herz angstvoll pochen. Die traurige Geschichte von Afaaf, Saras Dienstmädchen, machte eines sehr deutlich: Sollte Saudi-Arabien jemals von Fundamentalisten beherrscht werden, dann würden die saudischen Frauen noch brutaler unterdrückt werden.

Karims Stimme wurde bitter. »Außerdem sind wir nur deshalb noch an der Macht, weil die Vereinigten Staaten unser Öl brauchen. Eines Tages wird dieser Bedarf von einer anderen Energiequelle gedeckt werden. Wissenschaftler beginnen bereits heute, Ersatzquellen für den Energiebedarf im Westen zu erforschen. Zu gegebener Zeit werden Saudi-Arabien und unsere Familie für die Amerikaner überflüssig werden.«

Karims Gesicht verzerrte sich vor Wut. »Die amerikanischen Politiker handeln völlig eigennützig. Sie werden uns in dem Augenblick, in dem wir ihnen nichts mehr nützen, den Schakalen vorwerfen. Genauso, wie sie Mohammed Reza Schah Pahlavi fallengelassen haben.« Karim blickte mich traurig an. »Sultana, ich schätze, daß wir in zwanzig Jahren alle im Exil leben werden.«

Ich starrte ihn an. »Selbst wenn wir nicht länger herrschen«, flüsterte ich, »könnten wir dann nicht irgendwo in aller Stille in unserem Land leben?«

»Nein«, seufzte Karim. »Unser Name wird auf uns lasten. Ein fundamentalistisches Regime wird herrschen, und Saudi-Arabien wird zu gefährlich sein für die Al Sauds. Wir werden von allen gehaßt werden.«

Ich wußte, daß mein Mann recht hatte. Bei uns gibt es ein Sprichwort: »Araber liegen dir entweder zu Füßen, oder sie gehen dir an die Gurgel.« Ich wußte, daß unser Glück sich in einem einzigen Moment wenden konnte. Entweder wir Al Sauds herrschen, oder wir werden zerstört. Ein Mittelding gibt es nicht.

Karim schüttelte matt den Kopf. »Wir sind selbst schuld daran, Sultana, sonst niemand. Was haben wir getan, um uns den religiösen Führern lieb zu machen? Nichts! Was haben wir getan, um die Geschäftsleute zu stärken? Nichts! Unsere Väter hören nicht auf ihre Söhne. Ein paar Zugeständnisse hier und da würden nicht schaden, sie würden unsere Stellung stärken. Aber nein – unsere Väter sind taub. Sie hören nichts als den Geist ihres Vaters, eines Mannes, der sich selbst als Hammer sah und seine Untertanen als Nägel.«

Ich nickte zustimmend. Alle wußten, daß Großvater Abdul Asis, der beduinische Krieger, der 1932 das Königreich Saudi-Arabien gegründet hatte, seine Familie und die Bürger seines Landes mit fester Hand regiert hatte.

Karim klatschte in die Hände, bevor er sich zurücklehnte. »Es ist hoffnungslos, Sultana.«

Tränen der Trauer traten in meine Augen.

Karim suchte in seinen Hosentaschen nach einem Taschentuch. »Sultana, bitte weine nicht!«

Ich vergrub die Nase in Karims Taschentuch. Ich wußte, daß er völlig recht hatte und daß ich eines Tages das einzige Leben, das ich kannte, verlieren würde. Und dies nur, weil die Alten in unserer Familie zu halsstarrig und zu töricht waren, um zu verstehen, daß man oft etwas verändern muß, um eine momentane Lage aufrechtzuerhalten. Warum konnten die Al Saud das derzeitige Klima von Vetternwirtschaft, Korruption und Verschwendungssucht, das die Bürger von Saudi-Arabien so erzürnte, nicht besser kontrollieren? Jedes Mitglied des Al Saud-Clans war bereits unvorstellbar reich und mächtig. Selbst wenn sie keinen einzigen Rial mehr verdienen würden, konnten die Mitglieder meiner Familie noch immer mehrere Generationen lang in unglaublichem Glanz leben.

Mein Tränenstrom versiegte nicht.

Karim flüsterte: »Sultana, Liebling, hör doch auf zu weinen!«

Zu Karims großer Erleichterung schaffte ich es schließlich, meine Tränen zu kontrollieren, doch nichts konnte mir die Angst vor dem nehmen, was unsere Zukunft uns bringen mochte.

16. Kapitel

Wadi al Dschafi

Drei Wochen später herrschte reges Treiben in unserem Palast in Riad. Aufgeregte Diener liefen umher und machten sich daran, die letzten Angelegenheiten für unseren Familienausflug in die Wüste zu regeln. Viele von ihnen sollten uns begleiten, was eine willkommene Ablenkung ihres Alltags darstellte. In das geschäftige Treiben der Diener mischten sich die lauten Rufe von Arbeitern, die unter Schweißausbrüchen Möbel und andere schwere Sachen in große Umzugslaster verluden.

Zwar freuten sich alle auf die Aussicht, eine Weile in der Wüste zu leben, doch wir Mitglieder der Familie Al Saud sind nie bereit, unseren opulenten Lebensstil aufzugeben. Wir sind an ein Leben im Luxus gewöhnt und haben nicht den geringsten Wunsch, uns den harten Lebensbedingungen, die unsere Wüstenvorfahren ertragen mußten, zu unterwerfen.

Nun verluden die Arbeiter also neben den schwarzen Beduinenzelten und handgefertigten Möbeln auch Perserteppiche, Seidenkissen, kostbare Stoffe, erlesenes Porzellan, Kristallgläser, Silberbesteck und natürlich auch ganz gewöhnliche Töpfe und Pfannen. Badezimmergegenstände, die speziell für unterwegs entworfen worden waren, einschließlich Wannen, Toiletten und Waschbecken, warteten noch darauf, verpackt zu werden. Die Designertruhen mit unserer Garderobe sollten als letztes verstaut werden, damit wir leichter an sie herankommen konnten.

Fünf mit Gas betriebene Generatoren waren bereits auf

separate Lastwagen geladen worden. Sie wurden für die zwei bestens bestückten großen Tiefkühltruhen und die drei Kühlschränke benötigt, die noch darauf warteten, aufgeladen zu werden. Neben ihnen standen zwei Gasherde und eine Reihe von Gasflaschen.

Unsere philippinischen Gärtner waren beauftragt worden, frische Lebensmittel einschließlich Obst und Gemüse, die aus Ägypten, Jordanien und Italien importiert waren, einzupakken. Mehr als tausend Flaschen Mineralwasser warteten darauf, in einen separaten Lastwagen verladen zu werden. Zwei große Tanklaster, gefüllt mit Wasser zum Kochen und zum Baden, standen schon abfahrbereit.

Im Hintergrund war das Gackern von Hühnern und das Blöken von Schafen zu hören, die gerade vom Tiermarkt geliefert worden waren. Nach einer Stunde in der heißen Sonne wurden diese armen Tiere auf den Lastwagen ungeduldig und laut. Es gab auch Kamele, von denen einige zum Reiten, andere weniger glückliche zu einem Festmahl in der Wüste bestimmt waren.

Ich nahm mir vor, die empfindliche Amani so weit wie möglich von dem Bereich fernzuhalten, wo diese Tiere geschlachtet werden würden. Es wäre verheerend für sie gewesen, wenn sie hätte zusehen müssen, wie Tiere geschlachtet wurden.

In der vorangegangenen Woche hatte sich Karim um die Lieferung von fünfundzwanzig nagelneuen, mit Klimaanlage versehenen Fahrzeugen mit Vierradantrieb gekümmert, die unsere große Gruppe transportieren sollten.

Laute, zornige Worte schallten aus dem Garten. Einer unserer drei ägyptischen Köche warf einer der Küchenhilfen Schimpfworte an den Kopf.

Falkner, die Männer, die sich um Karims wertvolle Falken kümmerten und sie abrichteten, spazierten im Garten herum. Auf ihren erhobenen Händen, die mit dicken Lederhandschuhen geschützt waren, saßen ihre mit einer Leder-Burqa, einer

Haube, versehenen Schützlinge. Mit ihren scharfen Augen, ihren langen, spitz zulaufenden Flügeln, dem kräftigen, krummen Schnabel und den langen, gebogenen Klauen können Falken problemlos Wüstenkaninchen, wilde Tauben und Hubara, große Zugvögel, die zur Familie der Trappen gehören, erlegen. Speziell für sie angefertigte Falkenstände, die Wakar al Tair, waren im ganzen Garten verteilt. Die arabische Halbinsel ist eine der letzten Gegenden auf der Welt, wo Männer mit Falken jagen. Da die Wintersaison noch nicht ganz zu Ende war, hatten unsere Männer vor, in der Wüste auf die Jagd zu gehen.

Inmitten dieses ganzen Treibens tauschten Maha und ich einen verständnisvollen Blick aus, bevor wir in lautes Lachen ausbrachen. All diese farbenfrohen Bilder samt dem Lärm ließen unseren Garten so exotisch wie einen geschäftigen Basar wirken.

Selbst Amani begann zu lächeln, obwohl sie gerade dabei war, einer ziemlich bedrückten philippinischen Angestellten genaueste Anweisungen zu erteilen, wie sie in ihrer Abwesenheit ihre zahllosen Haustiere versorgen sollte. Diese Dienerin hatte soeben erfahren, daß sie zu den zehn Unglücklichen gehörte, die von Karim dazu bestimmt worden waren, in unserem Palast in Riad zurückzubleiben.

Obwohl ich nie müde werde, solch geschäftiges Treiben zu genießen, wollte ich noch mein morgendliches Bad nehmen und kehrte deshalb in den Palast zurück. In Anbetracht der ungemütlich heißen Sonne befahl ich einem der Hausmädchen, noch einen Extravorrat an Sonnencreme einzupakken.

Nachdem ich gebadet und meine Haut mit einer angenehmen Creme gepflegt hatte, zog ich ein knöchellanges, leichtes blaues Baumwollkleid an. Wir Saudis tragen in der Wüste die gleichen Sachen wie in der Stadt; die Männer sind in Thobes gehüllt, die Frauen in lange Kleider.

Dann flocht ich mein langes Haar, bevor ich mir Schleier,

Schal und Abahja zurechtlegte. Sobald ich mein Heim verließ, war ich gezwungen, mich mit diesen Kleidungsstücken zu verhüllen.

Ich befühlte die seidenen Kleidungsstücke mit einem Gefühl von Abneigung und Panik. Auf Auslandsreisen lege ich diese schwarzen Verhüllungen immer dankbar beiseite, doch in Saudi-Arabien sind sie ein verhaßter Teil meines Alltags. Nachdem ich die Welt schon oft ohne einen schwarzen Schleier gesehen habe, die frische Luft ohne einen Stoffilter eingeatmet habe, kommt mir der Schleier immer so vor, als lege sich das Gewicht der ganzen Welt um meinen Körper, obwohl der Schleier aus dünnem, nahezu durchsichtigem Stoff besteht. Ich seufzte tief. Ich war eine erwachsene Frau, aber ich regte mich noch immer über die Widersprüche in meinem Leben auf. Doch bevor ich in den Garten zurückkehrte, schob ich diese unangenehmen Gedanken wieder weg.

Diejenigen Verwandten und ihre Familien, die uns auf unserem Ausflug begleiten sollten, waren bereits eingetroffen. Als unsere Chauffeure die Motoren anließen, begann sich unsere große Gruppe um die Fahrzeuge zu drängen.

Meine Schwestern Sara, Nura, Tahani, Dunia und Haifa fuhren mit mir im selben Fahrzeug, unsere Männer hatten sich auf zwei weitere verteilt. Unsere Kinder hatten sich zu einer Extragruppe zusammengeschlossen und steuerten ihre Jeeps selbst. Nachdem alle Familienmitglieder untergebracht waren, setzte sich der Rest der Gruppe in die verbliebenen Fahrzeuge.

Der Ausflug, auf den wir uns so gefreut hatten, ging endlich los! Schon bei dem Gedanken an die vor uns liegenden Abenteuer spürte ich, wie das Blut meiner Vorfahren heiß durch meine Adern strömte.

Ich musterte meine fünf Schwestern. Sobald unser Wagen die Pforten unseres Palastes hinter sich gelassen hatte, befestigten sie alle ihre Schleier, um ihre Gesichter völlig zu verhüllen. Doch selbst unter den schwarzen Tüchern und

Schleiern blieb jede Schwester noch immer ein Individuum, und es fiel mir leicht, sie voneinander zu unterscheiden.

Nura trug seit Jahren eine Brille, und die Umrisse dieser Brille zeichneten sich durch den Stoff ihres Schleiers ab. Tahanis Sonnenbrille saß auf der Spitze ihrer Nase, und zwar komischerweise außerhalb ihres Schleiers. Rote Kopfhörer befanden sich über dem Schleier und dem Schal der musikliebenden Haifa. Ich blickte auf den Boden und bemerkte buntgemusterte Reebok-Schuhe, die unter Dunias Umhang hervorlugten. Sara trug lederne Sandalen.

Ich hatte Lust auf einen kleinen Schabernack, und der lächerliche Brauch der Verschleierung ärgerte mich wie immer. Deshalb versetzte ich meine Schwestern in Angst und Schrecken, indem ich laut rief: »Laßt uns diesen Tag zu einem neuen Tag in unserem Leben machen! Laßt uns die Schleier abnehmen und in den Staub werfen!« Sogleich machte ich mich daran, meinen Schleier zu lockern.

Sara stieß einen kleinen Schrei aus und zog meine Hände von meinem Schleier weg.

Unser ägyptischer Fahrer beobachtete mich im Rückspiegel und prustete los vor Lachen. Meine Einstellung zu dem schwarzen Umhang und dem Schleier waren ihm wohlbekannt, und mein ungewöhnliches Verhalten in der Öffentlichkeit schien ihn oft zu erheitern.

Nura, das weibliche Oberhaupt der Familie, hob ihren Schleier hoch und sagte streng: »Sultana! Ich befehle dir aufzuhören! An diesem Tag wirst du dich auf unseren Ausflug konzentrieren, nicht auf deinen Schleier!«

»Nura, du gibst mir also recht«, spottete ich und deutete auf ihr unverhülltes Gesicht. »Selbst du weißt, daß Worte wenig bedeuten, wenn sie hinter einem Schleier geäußert werden.«

Und das stimmte. Das gesprochene Wort und der Gesichtsausdruck gehören zusammen, das eine wird ohne den anderen nicht ernst genommen.

»Sultana!« warnte Nura.

Tahani begann zu kichern, weil Nuras besorgte Miene unter ihrem erhobenen Schleier überdeutlich wurde. Alle bis auf Nura stimmten in ihr Lachen ein.

»Na ja«, murmelte ich, »wahrscheinlich wird es mir nicht wehtun, wenn ich den Schleier noch ein paar Stunden länger trage.«

Nura begriff endlich, daß ich sie die ganze Zeit nur geneckt hatte. Sie beugte sich vor und zwickte mich in den Arm. Ich entkam ihr, indem ich mich hinter Sara versteckte. Wir begannen alle zu kichern.

»Mach dir keine Sorgen, Nura«, sagte ich. »Allah will offensichtlich, daß ich diesen Schleier trage, den ich so abgrundtief hasse.«

Unsere ausgelassene Stimmung hielt an, während unsere Karawane durch einige moderne Ortschaften fuhr, die in malerischen Oasen unter Dattelpalmen angelegt worden waren. Geplant war, ein Zeltlager zwischen den Tuwayq-Bergen und den Dahna-Sandflächen aufzuschlagen. Dort gab es ein Wadi, ein ausgetrocknetes Flußbett, das als Wadi al Dschafi bekannt war und in dem früher die Beduinen gezogen waren.

Das Krachen der Gänge unseres Vierradfahrzeugs und das Knirschen der Reifen begannen, meinen Körper zu ermüden. Ich freute mich auf das Ende dieser Reise und den Anfang unseres Wüstenabenteuers. Nach einigen Stunden Fahrt kamen wir zu einer weiten Sandfläche, die die Nähe des Wadi al Dschafi ankündigte. Obwohl es ein paar kleinere Dörfer und Niederlassungen sowie weitere Zeltlager in der Nähe gab, würden unsere Zelte doch in einer völlig isolierten Gegend errichtet werden.

Der Platz, den Karim ausgewählt hatte, gefiel mir gut. Einsamkeit und Ruhe hingen über uns. Nicht einmal Vögel sangen an diesem baumlosen Ort. Meine Schwestern einschließlich Nura und den anderen Frauen taten es mir gerne gleich, als ich den Schleier von meinem Gesicht und die Abahja von meinem Körper entfernte.

Diese dunklen äußeren Hüllen abzulegen war nicht unschicklich, da wir uns nun in dem familiären Bereich unserer unmittelbaren Verwandten und Diener aufhielten. Es ist schwer, Gesichter vor denen zu verstecken, die auf dem Palastgelände leben. Aus der praktischen Notwendigkeit heraus gewöhnen sich die männlichen Angestellten unserer Familien rasch an den unverhüllten Anblick der Ehefrauen und Töchter ihrer Dienstherren.

Der weite Himmel und die Wüstenluft auf meiner Haut bescherten mir ein ausgesprochenes Wohlgefühl. Ich kam mir so frei und glücklich vor wie ein Kind und lachte über Saras jüngere Kinder, die begannen, Tahanis kleinen Kindern hinterherzujagen. Sand wirbelte unter ihren bloßen Füßen auf. Auch die Kleinen spürten die Anziehungskraft der Freiheit, die die Wüste barg.

Von Vorfreude erfüllt, setzte ich mich zu meinen Schwestern und unseren ältesten Töchtern, während die männlichen Diener sich darum bemühten, die Zelte aus schwarzem Ziegenhaar aufzustellen, die unsere Familien in den nächsten zwei Wochen beherbergen sollten. Zufrieden schlürften wir heißen, süßen Tee, während wir es uns auf den Teppichen bequem machten. Sie waren auf Sand ausgebreitet worden, der unter den unablässigen Wüstenwinden zu einem festen Boden geworden war.

Die riesigen Zelte aufzubauen war gar nicht so einfach, selbst für diejenigen, die an diese Aufgabe gewöhnt waren, und das Chaos von zusammenstürzenden Zeltstangen und einfallenden Dächern brachte uns des öfteren zum Lachen.

Als ich die Männer beobachtete, die sich mit den widerspenstigen Zelten herumschlagen mußten, erfüllte mich eine besondere Dankbarkeit für die Privilegien meines Lebens. Traditionellerweise obliegt alles, was mit den Zelten zu tun hat, einzig und allein den Frauen. Zuerst scheren die Frauen den Ziegen die Haare und spinnen daraus Garn, dann weben sie aus dem Garn den Stoff für die Wände und das Dach der

Zelte. Selbst damit ist ihre Arbeit noch nicht beendet, denn aus demselben Garn müssen sie auch noch die Bodenbeläge und anderen Gegenstände weben, die als Innenausstattung der Zelte dienen, etwa Wandbehänge, Teppiche und Trennwände. Diese »Häuser aus Haar« sind seit ewigen Zeiten die Heime der Wüstenvölker gewesen.

Zwar heißen diese Zelte »schwarze Beduinenzelte«, aber sie sind nicht völlig schwarz, sondern weisen die diversen Farbschattierungen auf, die sich im Ziegenhaar finden. Die Größe der Zelte richtet sich nach dem Reichtum und der Bedeutung des Zeltbesitzers.

Natürlich waren alle unsere Zelte Spezialanfertigungen, die so geräumig und stattlich waren, wie die meisten ärmeren Beduinen es wohl nie gesehen hatten. Jedes Zelt bestand aus zwölf breiten Bahnen schwarzen Tuchs, wobei jede Bahn fünfundzwanzig Meter lang war. Acht Holzrahmen stützten das Zelt. Selbst unser kleinstes Zelt, das etwa zwanzig Meter lang war, hätten die meisten Beduinen wohl als riesig bezeichnet.

Lange, bevor alle Zelte standen, wurden wir Frauen es leid, dem geschäftigen Treiben zuzusehen. Obwohl wir die schnellsten Arbeiter lobten, waren erst fünf Zeltdächer befestigt, nachdem viele Männer mehrere Stunden hart gearbeitet hatten. Viele Zelte warteten noch darauf, errichtet zu werden. Es würde gewiß bis zum Abend dauern, bis alle unsere Zelte fertig aufgebaut waren.

In unserer Rastlosigkeit beschlossen wir, Assad zu bitten, uns auf einen kleinen Spaziergang außerhalb des Zeltbereichs zu begleiten. Bald wanderte eine Gruppe Frauen und Kinder mit Assad an der Spitze munter hinaus in die Wüste, obwohl die Sonne noch hoch am Himmel stand und sicher noch einige Stunden auf uns herabbrennen würde. Wir wandten unsere unverhüllten Gesichter freudig der Sonne zu und liefen hinter den munter vorausspringenden Kindern her.

Amanis Augen blitzten vor Freude, denn sie hatte ein

kleines Kameljunges dazu gebracht, uns zu begleiten. Als die Männer die Kamele und Schafe abluden, hatte Amani dieses hellbraune Kamelbaby in ihr Herz geschlossen. Stolpernd und blökend streckte es Amani den Kopf auf seinem langen Hals entgegen. Das Tier war seiner Mutter zu jung weggenommen worden und hatte nun eine neue Quelle des Trostes in Amani entdeckt, der es überallhin folgte.

Als Amani gurrend anfing, mit dem Kamel in Babysprache zu reden, wußte ich, daß wir das zarte Fleisch dieses Tieres nicht essen würden. Mit seinem lockigen, weichen Fell, seinen langen Beinen und vor allem seinen großen, von dichten Wimpern umrahmten Augen hatte das kleine Kamel alle Herzen im Sturm erobert. Ich hoffte nur, daß Amani nicht darauf bestehen würde, es in unserem Zelt unterzubringen.

Seufzend blickte ich meine Tochter an und fragte mich, wie ich sie je von ihrer übermäßigen Tierliebe kurieren sollte. Sara berührte meine Schultern. Sie und ich tauschten einen besorgten Blick aus. Meine liebe Schwester versteht alle Gefühle, die mich bewegen.

Rasch bildeten die Kinder kleine Gruppen und verteilten sich in verschiedene Richtungen, wobei sie uns versprachen, immer in unserem Blickfeld zu bleiben.

Assad setzte sich auf einen kleinen Hügel und sagte, er würde uns von diesem Punkt aus alle beobachten. Fröhlich lächelnd hielt er sein starkes Fernglas hoch.

Meine Schwestern und ich gingen Hand in Hand auf einen hohen Sandberg zu. Ich begann, die Unendlichkeit der Wüste zu begreifen. »Stellt euch vor, früher einmal war diese weite Leere erfüllt von unserer Vergangenheit.«

»Und das ist nicht einmal so lange her«, sagte Sara und kniete sich nieder, um eine gelbe Wüstenblume zu pflücken.

»Ich kann mir gar nicht vorstellen, welch ödem Leben wir Frauen entkommen sind«, seufzte Dunia und erschauerte bei dem Gedanken an die viele Arbeit, die auch heute noch im Zeltlager erledigt werden mußte.

Nura verdrehte kichernd die Augen. Sara und ich tauschten ein wissendes Lächeln aus. Wir waren beide höchst überrascht gewesen, als wir erfuhren, daß Dunia uns auf unserem Wüstenausflug begleiten wollte. Meine Schwester Dunia wagt sich nur selten aus der Sicherheit der Paläste heraus. Zu unserer Überraschung hatte sie sich schließlich doch entschlossen, uns zu begleiten, sobald man ihr versichert hatte, daß es genug Platz für ihren ägyptischen Masseur und ihren libanesischen Gesichtsspezialisten gebe.

Sara und ich ärgerten uns oft über Dunias Verhalten. Zweifellos besitzt Dunia die ideale Eignung zur saudischen Prinzessin. Von den zehn Töchtern, die meine Mutter zur Welt gebracht hat, versteht sich keine besser darauf als Dunia, ein Leben des Nichtstuns zu genießen. Am liebsten vertreibt sie sich die Zeit damit, sich so vollkommen zu machen, wie es die Unvollkommenheiten ihres Körpers und Gesichts erlauben. Diese Schwester hat es geschafft, ihre Tage mit Essen, Schlafen, der Pflege ihrer Schönheit und den Besuchen von Verwandten und Freunden auszufüllen. Dunia liest keine Zeitungen, Zeitschriften oder Bücher; sie treibt keinen Sport und zeigt nicht das geringste Interesse an der Welt außerhalb ihres Palastes. Im Lauf der Zeit bemerkte ich, daß Dunias belastende Schwächeanfälle immer früher am Tag eintraten und die Stunden ihres Schlafes immer länger wurden. Früher hatte ich Angst, Dunia litte vielleicht unter einer geistigen Behinderung, aber offenbar ist dies nicht der Fall. Es ist ganz einfach so, daß nichts Dunias trägen Verstand bewegt.

Dennoch ist Dunia kein schlechter Mensch. Sie hat noch nie in ihrem Leben jemanden verletzt, auch wenn sie, soviel ich weiß, auch noch nie jemandem geholfen hat. Natürlich lieben wir anderen Schwestern sie schon allein deshalb, weil unsere geliebte Mutter ihr das Leben geschenkt hat. Obwohl Dunia keine der wunderbaren Eigenschaften unserer Mutter geerbt hat, ist sie doch von unserem Blut. Es bleibt uns gar nichts anderes übrig, als sie zu lieben.

Nura hielt plötzlich an, beugte sich vor und nahm eine Handvoll Wüstensand auf. »Ja, wir sind mit knapper Not dem harten Leben der Nomaden entronnen.«

Dunia tätschelte sich die Wangen. »Nura, dein Gerede wird mir noch Falten einbringen.«

Wir brachen in Gelächter aus. Weil Dunia sich weder für noch gegen irgendein Thema leidenschaftlich ereifern kann und sich daneben noch permanente Gesichtsmassagen und Spezialcremes angedeihen läßt, ist ihre Haut makellos geblieben. Keine Falte würde es je wagen, sich auf Dunias Gesicht zu zeigen!

Vor Jahren gab Karim dieser Schwester heimlich den Spitznamen »Mumie«, denn nichts von Dunias Jahren auf dieser Erde war in ihr Gesicht geschrieben.

Nura zog Dunia an sich, umarmte und küßte sie vernehmlich auf beide Wangen. »Ach, Dunia! Du machst dir Sorgen wegen möglicher Falten?«

Dunia schürzte die Lippen und zwang sich zu einem Lächeln. Wie immer fiel ihr keine passende Erwiderung ein. Ja, der Kopf meiner lieben Schwester ist sicherlich völlig leer, dachte ich traurig.

Von da an gingen wir schweigend weiter, bis wir den obersten Punkt des Hügels erreicht hatten. Plötzlich zeigte sich uns der volle Glanz der Sanddünen der Dahna-Wüste. Unzählige Sandkörnchen hatten sich zu erfurchtgebietenden, roten Sandbergen aufgetürmt. Mehrere Dünen waren so hoch, daß sie den Rand des blauen Himmels zu berühren schienen. Bei diesem erstaunlichen Panorama stockte mir der Atem.

Auch meine Schwestern standen schweigend da und ließen diese uralte Landschaft von rotem Sand, der im Sonnenlicht wie Kupfer schimmerte, auf sich wirken. Der Gedanke, daß unsere Vorfahren sich jahrtausendelang an der Schönheit einer solch beeindruckenden Gegend erfreut hatten, die auch wir nun das Glück zu betrachten hatten, erfüllte mich mit

Demut. Wir waren so gebannt, daß das Fehlen von menschlichen Geräuschen ein Dröhnen in meinem Kopf zu verursachen schien, und ich lauschte sorgfältig auf dieses Nichts. Doch als ich mich anstrengte, in die Ferne zu sehen, kam es mir so vor, als hätte ich eine Bewegung entdeckt. Ich schirmte meine Augen mit den Händen vor der Sonne ab und rief: »Seht nur!«, während ich über dieses Sandmeer blickte. »Die Dünen bewegen sich!«

Es wehte nur eine leichte Brise, doch der Sand schien auf uns zuzurollen. Ich kniff die Augen zusammen. War dies eine Fata Morgana?

Sara sprang alarmiert auf, und im selben Moment erkannte ich, daß es nicht der Sand war, sondern vielmehr eine große Gruppe von Männern auf Kamelen, die über den Sand hinweg auf uns zukamen. Diese Männer waren Fremde, und wir waren angreifbar und allein, weit weg von unserem Beschützer Assad, und unsere Gesichter und Haare waren unverhüllt! Schrille Schreie versetzten uns einen weiteren Schock. Einige dieser Wüstenreisenden hatten ihre Ghutras, ihre rot-weißkarierten Kopfbedeckungen, abgenommen und winkten uns damit zu. Offenbar waren diese Männer Beduinen, die uns gesehen hatten und nun auf ihren Kamelen zu uns hergerast kamen.

Höchst beunruhigt riefen meine Schwestern und ich nach unseren Töchtern und kleinen Kindern, während wir uns durch den Sand hindurch zu Assad zurückkämpften. Tahani schrie panisch auf, als sie über ihr langes Gewand stolperte und der Länge nach hinfiel. Dunia weigerte sich stehenzubleiben, um ihrer Schwester zu helfen; sie rannte ausgesprochen schnell weiter und war bald aus unserem Blickfeld entschwunden.

Assad ließ sein Fernglas fallen und rannte uns entgegen. Als er die Quelle unserer Angst entdeckte, beschwor er uns, uns wieder zu beruhigen und rasch zum Lager zurückzukehren. Er wollte hierbleiben und die Wüstenreisenden begrüßen.

Schon eine Stunde später konnten meine Schwestern und ich über dieses Ereignis lachen. Nur Dunia weinte noch immer angsterfüllt, obwohl wir nun in unserem geräumigen Zelt in Sicherheit waren und von unseren Männern beschützt wurden. Dunias Dienerin legte ein kühles Tuch nach dem anderen auf die Stirn ihrer gequälten Herrin, doch nichts brachte dieser eine Erleichterung. Sie war überzeugt, daß sie nur mit knapper Not dem harten Schicksal entronnen war, von diesen Männern aufgegriffen zu werden und den Rest ihres Lebens dazu gezwungen zu sein, ihr Dasein als unfreiwillige Beduinenfrau zu fristen.

Merkwürdigerweise gibt es noch immer ein paar Stämme in Arabien, die sich nicht in das Stadtleben fügen wollen. Und es ist tatsächlich so, daß diese Wüstenaraber höchst beleidigt reagieren, ja sogar zu Gewalt greifen, wenn ihre Angebote, begehrenswerte Frauen zu kaufen, abgelehnt werden. Wer kann schon mit Gewißheit sagen, daß diese Nomaden sich nicht auf einen alten Brauch besonnen hätten und einfach eine von uns gestohlen hätten?

1979 war eine Amerikanerin, die Sara gut kennt, diesem Schicksal nur mit knapper Not entronnen. Janet und ihr Freund Bill, ein Amerikaner, der für Assad in einem seiner vielen Unternehmen arbeitete, befanden sich auf einem Tagesausflug in der Wüste und stießen dabei auf ein Beduinenlager. Bill, der bereits längere Zeit in Arabien lebte, sprach fließend unsere Sprache. Als die Stammesmitglieder das Paar zum Tee einluden, freute sich Bill über die seltene Gelegenheit, Janet ein echtes Beduinenlager zeigen zu können.

Aber von Anfang an war die Begegnung mit den Beduinen beunruhigend. Die Männer des Stammes waren fasziniert von der Amerikanerin. Janet war eine sehr schöne Frau mit elfenbeinfarbener Haut, grünen Augen und lockigen roten Haaren, die ihr bis zur Hüfte reichten. Die Beduinen hatten es noch nie erlebt, daß die Schönheit einer Frau auf derart betörende Weise zur Schau gestellt wurde.

Nach der zweiten Tasse Tee wurde der Beduninenhäuptling mutiger. Er fragte Bill, welchen Preis er für diese Frau gezahlt habe. Aus Spaß erwiderte Bill, daß diese Frau sehr teuer sei, tatsächlich hundert Kamele wert sei. Der Beduinenfürst schüttelte ernst den Kopf und starrte die rothaarige Schönheit unverhohlen an. Diese Frau war wirklich immens teuer! Doch dann klatschte er in die Hände und willigte ein. Er wollte sogar die finanzielle Zukunft seines Stammes aufs Spiel setzen, um in den Besitz dieser unwiderstehlichen Versuchung zu gelangen. Ja, auch er würde hundert Kamele für sie bezahlen. Die durchdringenden Blicke des Stammesfürsten zeigten, daß er diese Frau um jeden Preis besitzen wollte.

Zu Bills wachsender Bestürzung rief der Fürst sodann seine Männer zusammen und befahl ihnen, hundert der besten Kamele aus seiner riesigen Herde zusammenzutreiben. Weil Bill das großzügige Angebot milde ablehnte, wurde die Anzahl der Kamele noch zweimal erhöht. Als der Fürst endlich begriff, daß diese Frau nicht zum Verkauf stand, egal, wie viele Kamele er für sie bot, schlug seine Gastfreundschaft unvermittelt in gekränkte Wut um. Waren es die Beduinen etwa nicht wert, eine solche Frau zu besitzen? Das war eine Beleidigung!

Die Lage spitzte sich immer mehr zu, bis das verängstigte Paar es schließlich mit knapper Not schaffte, der erregten Meute zu entkommen. Sie rannten zu ihrem Fahrzeug und rasten davon, wobei die Beduinen ihnen noch eine Weile auf ihren Kamelen nachsetzten. Wer weiß, was passiert wäre, wenn sie nicht ein so schnelles Fahrzeug gehabt hätten, das die Horde beleidigter, erzürnter Beduinen schließlich in einer Staubwolke zurückließ.

Assad hatte die Beduinen nach der Begrüßung in unser Lager zum Tee eingeladen. Er berichtete uns, daß die Männer, die uns so erschreckt hatten, zu einem Stamm gehörten, der sich gerade auf der Jagd befand.

Nun warteten wir darauf, daß diese Männer unser Lager

verließen, damit wir uns wieder zu unseren Ehemännern gesellen konnten. Als der Duft der Abendmahlzeit schon unsere knurrenden Mägen zu reizen begann, hörten wir, wie die Männer sich laut verabschiedeten. Nachdem sie unseren Männern das Versprechen abgenommen hatten, ihrem Lager bald einmal einen Besuch abzustatten, brachen die Beduinen endlich auf.

Höchst erleichtert war ich die erste, die unter dem hochgezogenen Zeltvorhang hindurch ins Freie trat. Meine Schwestern und die anderen Frauen folgten mir eilig.

Alle waren hungrig. Rasch setzten wir uns in einem Kreis um Teppiche, auf denen große weiße Leintücher lagen und die uns als Tische dienten. Obwohl in Saudi-Arabien die Männer gewöhnlich als erste essen, die Frauen hingegen auf das warten, was die Männer ihnen übrig lassen, befolgen wir diese Gepflogenheit nicht. Wenn die Gruppe nur aus Familienangehörigen besteht, nehmen wir unsere Mahlzeiten gemeinsam ein. Selbst der arrogante Ali speist oft gemeinsam mit seinen Frauen und Kindern. Deshalb saßen wir nun alle zusammen im Schneidersitz um die Teppiche, als Diener uns zur Reinigung der Hände Krüge mit Wasser brachten.

In Erwartung des bevorstehenden Festmahls lief mir schon das Wasser im Mund zusammen. Die Köche hatten sich gleich nach unserer Ankunft an die Arbeit gemacht. Der Streit bei der Abfahrt war längst vergessen, und nun standen alle drei Köche stolz nebeneinander, als nach und nach die Speisen aufgetragen wurden. Sechs Männer schleppten eine riesige Messingplatte herbei, die mindestens drei Meter lang war. Ein kleines Kamel, das den ganzen Tag lang am Spieß gebraten worden war, lag nun auf einem Berg von Reis auf dieser riesigen Platte. Das Kamel war mit einem Schaf gefüllt, das wiederum mit Hühnern gefüllt worden war. Die Hühner waren mit gekochten Eiern und Gemüse gefüllt. Diener begannen, Schüsseln mit Salaten, Oliven, verschiedenen Käsesorten und noch diversen anderen Speisen vor uns aufzustellen.

Nun begann das eigentliche Essensritual. Karim murmelte den Segen, Bismillah, »Im Namen Allahs, des Allbarmherzigen«. Als Gastgeber bestand er darauf, daß Nuras Ehemann Ahmed, der Älteste dieser Familienzusammenkunft, als erster die Speisen probierte.

Ahmed wiederum beharrte darauf, daß er diese große Ehre nicht verdiente. Mit wachsendem Eifer erklärte Karim immer lauter und lauter, daß der Name unserer Familie entehrt würde, wenn Ahmed nicht als erster die Speisen kostete.

Dies alles drang zwar an mein Ohr, doch ich hörte nicht richtig zu, denn ich bin so gewohnt an diese Zeremonien, daß ich meist gar nicht über die damit einhergehende Essensverzögerung nachdenke. Doch heute fiel ich fast um vor Hunger. Obwohl ich nichts sagte, kam mir doch in den Sinn, daß wir Saudis zu viel Zeit auf sinnlose Riten verwenden, deren Ausgang wohlbekannt ist. Es verstand sich von selbst, daß sich Ahmed schließlich von Karim überreden lassen würde, den ersten Bissen zu nehmen.

Karim und Ahmed machten so lange weiter, daß ich schon daran dachte, heimlich ein Fleischbällchen aus einer mir nahestehenden Schüssel zu picken. Gerade als ich meine Hand langsam auf die Schüssel zubewegte, formte Karim einen Reisball und überreichte ihn Ahmed. Mein Schwager gab endlich klein bei. Er warf sich den Reisball in den Mund, bevor er ein Stück Fleisch von dem Kamelbraten abriß und es sich in den Mund stopfte.

Das war das Startzeichen für das Festmahl. Schüsseln machten die Runde, während eifrige Hände nach der großen Platte griffen. Alle waren so hungrig, daß kein Gespräch das Essen unterbrach – eine Seltenheit bei unseren Mahlzeiten.

Nachdem wir vom Hauptgang so viel gegessen hatten, wie wir konnten, begannen die Diener, zahlreiche Tabletts mit Süßigkeiten herbeizutragen, die aus Sahne, Nüssen und Honig zubereitet worden waren. Obwohl wir schon recht satt waren, probierten wir noch alle von diesen Köstlichkeiten.

Stimmen erhoben sich, um das Dankesgebet Alhamdulilah auszusprechen. Zuletzt wurden Silberschüsseln mit Rosenwasser gereicht, in dem sich alle die Hände und den Mund waschen konnten. Unsere Mahlzeit war beendet.

Karim schlug vor, sich noch ein Weilchen ans Lagerfeuer zu setzen.

Nach Sonnenuntergang war die Abendluft in der Wüste nun recht kühl, so daß wir uns gerne um die glühenden Kohlen des großen Feuers versammelten. Selbst die Jüngsten gesellten sich zu uns. Wir folgten dem Brauch, unsere Geschichte zu erzählen, eine bei allen unseren Familientreffen sehr beliebte Tätigkeit.

Während die Diener uns Kaffee oder Tee servierten – die kleineren Kinder bekamen Limonade –, begannen verschiedene Familienmitglieder, in Versform aufregende Geschichten über das Karawanenleben und die Stammeskriege vorzutragen.

Früher waren die Beduinen und die Araber häufig in gegnerische Lager eingefallen. Solche hinterhältigen Angriffe galten als achtbarer Weg, den Stamm zu unterstützen. Keine Krieger waren gefürchteter als die der Al Sauds, denn die schlachteten gnadenlos ihre Feinde ab und brüsteten sich damit, daß bei ihren Überfällen nie auch nur ein einziger Krieger mit dem Leben davonkam. Diejenigen, die man als unschuldig betrachtete – Frauen, Kinder und Alte –, wurden unter den Siegern verteilt.

Aufgewühlt von diesen Geschichten spürten die älteren Männer in unserer Familie offenbar den Sog der Vergangenheit, denn als Ahmed aufsprang und einem Diener befahl, ihm sein Schwert zu bringen, taten es ihm die anderen Männer gleich. Bald durfte unsere Gruppe sich an der Ardha erfreuen, einer arabischen Kriegstanzform, die unsere Männer nun für uns aufführten.

Lächelnd sah ich zu, wie Karim und die anderen Männer herumsprangen, sangen und wild mit ihren Schwertern fuchtelten. Bruder Ali nahm einen Schwertkampf mit Assad auf, geriet aber rasch außer Atem und gab mit rotem Gesicht auf. Obwohl Ali viel größer als der drahtige Assad ist, hat sich Alis Fleisch im Lauf der Jahre zu Fett gewandelt, während der höchst diszipliniert lebende Assad seine gesunden Muskeln behalten hat.

Ausgelassen und keuchend kehrten die Männer schließlich ans Lagerfeuer zurück. Sie hoben die Wasserkrüge hoch und ließen sich das Wasser direkt in die Kehle rinnen, ohne dabei auch nur einen einzigen Tropfen auf ihre Lippen fallen zu lassen.

Als Tahani zur Erzählung einer beduinischen Liebesgeschichte ansetzte, unterbrach Ali sie und machte sich über solche Gefühlsduseleien lustig. Sehr zu meinem Mißfallen klappte Tahani sofort den Mund zu.

Ali blickte auf die kleineren Kinder und sagte streng: »Diese Märchen der Liebe werden euch nur die Köpfe verdrehen. Die wichtigste Lektion könnt ihr aus der Geschichte lernen, die ich euch nun erzählen werde.«

Ich tauschte mit Sara einen Blick aus, doch ich erinnerte mich an das Versprechen, das ich Karim gegeben hatte, nämlich auf diesem Ausflug nicht mit meinem Bruder zu streiten. Also versuchte ich, interessiert zu wirken.

Obwohl er von so vielen Frauen aus seiner eigenen Familie umringt war, konnte mein Bruder doch nicht seine tiefen Vorurteile gegen Frauen zügeln. Er hatte die Stirn, die folgende Geschichte zu erzählen: Ein junger Beduine war bei einer heftigen Auseinandersetzung mit einem feindlichen Stamm schwer verwundet worden. Eine ihm unbekannte Frau rettete ihm das Leben. Als der junge Mann herausfand, daß die Hände einer fremden Frau seinen Körper berührt hatten, war er so angewidert, daß er der Frau ins Gesicht spuckte und forderte, daß man sie steinigte. Voller Selbstvertrauen in seiner herausragenden Rolle als kluger, älterer Mann blickte Ali auf seine jungen Söhne und Neffen und erklärte diesen leicht beeindruckbaren jungen Männern und Knaben doch tatsächlich, daß es besser sei, unter den Händen der Feinde zu sterben, als von einer fremden Frau gerettet zu werden!

Mir fiel die Kinnlade nach unten. Ich mußte mir auf die Zunge beißen, um mich daran zu hindern, Einspruch zu erheben.

Alis Geschichte erregte überall Mißfallen, doch waren alle viel höflicher, als es Ali verdient hätte. Zu meiner Enttäuschung wurde er von keinem laut kritisiert.

Die Gesichter der Frauen wirkten noch immer recht bedrückt, da räusperte sich Karim und bot an, zum Abschluß ebenfalls eine Geschichte zu erzählen. Mein Herz flog meinem Mann zu, denn mir war klar, daß ihm daran gelegen war, unsere kleineren Kinder nicht mit den Gedanken an Alis perverse Geschichte ins Bett zu schicken; sie sollten beim Einschlafen an etwas anderes denken.

Karim wandte sich den Kindern und den jungen Erwachsenen zu. »Liebe Kinder, Großzügigkeit und Gastfreundschaft gelten zu Recht als äußerst erstrebenswerte Eigenschaften. Und ich habe das Vergnügen, euch von einem Araber zu erzählen, der der großzügigste Mensch aller Zeiten war.«

Dann erzählte mein Mann eine beliebte Beduinengeschichte, die das Herz eines jeden Arabers rührt, denn nichts beeindruckt uns mehr als Geschichten von umfassender Großzügigkeit.

»Es heißt, daß alle großen Männer in kleinen Zelten zur Welt kommen. Und so war es auch bei Scheich Hatim. Er kam in einem kleinen Zelt zur Welt, doch durch harte Arbeit gelang es ihm, einer der reichsten Scheiche zu werden, die ihre Herden in der großen Wüste grasen ließen.

Der Name des Scheichs war in aller Munde, nicht aufgrund seines Reichtums, sondern aufgrund der großen Tugend der Freigiebigkeit, die er treuer als jeder andere in dieser Welt ausübte. Scheich Hatim gab allen, die ihn baten, und hinterfragte nie die Not der Bittsteller. Er lehnte keine Bitte ab, nicht einmal, wenn sie von seinen Feinden kam. Einmal kamen vierhundert hungrige Männer, Frauen und Kinder von den Hügeln ihrer Heimat, die von Dürre geplagt waren, zum Zelt des Scheichs. Was tat dieser? Er schlachtete und briet fünfzig Kamele, um die Hungrigen zu speisen.

Als der Sultan von Roum von diesem Scheich erfuhr, glaubte er, daß es sich bei dessen Freigiebigkeit um eine Verstellung handelte und daß er damit nur für seinen Namen und die Dinge, die er zu verkaufen hatte, werben wollte. Der Sultan beschloß, seine Männer loszuschicken. Sie sollten Scheich Hatim nach seinem wertvollsten Besitz fragen, einem kostbaren Hengst, der im ganzen Land bekannt war, um zu sehen, ob der Scheich so großzügig war, wie von allen behauptet wurde.

Dieser Hengst, Duldul, war das schönste Pferd in ganz Arabien. Er war mit Hatims Kindern groß geworden und war Teil aller Freuden und allen Leids in Hatims Haushalt. Das Pferd wurde so geliebt, daß es nie eine Peitsche zu spüren und nie ein unfreundliches Wort zu hören bekommen hatte.

Nun, die Männer des Sultans verirrten sich bei einem großen Sturm, und als sie endlich bei dem Scheich ankamen, waren sie halbverhungert und am Ende ihrer Kräfte. Zu ihrer Überraschung sahen sie nur drei Zelte und keine Tierherden, obwohl Scheich Hatim ihnen auf seinem geliebten Hengst Duldul entgegenritt.

Den Männern des Sultans war klar, daß der Scheich keine Gäste erwartet hatte, doch er begrüßte sie herzlich und überaus gastfreundlich. Nachdem er gesehen hatte, in welch erbärmlichem Zustand sich seine Gäste befanden, erklärte der Scheich ihnen, er würde ein Festmahl zubereiten lassen.

Die Männer hatten gesehen, daß auf den Weideflächen keine Tiere grasten, und waren deshalb sehr überrascht, als ihnen eine köstliche Fleischmahlzeit vorgesetzt wurde. Es gab gebratenes und gegrilltes Fleisch, es gab Fleischsuppen und schmackhafte weitere Fleischgerichte. Die hungrigen Männer erklärten, sie wären noch nie so fürstlich bewirtet worden.

Die Männer des Sultans schämten sich nun ihres Auftrags und erklärten dem Scheich, daß sie vom Sultan von Roum ausgesandt worden waren, um seine Großzügigkeit zu prüfen. Sie sollten ihn nämlich bitten, ihnen seinen Hengst Duldul zu überlassen.

Scheich Hatim saß da wie vom Donner gerührt. Sein Gesicht wurde leichenblaß, und schließlich sagte er: ›Ach, Freunde, wenn ihr mir nur euren Auftrag von Anfang an klar gemacht hättet! Ihr konntet natürlich meine Lage nicht einschätzen. Ich war nicht auf Gäste eingestellt, denn wir sind erst vor zwei Tagen hier angekommen. Wir warten auf unseren Haushalt und unsere Herden, aber große Regenfälle und heftige Stürme haben den Rest unserer Familie bislang daran gehindert, uns zu erreichen. Was sollte ich also tun, als ihr so erschöpft und hungrig zu mir kamt? Ich hatte kein Fleisch in meinem Zelt und keine Ziegen oder Schafe, auf die ich rasch hätte zurückgreifen können. Sollte ich euch etwa meine Gastfreundschaft vorenthalten? Der Gedanke an hungrige Männer in meinem Zelt war mir unerträglich. Es blieb mir nur mein geliebtes Pferd Duldul, dieser einmalige Hengst, der alle meine Wünsche kannte und allen meinen Worten folgte – was sonst hätte ich tun können?‹

Tränen strömten über das Gesicht des Sultans, als er sagte: ›Nun geht und sagt eurem ungläubigen Sultan von Roum, daß ich in meinem Überschwang den wunderbaren, gehorsamen Duldul für euer Abendessen geschlachtet und serviert habe.‹«

Nun lächelte Karim die Kinder an, die bei dem Gedanken an eine solche ausgeprägte Gastfreundschaft große Augen bekamen. »Also, Kinder, ihr sollt wissen, daß ihr die Geschichte eines echten Arabers gehört habt, des besten Arabers – eines Mannes, dessen Großzügigkeit nie bezweifelt wird.«

Karims Geschichte stimmte uns alle heiter, und in guter

Stimmung begann die Gruppe sich aufzulösen und auf die jeweiligen Zelte zu verteilen.

Doch als Ali an mir vorbeiging, ärgerte ich mich noch immer über seine Hochmütigkeit. Als mein Bruder mir seine Wange zu einem Gutenachtkuß bot, erstarrte ich. Aus den Augenwinkeln heraus sah ich, daß Karim mich beobachtete.

Ich lächelte, dann stellte ich mich auf die Zehenspitzen.

Ali beugte sich näher zu mir herunter.

Ich tat nur so, als würden meine Lippen seine Wangen streifen, bevor ich ihm einen beliebten beduinischen Fluch ins Ohr flüsterte: »Mögen sämtliche Kamele deiner Herde lahm werden, Ali!«

Während Karim mich mit liebevoller Billigung betrachtete, starrte Ali mich höchst verwirrt an. Er sonnte sich noch immer in seiner Rolle als Weiser und konnte sich gar nicht vorstellen, aus welchem Grund ich diese Schmähung geäußert hatte.

Triumphierend lächelnd begab ich mich zu unserem Zelt.

Unser Zelt hatte gemäß Karims Anweisungen fünf Abteile, die mit Samtvorhängen voneinander abgetrennt waren. Der größte Bereich war als Aufenthaltsraum und zum Einnehmen der Mahlzeiten gedacht, zwei Bereiche dienten zum Schlafen und zwei weitere als Waschräume. Karim und ich sollten ein Schlafzimmer und ein Bad teilen, unsere Töchter das zweite.

Ich ging durch den größten Raum, in dem sich an zwei Wänden kleine, speziell angefertigte Sofas sowie pfirsichfarbene und beige Seidenkissen befanden. Mit Gold- und Silberbeschlägen verzierte Kamelsättel, die von unseren Männern später auf ihren Wüstenritten benutzt werden sollten, lagen an der Wand. Banner, Schwerter und die saudische Flagge dienten als weitere Verzierung.

Die gemütlichen Schlafzimmer waren mit ausgesprochen hübschen Möbeln ausgestattet. Unsere Betten hatten Baldachine und waren mit einem durchsichtigen Stoff umgeben, der uns vor Wüstenstaub und Insekten schützen sollte.

Eine Dienerin hatte bereits mein Nachthemd bereitgelegt,

und nachdem ich mir das Gesicht gewaschen und die Zähne geputzt hatte, entkleidete ich mich rasch. Zufrieden seufzend streckte ich mich auf meiner Seite des Bettes aus. Dieser Tag war angenehmer gewesen als die meisten anderen. Schnell schlief ich ein und hörte nicht einmal, wie Karim den Raum betrat.

17. Kapitel

Sandwirbel

Die nächsten Tage verliefen für die ganze Familie recht vergnüglich. Unsere Männer sattelten ihre Kamele und gingen auf die Jagd, während die Kinder ausdauernd miteinander spielten. Wir Frauen unternahmen ausgedehnte Spaziergänge in der näheren Umgebung des Lagers und genossen alle die schöne Landschaft. Wir tauschten viele glückliche Kindheitserinnerungen aus.

Nach drei Tagen schlugen unsere Männer vor, das Lager des Beduinenstammes zu besuchen, dessen Männer uns am ersten Tag so erschreckt hatten. Meine Schwestern und ich wollten alle gerne mit, denn wir Stadtaraber sind stets neugierig auf das Leben der Beduinen.

Nur Dunia wollte nicht mit. Sie lehnte die Einladung strikt ab und behauptete, ihre schwachen Nerven würden den Schock, den der Besuch eines schmutzigen Beduinenlagers auslösen würde, einfach nicht ertragen. Also blieb sie mit unseren Dienerinnen und Kindern im Lager zurück.

Wer sich mit Arabien nicht auskennt, glaubt vielleicht, daß alle Araber Beduinen sind. Aber eigentlich haben Stadtaraber und die in der Wüste lebenden beduinischen Araber nur selten friedlich zusammengelebt, und noch heute gibt es einen erbitterten und anhaltenden Streit zwischen ihnen. Die Stadtaraber verspotten die Beduinen als einfache Tölpel, während die Beduinen die Stadtaraber als unmoralische Sünder verdammen. Es ist noch gar nicht so lange her, daß sich die »wilden Bedu«, wenn sie der Stadt einen Besuch abstatten mußten, ihre Nasenlöcher mit Tüchern verstopften, um zu verhindern, daß sie von den Ausdünstungen der Stadtaraber vergiftet wurden.

Dennoch heißen die Beduinen Besucher in ihren Lagern stets herzlich willkommen, auch wenn ihre Gastfreundschaft oft nur von kurzer Dauer ist.

In meiner Jugend war ich in einigen Beduinenlagern gewesen, und jetzt wollte ich gerne wissen, ob die seitdem vergangenen Jahre ihrem harten Leben ein paar Verbesserungen beschert hatten. Ich erinnerte mich noch, daß die Beduinen, die ich damals gesehen hatte, in Zelten lebten, in denen sich der Müll häufte.

Bei den Beduinen herrscht eine hohe Kindersterblichkeit. Kinder, die die ersten Jahre überleben, streunen barfuß, schmutzig und ohne schulische Erziehung durch die Lager. Und erst die Frauen! Ich konnte kaum an sie denken, ohne daß ich nicht unwillkürlich zusammenzuckte. Gewiß gelten Frauen in sämtlichen Schichten der saudischen Gesellschaft als den Männern naturgemäß und unwiderruflich unterlegen, doch das Leben der Beduinenfrauen ist noch weitaus schlimmer. Diese Stämme sind einfach zu arm, um die Härten ihres Lebens zu mildern. Beduinenfrauen müssen harte körperliche Arbeit leisten. Sie müssen ihre Männer bedienen und sich um ihre vielen Kinder kümmern, aber daneben müssen sie auch noch ihren Verpflichtungen als Nomadenfrauen nachkommen, wozu auch das Aufschlagen und Abbauen des Lagers gehören.

Über all dies dachte ich auf unserer holprigen Fahrt über den Wüstenboden nach, die glücklicherweise nicht mehr als fünfzehn Kilometer betrug. Bald sahen wir in der Ferne den Rauch eines Lagerfeuers aufsteigen. Aber die Männer aus dem Lager hatten den Staub, den unsere Fahrzeuge aufwirbelten, schon viel eher gesehen als wir den Rauch. Über zwanzig Männer hatten ihre Kamele gesattelt und warteten nun vor dem Eingang ihres Lagers auf uns.

Ein bestimmter Beduine fiel mir sofort ins Auge, ein kräftiger Mann mittleren Alters mit markanten Gesichtszügen und sehr eindrucksvollen schwarzen Augen. Mit seinem langen, schwarzen, wehenden Umhang wirkte er wahrhaft königlich, und so wirkte auch sein prächtiges Reittier, ein starkes junges Kamelweibchen. Sein durchdringender Blick, in dem unerschütterliches Selbstvertrauen lag, war fest auf uns gerichtet. Kein Lächeln trat auf seine Lippen angesichts der fremden Besucher, obwohl ich zu meiner Erheiterung feststellte, daß die Lippen seines Kamels zu einem ständigen Lächeln verzogen zu sein schienen.

Mit steifer Würde ritt er mehrmals um unser Fahrzeug herum, als wolle er uns überprüfen. Ohne zu fragen, wußte ich, daß dieser Mann das Oberhaupt seiner Gruppe war. Die Beduinen sind sehr stolz und bringen anderen Männern gegenüber wenig Ehrfurcht auf, selbst wenn diese der Königsfamilie entstammen. Er wollte uns offensichtlich zeigen, daß es allein von seiner Billigung abhing, ob uns seine Leute willkommen hießen.

Als Ahmed den Kopf aus dem Wagenfenster streckte, legte sich auf das Gesicht des Häuptlings endlich ein freundliches Lächeln. Er stellte sich uns als Scheich Fahd vor. Mit donnernder Stimme begrüßte er uns mit der Hoffnung auf Allahs Segen. Dann wies er uns mit einer einladenden Geste den Weg zu seinem Dorf.

Auf dieses Zeichen hin begannen die anderen Beduinen, laut einen Willkommensgruß anzustimmen. Sie ritten munter neben unseren Fahrzeugen her, als wir langsam in das Lager einfuhren.

Als Scheich Fahd rief, daß er verehrte Gäste habe, hub im Lager sofort ein reges Treiben an. Verschleierte Frauen mit Babys auf den Armen und viele ärmlich gekleidete Kinder traten aus der Reihe der niedrigen Zelte heraus.

Sobald ich aus unserem Jeep ausstieg, schlug mir ein strenger Geruch entgegen. Der Gestank der Tiere, die hier so eng mit den Menschen zusammenlebten, und der blutgetränkten Schlachtplätze brannte mir in der Nase. Ich setzte meine Schritte sehr vorsichtig, denn der Boden war übersät von den Ausscheidungen der Tiere. Dieses Dorf wurde nur vom Regen gereinigt, und es hatte schon lange nicht mehr geregnet. Es kam mir vor, als würde ich mit jedem Schritt einen Schritt zurück in die Vergangenheit tun.

Ein gutes Dutzend Frauen in grellbunten Kleidern und Beduinenschleiern kamen auf uns zu. Die Beduinenfrauen lassen ihre Augen unbedeckt, während es bei den arabischen Frauen in den Städten Sitte ist, das ganze Gesicht zu verhüllen. Als diese Frauen uns willkommen hießen, verströmten ihre dunklen, lebhaften Augen eine immense Kraft.

Unsere Männer begaben sich mit den Männern des Lagers in das Zelt des Scheichs, um dort Tee zu trinken, während meine Schwestern und ich den Frauen des Lagers folgten. Die größte der Frauen, die ein tiefblaues Kleid mit goldenen Stickereien trug, hieß Faten, und sie ließ uns gleich wissen, daß sie die Lieblingsfrau der vier Ehefrauen des Scheichs war. Ihre Augen funkelten vor Stolz, als sie uns zu ihrem persönlichen Zelt führte.

Wie im Koran vorgeschrieben, stellte dieser Beduinenfürst offenbar allen seinen Frauen ein eigenes Zelt zur Verfügung, wie auch die Stadtaraber allen ihren Ehefrauen eigene Häuser oder Paläste bauen.

Während wir in das Zelt geführt wurden, sagte Faten salbungsvoll: »Als Lieblingsfrau von Scheich Fahd heiße ich euch in meinem Zelt willkommen!«

Nachdem wir durch die aus Ziegenhaar gewebte Eingangstür getreten waren, sah ich mich mit unverhohlenem Interesse um. Hier drinnen war es dunkel und stickig, genauso, wie ich die Beduinenzelte aus meiner Kindheit in Erinnerung hatte. In der Mitte des Raums befand sich eine Feuerstelle, um die herum sich die weiße Asche häufte. Zahlreiche bunte Farben fielen mir ins Auge. Kissen in diversen Orange-, Blau- und

Rotschattierungen lehnten an Matratzen, in allen Ecken häuften sich bunt gemusterte Decken, Töpfe und Pfannen, Lebensmittel und gefaltete Kleider.

Alles wirkte sehr schmuddelig und unhygienisch. Am traurigsten war der Anblick der kleinen Kinder. Das Weinen mehrerer unruhiger Babys erfüllte den Raum, und schüchterne, dreckverkrustete Kleinkinder lugten hinter ihren Müttern hervor. Traurig bemerkte ich, daß sich ein unglücklicher kleiner Junge – er mochte etwa vier bis fünf Jahre alt sein – nur dadurch vorwärtsbewegen konnte, indem er sich mit den Händen am Boden abstützte. Als eine der Frauen sah, daß mir seine mitleiderregende Verkrüppelung auffiel, berichtete sie mir bereitwillig, daß die Mutter dieses Jungen ihn einmal versehentlich von einem Kamel hatte herunterfallen lassen, als der Junge noch ein Baby war.

Ich wollten ihn auf den Arm nehmen, doch er begann vor Angst zu schreien. Eine der Frauen – wohl seine Mutter – schlug ihn auf seine dürren Beinchen, bis er sich in eine Zeltecke schleppte, wo er wimmernd liegenblieb.

Die Qualen dieses Kindes brachen mir schier das Herz. Im Gegensatz zu Menschen aus anderen Kulturen kümmern sich Araber und vor allem die Beduinen nicht um ihre Behinderten. Während gesunde Kinder als Reichtum und Prestigegut der Familie betrachtet werden, gilt ein krankes Kind als gefürchtete Schande. Ich zweifelte daran, daß dieses Kind jemals eine ärztliche Betreuung erfahren würde. Der kleine Junge würde wahrscheinlich sein elendes, kurzes Leben als ungeliebter und unterernährter Krüppel fristen müssen.

Am liebsten hätte ich den Kleinen mit nach Hause genommen, aber eine solche Reaktion wäre in meinem Land etwas völlig Unverständliches gewesen. Auch bei Vernachlässigung werden Kinder ihren Familien niemals weggenommen, unabhängig von den jeweiligen Umständen.

Als eine der Frauen mich ziemlich grob am Arm anstieß, nahm ich die schmutzverkrustete Tasse an, die mir angeboten wurde. Eine zweite Frau, deren schwielenbedeckte Hände zeigten, wie viele Zelte sie schon aufgestellt hatte, schenkte mir heißen Tee ein. Es blieb mir nichts anderes übrig, als aus der Tasse zu trinken, denn sonst wäre unsere Gastgeberin schwer beleidigt gewesen.

Sobald Faten festgestellt hatte, daß ihre Gäste bedient worden waren, nahm sie ihren Schleier ab. Sie war stolz darauf, uns zu zeigen, daß sie tatsächlich sehr hübsch und auch noch ziemlich jung war. Sicher war sie nicht älter als achtzehn oder neunzehn, also etwa in Mahas Alter.

Auch die anderen Beduinenfrauen nahmen nun ihre Schleier ab. Diese Frauen sahen viel älter und abgearbeiteter aus als Faten. Kein Wunder, daß sie die Lieblingsfrau war, denn an ihr zeigten sich noch nicht die Spuren vieler Geburten und des harten Wüstenlebens.

Faten stolzierte vor uns auf und ab und gab mit den diversen Kleinigkeiten an, die, wie sie sagte, spezielle Geschenke des Scheichs waren. »Er besucht seine anderen Frauen nicht mehr«, sagte sie breit grinsend, während sie auf drei weitere Frauen wies, die sich mit uns im Zelt befanden. Die drei Frauen tauschten heimlich verärgerte Blicke aus, während meine Schwestern und ich stumm und ungemütlich dasaßen. Als eine der älteren Frauen darauf bestand, daß auch wir unsere Schleier ablegten, folgten wir ihrer Aufforderung.

Faten glotzte überrascht auf Sara. Offensichtlich war sie es gewöhnt, die Schönste im Dorf zu sein, aber keine Frau kam Sara in ihrer atemberaubenden Schönheit gleich. Wenn meine liebe Schwester in einem Land leben würde, in dem die Frauen nicht gezwungen wären, ihre Gesichter zu verhüllen, wäre sie berühmt für ihre überragende Schönheit.

Die anderen Frauen umringten Sara und begannen, ihr Gesicht und ihre Haare zu befingern. Eine der Frauen sagte zu Faten, daß Scheich Fahd ihr Bett enttäuscht verlassen würde, wenn er jemals eine Frau wie Sara zu Gesicht bekäme.

Die anderen drei Frauen des Scheiches pflichteten dieser Feststellung rasch bei.

Die sichtlich verwöhnte Faten wurde eifersüchtig und befahl den anderen Frauen, dieses und jenes zu tun. Ihre Stimme war viel zu unhöflich und viel zu laut, und als Zeichen des Widerstands taten die Frauen so, als hätten sie ihre Befehle nicht gehört.

Der Wortstrom wurde so heftig, die Blicke so wütend, daß ich schon fürchtete, wir würden gleich Zeuginnen einer tätlichen Auseinandersetzung zwischen diesen ungehobelten Frauen werden. Dabei mußte ich wieder einmal daran denken, wie mein eigenes Leben wohl verlaufen wäre, wenn unsere Vorfahren nicht die Wüste aufgegeben und in die Stadt gezogen wären. In der Beduinenkultur hängt der Status einer Frau von ihrer Jugend, ihrer Schönheit und ihrer Fähigkeit ab, Söhne zu gebären. Eine Beduinenfrau in meinem Alter, die eine Brust und ihre Gebärfähigkeit verloren hatte, wäre von ihrem Mann gewiß verstoßen worden. Zweifellos hätte ich die Dienerin einer solch tumben Schönheit wie Faten werden müssen.

Zum ersten Mal seit langem mußte ich zugeben, daß die saudischen Araber tatsächlich ein paar kleine Schritte zur Verbesserung des Lebens saudischer Frauen unternehmen. Ich verspürte einen seltenen Moment der Dankbarkeit für meinen gegenwärtigen Status.

Sara drohte nun peinlich berührt damit, ihr Gesicht wieder zu verhüllen, falls man sie nicht in Ruhe ließe. Doch da versprachen die Frauen lautstark, daß sie still sitzen wollten, wenn sie nur das Vergnügen hätten, Allahs vollkommenste Schöpfung betrachten zu dürfen.

Nun reichte es Faten endgültig. Ihr Mund verzog sich wütend, sie starrte Sara böse an und warf ihr einen Fluch an den Kopf. »Mögen dich die Pocken befallen! Möge Allah dein Gesicht verunstalten!«

Vor Entsetzen über dieses ungebührliche Verhalten verschlug es uns allen die Sprache.

Würdevoll schweigend stand Sara auf, um das Zelt zu verlassen. Faten deutete Saras Bewegung fälschlicherweise als Herausforderung. Ihre weit auseinanderstehenden Augen funkelten wild und ihre Nasenflügel bebten, als sie meiner sanften Schwester in der offensichtlichen Absicht, sie anzugreifen, entgegentrat. Sara faßte sich an den Hals und erstarrte vor Schreck.

Seit Saras unglücklicher erster Ehe, in der sie von einem brutalen Ehemann mißhandelt worden war, sind alle in unserer Familie entschlossen, Sara bedingungslosen körperlichen Schutz zu bieten. Nura trat vor, um Sara zu beschirmen, aber sie war nicht so schnell wie ihre jüngere Schwester.

Ich trat in dem Moment vor Sara, in dem Fatens Hand auf sie zuschoß. Ich spürte einen scharfen Schmerz in meinem Gesicht. Die verrückte Beduinenfrau hatte mir in die Nasenlöcher gefaßt und an der Nase gerissen!

Mein Vater hat einmal gesagt: »Derjenige, der einen Beduinen nicht dazu bringt, ihn zu fürchten, wird bald den Beduinen fürchten.« Offenbar verstand diese Frau nur die Sprache der Gewalt. Als Faten ein weiteres Mal nach meiner Nase langen wollte, stieß ich einen lauten Schrei aus und warf mich auf sie. Seit vielen Jahren war ich nicht mehr in eine gewaltsame Auseinandersetzung verwickelt gewesen, aber die Kämpfe in meiner Kindheit mit dem mir körperlich weit überlegenen Ali hatten mich gelehrt, mich rasch und sicher zu bewegen. Ich bin zu klein, um einer großen Frau wie Faten lange Widerstand leisten zu können. Also sprang ich auf sie los, umklammerte ihren Hals mit einem Würgegriff und brachte sie damit zu Boden. Dabei stolperte ich über mein langes Gewand und fiel auf meine Gegnerin.

Die anderen Beduinenfrauen haßten Faten offenkundig, denn sie taten nichts, um ihr zu helfen. Vielmehr lachten sie und feuerten mich an.

Eine Frau rief: »Oh, Prinzessin, stech ihr die Augen aus!«

Eine andere ermutigte mich: »Dreh ihr den Hals um!«

Meine Schwestern wurden hysterisch vor Angst, daß die böse Faten ihre kleine Schwester überwältigen könnte. Ihre Schreie hallten durch das Zelt.

Faten schaffte es, eine Handvoll Sand vom Boden aufzuklauben und mir ins Gesicht zu werfen.

Geblendet zerrte ich an Fatens Haaren, bis sie mit den Händen wild herumfuchtelte und Allah um Gnade anflehte.

Ich schlug ihren Kopf zweimal auf den harten Boden, dann erhob ich mich. Während ich mein Gewand abklopfte, äußerte ich die größte Beleidigung, die mir gerade einfiel: »So heißt du also deine Gäste willkommen?«

Ich wußte, daß die beduinische Tradition es verlangt, Gäste mit dem größten Respekt zu behandeln. Selbst einem Todfeind wird noch drei Tage Schonfrist gewährt, nachdem er die Umgrenzungen eines Beduinenlagers verlassen hat.

Faten errötete, und sie griff mich nicht mehr an. Die Beduinenfrauen brachen nach Fatens Niederlage in hysterisches Gelächter aus.

Nura und Tahani beeilten sich, den Sand aus meinem Gesicht und meinen Haaren zu entfernen.

Tahani rief: »Sultana! Hat sie dich verletzt?«

»Nein«, erwiderte ich lachend. Als meine Augen sich mit Fatens Augen in gegenseitigem Haß trafen, warf ich ihr eine letzte Beleidigung an den Kopf. »Diese Beduinenfrau kämpft wie ein kleines Kind!«

Rasch legten wir unsere Schleier an und folgten Sara und Haifa, die schon aus dem Zelt geeilt waren.

Inzwischen hatten die Männer die Unruhe bemerkt und kamen aus Fahds Zelt. Verwirrt und beunruhigt blickten sie sich um. Gerade wollten wir unseren Männern erklären, was passiert war, da erklang ein wilder Schrei hinter uns.

Was ist denn nun los? fragte ich mich.

Als ich mich umdrehte, sah ich Faten auf mich zurennen, wobei sie mit ihren Füßen den Sand aufwirbelte. Die verrückte Beduinin schaufelte mit beiden Händen Sand auf, und bevor ich mich rühren konnte, hatte sie mir den Sand schon über den Kopf geworfen und schrie: »Möge Allah all seine Strafen über deinem Kopf ausgießen!«

Den Männern verschlug es die Sprache. Zu dieser wahnwitzigen Geste der Verachtung fiel ihnen nichts mehr ein. Auch mir stockte bei diesem Fluch das Blut in den Adern, aber ich beugte mich nur stumm und würdevoll vor und schüttelte den Sand aus meinen Haaren und meinem Schleier. Sollte Faten ruhig als die Böse dastehen.

Höchst zufrieden erklärte eine der älteren Frauen Scheich Fahd, daß seine neue Braut seine Gäste tätlich angegriffen hatte.

»Sultana!« Karim eilte zu mir. »Bist du verletzt?«

Der Scheich stürmte Faten nach, die sich nun aus dem Staub machen wollte. Wir hörten seine Schreie. »Du blöde Frau! Du bist eine Schande für mein Zelt!«

Faten stand sicher eine gehörige Tracht Prügel bevor, aber diese Frau hatte es wirklich nicht anders verdient.

Nura bestürmte unsere Männer, uns von diesem uns äußerst primitiv und angsterregend erscheinenden Ort fortzubringen, und sie kamen dieser Aufforderung eilig nach.

Als alle die ganze Geschichte gehört hatten, wurde ich als Heldin gefeiert. Sara ist das beliebteste Mitglied unserer Familie, und selbst Karim begriff, daß mir gar nichts anderes übrig geblieben war, als sie zu verteidigen. Assad war so erschüttert bei dem Gedanken, daß eine verrückte Beduinenfrau fast seine geliebte Gattin angegriffen hatte, daß er Sara sagte, er würde mir zum Dank das teuerste Schmuckstück von ganz Riad kaufen. Selbst Ali war stolz auf meine Tat und sagte allen, die es hören wollten, daß er derjenige war, der mir meine Kampftechniken beigebracht hatte. Selbst ich mußte zugeben, daß er damit recht hatte. In den nächsten paar Tagen versetzten die Erzählungen über meinen siegreichen Kampf mit Faten unser Lager in höchste Erregung.

Als uns Scheich Fahd zur Entschuldigung zehn weibliche

Batinijah-Kamele anbot, wußten wir, daß Fatens Verhalten diesen stolzen Beduinenfürst tatsächlich sehr beschämt hatte. Batinijah-Kamele stammen aus Oman und gelten als eine der besten Kamelrassen. Die zehn Kamele waren mit ihren kleinen Köpfen, breiten Stirnen, großen Augen, kleinen Nüstern und langen Ohren von höchster Qualität.

Der Reichtum eines Beduinenstamms wird an der Größe und der Güte seiner Kamelherde gemessen, und zehn Batinijah-Kamele sind ziemlich teuer. Karim vermutete, daß sie tatsächlich das Beste waren, was Scheich Fahds Herde zu bieten hatte, und wollte dieses teure Geschenk eigentlich nicht annehmen. Aber er konnte es nicht abschlagen, denn seine Weigerung hätte Scheich Fahd zutiefst beleidigt. Also gesellten sich die Batinijah-Schönheiten zu unserer eigenen Herde.

Nach diesem Drama versuchten wir, die restlichen Tage unseres Wüstenausflugs mit ruhigeren Beschäftigungen zu verbringen.

18. Kapitel

Lebendig begraben

Einige Tage vor unserer Rückkehr nach Riad wurde ich von Maha unsanft wachgerüttelt.

»Mutter!« schrie sie, »Komm rasch! Onkel Ali liegt im Sterben!«

Noch völlig schlaftrunken fragte ich: »Was sagst du da, mein Kind?«

»Onkel Ali ist von einer giftigen Schlange gebissen worden. Inzwischen hat er vielleicht schon seinen letzten Atemzug getan!«

»Allah! Nein!«

Meine Dienerin stand schon mit einem Baumwollkleid bereit, das sie mir rasch über mein Nachthemd streifte. Ich schlüpfte in ein Paar von Karims Sandalen, die am Zelteingang standen, und rannte mit Maha zu Alis Zelt.

Vor dem Zelt drängten sich viele unserer Diener und Angestellten. Als Maha und ich uns einen Weg bahnten, schnappte ich ein paar Wortfetzen aus ihren aufgeregten Gesprächen auf. Einer der Philippinos sagte: »Er hatte sich nur wenige Schritte vom Lager entfernt, als plötzlich eine riesige Schlange auftauchte und ihn in die Hand biß!«

»Diese Schlangen können wie Vögel fliegen«, behauptete einer unserer ägyptischen Angestellten aufgeregt.

Ein Mann aus dem Sudan meinte: »Selbst ein großer Mann kann den Biß einer Yaym nicht überleben!«

Bei diesen Worten stöhnte ich auf. Eine Yaym! Wenn er nicht schon gestorben war, war Ali unzweifelhaft dem Tod geweiht. Ich wußte, daß das Gift dieser Schlange tödlich war. Die Yaym aus der Familie der Kobras ist eine der drei Giftschlangenarten Arabiens, und zwar die seltenste. Da sie so selten gesehen wird, gibt es nur wenige Berichte über Todesfälle, die auf ihren Biß zurückzuführen sind.

Obwohl mein Bruder es mir sehr leicht gemacht hat, ihn nicht zu mögen und manchmal sogar zu hassen, habe ich mir nie seinen Tod gewünscht. Ich habe mir nur immer gewünscht, daß Ali seine üblen Angewohnheiten ablegen möge. Wenn er nun auf diese Weise sterben mußte, würde er als böser Sünder sterben. Dieser Gedanke beunruhigte mich, denn ich wußte, daß dies den Geist meiner Mutter sehr traurig stimmen würde.

Als ich die Zeltvorhänge aufriß, verließ mich mein Mut bei dem Anblick, der sich mir bot. Ali lag starr auf einer Matratze auf dem Boden, umringt von seinen Frauen, die bereits um ihn zu trauern schienen. Er ist schon tot, dachte ich und stieß einen gequälten Schrei aus.

Karim eilte zu mir. »Sultana!«

Ich lehnte mich an Karims Brust und begann zu weinen.

»Sultana! Ali hat nach dir gefragt!« erklärte Karim.

»Lebt er denn noch?« fragte ich verwundert.

»Das tut er, aber du mußt tapfer sein. Offenbar ist seine Zeit gekommen.«

Ich blickte mich um und sah, daß die Krise unsere Familie zu heftigen Aktivitäten angespornt hatte. Nura, Sara und Haifa zerkleinerten Blätter der Ramram-Pflanze. Aus den kleingeschnittenen Blättern sollte ein Tee zubereitet werden, den die Beduinen als Gegenmittel gegen Schlangengift einsetzen. Doch ich wußte, daß nichts, was meine Schwestern taten, Alis Schicksal ändern würde, wenn Allah diesen bestimmten Tag für Alis Ableben vorgesehen hatte. Alle Moslems glauben, daß das Schicksal eines jeden Menschen von Anfang an festgelegt ist und daß kein Sterblicher die Macht hat, den Plan und die Absichten Gottes zu verändern.

Ali schrie: »Oh Allah, rette mich, ich flehe dich an!«

Karim führte mich an das Lager meines Bruders. Mein Herz verkrampfte sich, als ich sah, daß Ali heftig schwitzte und seine Lippen blau waren. Alles sah danach aus, als hätte mein Bruder nur noch wenige Momente zu leben.

Alis Frauen machten mir Platz. Ich kniete mich neben ihn.

»Ali«, flüsterte ich. »Ich bin's, deine Schwester Sultana.«

Zuerst reagierte Ali gar nicht darauf, sondern kämpfte nur um seinen nächsten Atemzug.

Ich drückte seine kalten Hände.

Mein Bruder wandte mir das Gesicht zu und öffnete die Augen. Er blickte mich direkt an. Auf seinem Gesicht lag ein Ausdruck großen Leidens. »Sultana?«

»Ja?« Ich stellte mich auf einen sehr bewegenden Moment ein. Sicher würde Ali sich nun für all seine Schandtaten entschuldigen. Wie konnte er sterben, ohne die großen Leiden, die er mir und anderen Frauen verursacht hatte, einzugestehen und schließlich zu bereuen?

In eben diesem Augenblick kam Nura herbeigeeilt. »Hier!« drängte sie ihn. »Ali, mach den Mund auf und schlucke das!« Sie hielt ihm eine Tasse Ramram-Tee an die Lippen.

Während Ali etwas Tee zu sich nahm, flüsterte Nura ihm tröstende Worte ins Ohr und sagte ihm, daß er sich anstrengen müsse zu leben.

»Ja, ich werde es versuchen, Nura«, sagte Ali entschlossen. »Ich werde es versuchen.«

Auch ich hoffte, daß er nicht sterben würde. Möglicherweise würde ein solcher Schreck ihn zu einem besseren Vater und Ehemann werden lassen, dachte ich.

Ich kniete noch immer neben ihm. Nach kurzer Zeit blickte er mich wieder direkt an und flüsterte: »Sultana, bist du es?«

»Ja, Ali.«

»Sultana, in wenigen Momenten bin ich gewiß tot.«

Ich seufzte tief. Falls Alis Tod an diesem Tag Gottes Willen entsprach, wollte ich nicht mit ihm streiten. Aber als ich ihn genauer betrachtete, sah ich, daß seine Lippen nicht mehr so blau waren wie zuvor. Vielleicht tat das Gegengift seine Wirkung.

Ali wartete darauf, daß ich etwas sagte. Als dies nicht geschah, fing er abermals an. »Sultana, da ich nun auf meinem Weg ins Grab bin, dachte ich, daß du mir vielleicht noch etwas Wichtiges mitzuteilen hättest.«

Verwirrt stammelte ich: »Nun, Ali, ich wünsche dir Allahs Freundlichkeit und seinen Segen.«

»Ist das alles?« Alis Gesicht spiegelte seine Enttäuschung.

Was wollte mein Bruder denn von mir?

Zögernd fing Ali nochmals an. »Sultana, ich dachte, daß du dich vielleicht bei mir entschuldigen wolltest.«

In meiner Überraschung erklang meine Stimme lauter, als ich es beabsichtigt hatte. »Entschuldigen?«

Ali wirkte ziemlich getroffen von meiner Reaktion, aber der Klang seiner Stimme zeigte mir, daß er tatsächlich wieder zu Kräften kam. »Ja«, sagte er. »Sultana, du solltest dich bei mir für deine bösen Taten entschuldigen. Du hast mich dein ganzes Leben lang gequält.«

Ali bedachte mich mit einem langen, festen Blick, bevor er flüsterte: »Ich habe nichts Schlechtes getan. Ich bin meinen Kindern ein ausgezeichneter Vater und meinen Frauen ein guter Ehemann gewesen. Meinem Vater war ich ein gehorsamer Sohn, meinen Schwestern ein hilfreicher Bruder. Wofür sollte ich mich entschuldigen?«

Ich konnte meinen Bruder nur verzweifelt anstarren. Glaubte er das, was er sagte, tatsächlich? Rasch befand ich, daß mein Bruder wirklich hilflos war und seine eigenen bösen Taten einfach nicht erkennen konnte. Es war ganz einfach: Ali besaß nicht die Fähigkeit, wie ein normaler Mensch zu denken. Ali glaubte tatsächlich, daß ich die böse Sünderin war!

In diesem Moment mußte ich meine Zunge zügeln, um Ali nicht zu verfluchen. Ich war von einer heftigen Leidenschaft erfaßt, wollte aber nicht von tiefer Reue verfolgt werden. Und ich würde es gewiß bereuen, wenn mein Bruder mit meinen Flüchen im Ohr sterben würde.

Dennoch fiel es mir schwer, sämtliche Worte zurückzuhalten. Ich ließ Alis Hände los und tätschelte sein Gesicht. »Möge Allah dir die zwei größten Segnungen geben, Ali!«

Ali lächelte. »Danke, Sultana.« Dann verzog er das Gesicht ein wenig. »Welche zwei Segnungen wünschst du dir denn für mich?«

Ich erwiderte sein Lächeln. »Ich bete zu Allah, dich mit guter Gesundheit zu krönen, aber vor allem, Ali, bete ich zu Allah, daß dieser dich erkennen läßt, welche Schandtaten du in deinem Leben begangen hast.«

Ali fiel vor Erstaunen die Kinnlade nach unten.

Ich verließ sein Lager, ohne auf eine weitere Reaktion zu warten. Zum ersten Mal in meinem Leben übten die Meinung und das Verhalten meines Bruders keinen Einfluß mehr auf mich aus. Die starke Kette des Hasses, die uns verband, war für immer zerrissen. Ich haßte Ali nicht mehr, ich verspürte vielmehr tatsächlich eine Art Mitleid mit ihm.

Mit dem Rest unserer Familie wartete ich in Alis Zelt auf das, was der Tag uns brachte. Wir sahen, wie Ali sich auf seinem Lager herumwarf und stöhnte, wie er um eine rasche Erlösung von seinen Leiden flehte. Manchmal dachten wir, er würde in der nächsten Minute sterben, manchmal schien es, daß er einen weiteren Sonnenaufgang erleben würde.

Die Schlange, die ihn gebissen hatte, wurde von einigen unserer Diener gefangen. Es wurde die glückliche Entdeckung gemacht, daß die Schlange doch keine Yaym gewesen war, wie anfangs befürchtet, sondern eine Haijah, eine Sandviper. Auch die Haijah ist giftig, doch ist ihr Gift nicht annähernd so stark wie das einer Yaym. Die meisten, die von einer Haijah gebissen werden, kommen mit dem Leben davon, auch wenn die Erfahrung angsteinflößend und schmerzhaft ist.

Alle freuten sich zu hören, daß Ali, den man schon dem

Tod geweiht gesehen hatte, überleben würde. Assad überbrachte Ali die tröstliche Botschaft und sagte dann: »Danken wir Gott, Ali, daß deine Schwestern ein Gegengift gebraut haben!«

Tatsächlich schien das Gegengift Alis Schmerzen verringert und seine Genesung beschleunigt zu haben. Doch Ali tat die Bemühungen seiner Schwestern gleichgültig ab.

»Nein, Assad«, sagte er. »Es war einfach nicht meine Zeit. Denke daran, was die Weisen sagen: Bis mein Tag kommt, kann niemand mir schaden; wenn mein Tag kommt, kann niemand mich retten.« Ali lächelte. »Meine Schwestern haben mit dem Ausgang dieses Tages nicht das Geringste zu tun.«

Selbst Alis Frauen tauschten bei diesen Worten ungläubige Blicke aus. Doch in Anbetracht der Tatsache, daß er fast gestorben war, war seine Familie sehr nachsichtig, und niemand tadelte ihn.

Bevor wir sein Zelt verließen, traten wir alle nacheinander noch einmal an sein Lager und wünschten ihm eine rasche Genesung. Als ich an der Reihe war, blickte er mich an und meinte dann hämisch: »Ach, Sultana, ich wußte doch, daß Gott nicht einen Mann wie mich von dieser wundervollen Welt abrufen würde, solange er einer Sünderin wie dich noch den Genuß seiner Segnungen zuteil werden läßt.«

Ich lächelte ihn traurig an, und obwohl wir uns umarmten, wußte ich, daß wir in seinen Augen nach wie vor Feinde waren.

Von Karim begleitet, kehrte ich erschöpft in unser Zelt zurück. Karim schlief die ganze Nacht tief und fest, doch mein Schlaf war nicht so friedlich. Immer wieder erschien mir meine Mutter in meinen Träumen. Sie wiederholte beständig dieselbe Botschaft: Daß mein irdisches Leben mir nicht das Glück und die Erfüllung brachte, die erreichbar gewesen wären. Schließlich erwachte ich beim Klang der frühen Morgengebete, die in unser Zelt hineinwehten.

Meine Träume waren mir so wirklich erschienen, daß die

Jahre zwischen Mutters Tod und der Gegenwart völlig ausgelöscht gewesen waren. Deshalb blickte ich mich nun tatsächlich erwartungsvoll um in dem Glauben, meine Mutter vorzufinden, die mit sanften Worten ihrem jüngsten Kind den Weg in einen neuen Tag ebnen würde.

Dann fiel mir ein, daß Mutter schon länger tot war, als ich sie gekannt hatte. Ich war erst sechzehn gewesen, als sie starb, und hatte nun schon vierundzwanzig lange Jahre ohne die Umarmung einer Mutter gelebt. Dieser Gedanke betrübte mich so, daß ich aufstand, mich rasch ankleidete und dann das Zelt verließ, ohne jemandem zu sagen, wohin ich ging.

Tränen der Verzweiflung strömten mir die Wangen hinab, als ich allein ein Stück in die Wüste ging.

Was wollte meine Mutter von mir? Wie konnte ich so sein, wie sie es von mir erwartete? Was hatte ich falsch gemacht? Was konnte ich in meinem Leben verändern?

Diese Gedanken peinigten mich dermaßen, daß ich nicht einmal sah, wie der Himmel heller wurde und die Sonne über der Wüste aufzusteigen begann. Ich sah nicht einmal Sara auf mich zukommen. Ich bemerkte sie erst, als sie sich neben mich setzte.

Sara berührte meinen Arm. »Sultana?«

Der Ausdruck in meinen Augen schien Sara zu beunruhigen. Sie fragte mich: »Meine Liebe, geht es dir gut?«

Weinend warf ich mich in die Arme meiner Schwester.

»Nun sag mir doch, Sultana, was ist denn los?«

Schluchzend flüsterte ich: »Ich habe mein Leben immer so eingerichtet, wie ich es haben wollte, Sara. Aber jetzt weiß ich, daß ich ein nutzloses Leben geführt habe. Mutter hat es mir gesagt.«

Sara musterte mich eingehend, dann sagte sie: »Dein Leben ist nicht nutzlos gewesen, Sultana. Du hast deine Kinder beschützt. Du hast Karim glücklich gemacht. Und du hast große Gefahren auf dich genommen, um die Welt auf das Leid unserer Frauen aufmerksam zu machen.«

»Nicht genug . . . nicht genug . . .«, stammelte ich unter Tränen. »Mutter sagt mir die ganze Zeit, daß ich mehr tun sollte.«

Sara saß lange da, ohne ein Wort zu sagen. Endlich, nachdem sie eine Weile still nachgedacht hatte, sagte sie: »Sultana, nur wenige von uns tun genug. Nun endlich bin ich zu dieser Erkenntnis gelangt.«

Ich blickte mit neuem Interesse auf Sara. Hatte auch sie von Mutter geträumt?

»Was meinst du damit?« fragte ich.

Sara seufzte tief, bevor sie einen mehrfach gefalteten Zettel aus der Tasche der Jacke nahm, die sie über ihrem Kleid trug.

Ihre leisen Worte klangen sehr nachdenklich. »Es ist so leicht, in Saudi-Arabien feige zu sein. Wir haben so viel zu verlieren.«

Sara sah traurig und leer aus. Wovon sprach sie nur?

»Sultana, mir ist inzwischen klar geworden, daß ich alle Hebel in Bewegung hätte setzen müssen, um Munira zu helfen. Zusammen mit unseren anderen Schwestern hätten wir es sicher geschafft, dem armen Kind zu helfen, in ein anderes Land zu fliehen.«

Ich schluckte. War Munira etwas zugestoßen? War sie tot?

Sara reichte mir den Zettel. »Ich habe ihn erst gestern abend gefunden.« Saras Stimme wurde noch leiser. »Mir bricht es schier das Herz vor Reue.«

Ich entfaltete den Zettel und sah, daß er mit einer kleinen, akkuraten Handschrift beschrieben war.

»Vor ein paar Wochen habe ich Munira eines meiner Bücher geliehen«, erklärte Sara. »Als Munira mir das Buch zurückbrachte, packte ich gerade unsere Sachen für diesen Ausflug. Ich dachte, daß ich das Buch während unseres Ausflugs noch einmal lesen könnte, und steckte es in mein Gepäck. Letzte Nacht konnte ich nicht schlafen, also schlug ich das Buch auf und entdeckte diese Nachricht.«

In Saras gerötete Augen stiegen Tränen.

Sie fuhr mit einem Finger über das Blatt. »Lies das, was Munira zu sagen hat, Sultana!«

Überzeugt, daß ich einen Abschiedsbrief in der Hand hielt, begann ich so heftig zu zittern, daß ich meinen Blick kaum auf das flatternde Papier heften konnte. Sara half mir, die Seite festzuhalten.

Munira hatte ein Gedicht verfaßt.

Lebendig Begraben

Ich habe gelebt und weiß, was es ist, zu lächeln.
Ich habe das Leben eines jungen Mädchens gelebt, erfüllt von hoffnungsvollen Versprechen.
Ich habe das Leben eines jungen Mädchens gelebt, das die Wärme des Frauseins spürte.
Ich habe das Gefühl erlebt, mich nach der Liebe eines guten Mannes zu sehnen.
Ich habe das Leben einer Frau gelebt, deren Hoffnungen zerstört wurden.
Ich habe das Leben von einer gelebt, deren Träume zerschlagen wurden.
Ich habe in meinem Leben schreckliche Angst vor jedem Mann gehabt.
Ich habe die Ängste durchlebt, die die Aussicht auf eine schlimme Ehe in mir hervorriefen.
Ich habe in meinem Leben den Teufel in der Gestalt eines Mannes gesehen, der all mein Tun bestimmt.
Ich habe als Bettlerin gelebt, die diesen Mann anfleht, sie in Ruhe zu lassen.
Ich habe gelebt, um meinen Mann dabei zu beobachten, wie er die Freuden eines Mannes genießt.
Ich habe gelebt, um von dem Mann, dem ich ausgeliefert worden bin, mißbraucht zu werden.

Ich habe nur dafür gelebt, um die nächtlichen Vergewaltigungen zu überstehen.
Ich habe gelebt, um lebendig begraben zu werden.
Ich habe gelebt, um mich zu fragen, warum diejenigen, die mich zu lieben behaupten, dazu beigetragen haben, mich zu begraben.
Ich habe all diese Dinge in meinen kurzen fünfundzwanzig Lebensjahren durchlebt.

Ein unerträglicher Schmerz ließ meine Schwester und mich verstummen. Wir konnten uns nur anstarren. Ohne ein einziges Wort zu sagen, wußte ich, daß ich jetzt mehr tun mußte, egal, was für Folgen sich daraus für mich ergeben würden, um das Leben der Frauen zu verändern, die wie Munira Gefahr liefen, noch vor ihrem Tod begraben zu werden.

Ich kehrte mit meiner Schwester in unser Lager zurück in dem Bewußtsein, daß sich mein Leben unwiderruflich verändert hatte. Nun gab es kein Zurück mehr.

19. Kapitel

Sultanas Kreis

Einmal habe ich gelesen, daß Allah jedem Geschenk, das er seinen Kindern gewährt, eine gleich große Herausforderung beifügt. Ich glaube, dies stimmt, denn ich habe noch nirgends von einem einzigen Menschen gehört oder gelesen, in dessen Leben es nur Vollkommenheit und Glück gab. Mein eigener Charakter ist mit Unvollkommenheiten versehen, und die Makel haben mir schon viel Leid eingebracht.

Obwohl ich in den Genuß von vielen Segnungen gekommen bin, stand ich auch oft genug vor großen Hindernissen. Bei der Wahl meiner Eltern verband Gott einen grausamen Vater mit einer liebevollen Mutter. Er schenkte mir wunderbare Jahre mit meiner Mutter, doch dann nahm er sie mir weg, als ich noch sehr jung war. Er gewährte mir den hohen Status einer Prinzessin in einem Königreich, doch dieser Status brachte mir wenig ein in einem Land, das traditionellerweise Frauen gegenüber feindselig eingestellt ist.

Seit einigen Jahren sehe ich nun mein Leben vor mir ausgebreitet, als ob bereits alles niedergeschrieben wäre. Das, von dem ich weiß, daß es eintreffen wird, gefällt mir nicht: Mein Reichtum wird sich vermehren, mein Besitz steigen, doch gleichzeitig werden mein Glück und meine Zufriedenheit abnehmen. Weil ich mich in meinem Alltag nicht wohlfühlte, ergab ich mich dem Alkohol, und mein Leben verlor dadurch jeglichen Antrieb. Ich verspielte die Aussichten, mein Lebensziel zu erreichen, nämlich Frauen in ihrer Not beizustehen. Die Tatsache, daß ich mir selber diese Hindernisse in den Weg gestellt hatte, untergruben nur noch mein Selbstwertgefühl. Die Sultana aus früheren Zeiten, die davon träumte, ein glorreiches Ziel zu erreichen, war zu einer apathischen, jämmerlichen, verlorenen Seele verkümmert.

Wie durch ein Wunder gelangte ich zu einer neuen Einsicht, daß das Muster meines Lebens sich nun ändern mußte: Meine geliebte Mutter erschien mir in meinen Träumen. Die Wirkung von Muniras klagendem Gedicht, sogar die Tatsache, daß mein Bruder fast gestorben wäre – all dies trug zu meiner neuen Sichtweise bei. Ich werde immer davon überzeugt sein, daß Gott persönlich diese Vorkommnisse mit dem klaren Ziel geschehen ließ, in mir die magische Verwandlung zu vollziehen, die ich an diesem Tag in der Wüste erlebte. Für einen Menschen, der an die Allmacht Gottes glaubt, gibt es keine andere Erklärung.

Obwohl mein Leben von diesem Augenblick an noch komplizierter wurde, bedauere ich nichts. Wenn es nicht zu meiner dramatischen Verwandlung gekommen wäre, wäre ich weiterhin in rastlosem Unglück steckengeblieben. Und eine junge Frau aus Pakistan namens Veena würde weiterhin in einer brutalen sexuellen Knechtschaft leben.

»Nie wieder«, sagte ich zu Sara, während wir ins Lager zurückgingen, »nie wieder werde ich schweigen, wenn eine Frau grausam oder schlecht behandelt wird.«

Sara nickte grimmig. Sie verstand mich. In diesem Augenblick sah ich Shadi, Dunias jüngsten Sohn, aus einem Auto steigen. Überschwenglich begrüßte er seine Onkel und Cousins.

»Shadi ist da«, murmelte Sara leise.

»Dunia ist sicher glücklich«, erwiderte ich lächelnd.

Shadi ist ein großer, breit gebauter junger Mann von zwanzig Jahren, der äußerlich nicht sehr anziehend wirkt. Ich wußte nur wenig von diesem Neffen, denn wir sahen uns nur bei großen Familientreffen. Vage erinnerte ich mich daran, daß Dunia einmal erwähnt hatte, Shadi werde sich bei unserem Ausflug in die Wüste erst später zu seiner Familie gesellen. Dunia hatte voller Stolz verkündet, daß Shadi ihr begabtester Sohn sei und sein Geschick bei geschäftlichen Angelegenheiten das eines jeden anderen jungen Mannes der Al-Saud-Familie bei weitem übertreffe. Tatsächlich besaß Shadi, wie Dunia es allen, die es hören wollten, anvertraute, mehrere Geschäftsanteile in Pakistan und kam gerade wieder von einer Reise in dieses Land zurück, wo er weiteren Besitz erworben hatte. Meine Schwestern und ich hatten Dunia ihre gedankenlosen Worte nicht weiter übel genommen, obwohl sie damit unsere eigenen geliebten Söhne beleidigte.

Sara und ich traten nicht vor, um Shadi zu begrüßen, da er bereits von seinen Onkeln und seinen eifrigen jungen Cousins umringt war. Wir beschlossen, den jungen Mann später willkommen zu heißen, und gingen zu unseren Zelten.

Ich war nicht besonders überrascht, als ich eine junge Frau in pakistanischer Kleidung auf dem Rücksitz von Shadis Auto sitzen sah: Unsere Männer fahren unsere Dienerinnen häufig von einem Ort zum anderen. Ich ging davon aus, daß die junge Frau die Dienerin einer meiner Schwestern war und nun auf Dunias Bitte hin in unser Wüstenlager gebracht worden war.

In meinem Zelt erklärte mir meine Dienerin Libby, daß Karim besorgt darüber gewesen war, als ich aus unserem Bett verschwunden war, und sie losgeschickt hatte, um mich zu suchen. Nachdem sie ihm mitgeteilt hatte, daß ich mich in der sicheren Begleitung von Sara befand, hatte Karim sich mit unseren Töchtern zu einem letzten Kamelausritt in die Wüste aufgemacht.

Dankbar nahm ich mir die Zeit, ausgiebig zu baden. Dies bereitete keine große Mühe, denn unsere Badezimmer waren zwar nur mit einer kleinen Toilette und einem winzigen Waschbecken, dafür jedoch mit einer großen Badewanne ausgestattet. Solange die Sonne schien, erhitzte sie das Wasser in großen Tanks, die vor unseren Zelten standen.

Nachdem Libby warmes Wasser hatte einlaufen lassen,

stieg ich in die Wanne, lag ein wenig darin und versuchte dann, den Sand aus meinen Haaren zu waschen. Danach bereitete ich mich auf das vor, was hoffentlich ein letzter angenehmer Tag und eine letzte schöne Nacht in der Wüste werden würde. Ich zog ein knöchellanges Baumwollkleid an, dann breitete ich meinen Gebetsteppich auf dem mit Teppichen ausgekleideten Zeltboden aus.

Nachdem ich mich Richtung Mekka hingekniet hatte, betete ich zu Gott, Er möge dafür sorgen, daß mein Leben einen geraden Verlauf nehmen und ich mich richtig verhalten würde. Mein Herz und meine Gedanken wurden friedlicher, denn ich hatte die große Hoffnung, daß ich mich den Herausforderungen des Lebens mit neuer Rechtschaffenheit würde stellen können. Zum Glück hatte ich in diesem Augenblick noch keine Ahnung, daß mir eine äußerst schwere Prüfung unmittelbar bevorstand.

Muniras Gedicht hatte mich in eine für mich ungewöhnlich gedämpfte Stimmung versetzt. Ich brauchte Zeit, um meine Gedanken zu sammeln. Als mein Mann und die Kinder mich später zu einem kurzen Wüstenspaziergang einladen wollten, lehnte ich ab, und auch das Angebot meiner Schwestern, mit ihnen eine Partie Backgammon zu spielen, schlug ich aus.

Obwohl ich diesen letzten Tag in der Wüste allein verbrachte, war ich nicht einsam. Ich war vollends mit meinen Gedanken beschäftigt. Wieder einmal ordnete ich die Fäden meines Lebens neu. Meine innere Kraft wurde verstärkt von einer neuen Entschlossenheit, den Lauf meines Lebens zu ändern.

Unsere abendliche Familienzusammenkunft verlief so angenehm wie keine andere, die wir bisher hier abgehalten hatten, denn das Wissen, daß der folgende Tag uns alle wieder in die gewohnten Bahnen unseres Stadtlebens zurückdrängen würde, verlieh dem Ganzen eine besondere Eindringlichkeit. Am Ende dieses Abends umarmten wir uns alle unter den glitzernden Sternen, bevor wir uns trennten, um in unsere jeweiligen Zelte zu gehen.

Zurück in unserem Zelt, setzten sich Karim, ich und unsere beiden Töchter noch entspannt zusammen. Wir sahen uns die Fotos an, die auf diesem Ausflug entstanden waren. Als Amani zu gähnen begann, fanden wir, daß es Zeit war, ins Bett zu gehen. Auf meinem Gesicht lag ein glückliches Lächeln, als Karim und ich uns in unser Schlafzimmer zurückzogen.

Gerade wollte ich mir mein Kleid über den Kopf ziehen, da ließen mich angstvolle Schreie zusammenzucken.

Besorgt fragte ich Karim: »Was war denn das?«

Karim neigte den Kopf zu Seite und lauschte. »Es klang wie die Schreie einer Frau.«

»Oh Allah! Hoffentlich ist niemand von einer Schlange gebissen worden!«

Als die Schreie immer schriller wurden, nahm Karim eine Taschenlampe und eilte aus unserem Zelt. Ich folgte ihm.

Auch Nura und Sara waren von den Schreien alarmiert worden. Zusammen mit ihren Männern Ahmed und Assad stießen sie eilig zu uns. Während wir durch das Labyrinth des großen Lagers streiften, sahen wir, wie einige unserer Diener ebenfalls aus ihren Zelten kamen, um die Quelle der Unruhe aufzuspüren.

Langsam verebbten die Schreie, aber wir folgten dem beunruhigenden Klang bis zu einem der kleineren Zelte, in denen unsere Dienerinnen untergebracht waren. Aus diesem Zelt drang kein Licht, aber plötzlich dröhnte laute amerikanische Rockmusik an unsere Ohren.

Erleichtert murmelte Karim: »Ein paar Frauen sind wohl wegen irgend etwas aneinandergeraten.«

Ahmed nickte. »Jetzt versuchen sie, es mit lauter Musik zu übertönen.«

Ich war mir nicht so sicher, daß alles in Ordnung war. »Da wir nun schon einmal hier sind, sollten wir uns vergewissern, daß es allen gut geht«, schlug ich vor.

Sara pflichtete mir bei.

»Und sagt ihnen, daß sie diese Musik ausmachen sollen«,

meinte Ahmed leicht verärgert. »Sie stören doch das ganze Lager damit.«

Während unsere Männer ungeduldig vor dem Zelt auf uns warteten, traten meine Schwestern und ich ein. Die Musik hörte abrupt auf.

Dieses Zelt, in dem zehn Dienerinnen untergebracht waren, war mit schweren Stoffbahnen in mehrere abgeschlossene Bereiche unterteilt. Ich schob eine dieser Bahnen zur Seite, hielt Karims Taschenlampe hoch und blickte in die Gesichter der Frauen. »Ist hier alles in Ordnung?«

Eine der Frauen erwiderte: »Es geht uns gut, Ma'am.«

»Was war denn los?«

Eine andere antwortete: »Hier gibt es keine Probleme.«

»Hmmm.« Der Gesichtsausdruck dieser Frauen und der Klang ihrer Stimmen sagten mir, daß sie nicht geschlafen hatten. Natürlich hatten sie die lauten Schreie gehört, die bis zu den anderen Zelten gedrungen waren. Doch keine von ihnen wollte uns eine Erklärung geben.

Ich flüsterte meinen Schwestern zu: »Sie verheimlichen uns etwas.«

»Wer hat da geschrien?« wollte Nura wissen, an Libby gewandt.

In Libbys Augen standen Tränen, aber sie war sicher nicht die Verursacherin der Schreie, die wir gehört hatten. Erst zögerte sie, dann blickte sie mich an und flüsterte: »Kommen Sie mit, Ma'am. Ich werde es Ihnen zeigen.«

Libby kannte sich in diesem Zelt gut aus und führte uns rasch durch mehrere abgeteilte Bereiche hindurch, bis sie schließlich auf ein bestimmtes Abteil deutete.

»Dort drinnen, Ma'am«, flüsterte sie, bevor sie sich umwandte und zu ihrem Lager zurückeilte.

Dies war alles äußerst merkwürdig. Inzwischen war unsere Neugier geweckt.

Nura schob entschlossen den Trennvorhang zur Seite, ich richtete die Taschenlampe in den Innenraum. Schockiert und entsetzt blickte ich auf das, was sich vor meinen Augen abspielte. Zwei Männer hatten sich über eine Frau hergemacht, ein dritter Mann sah zu. Sara stieß einen Schrei aus.

Ein Mann hielt dem Opfer den Mund zu, offenbar wollte er die Frau am Schreien hindern. Als er uns sah, erstarrte er. Ich erkannte ihn, es war Taher, der mittlere Sohn unserer Schwester Tahani.

Wie in Zeitlupe wandte sich der zweite Mann, der auf der nackten Frau lag, langsam uns zu. Ich rang um Luft, als ich Rashed, einen von Alis vielen Söhnen, erkannte.

Dann blickte ich auf den Mann in der Ecke des Raumes und sah, daß es sich um Shadi, Dunias Lieblingssohn, handelte. Auf seinem Gesicht lag höchste Verwunderung. Er hatte nicht mit einer solchen Störung gerechnet, vor allem nicht von seinen Tanten.

Nura schrie wutentbrannt: »Was geht hier vor?«

Ich rief: »Karim, komm sofort her!«

Als unseren drei Neffen klar wurde, daß unsere Männer in der Nähe waren, wollten sie sich so schnell wie möglich aus dem Staub machen. Sie schubsten Nura und mich grob beiseite und rempelten Sara an, die durch die Wucht zu Boden fiel. Ich schlug einen der drei mit meiner Taschenlampe, schaffte es jedoch nicht, ihren hastigen Rückzug zu verhindern. Nura rannte ihnen nach.

»Karim«, schrie ich, »hilf uns!«

Unsere Männer schnappten sie sich wohl, als sie aus dem Zelt hasten wollten, und wir hörten weitere Schreie.

Plötzlich füllte sich der kleine Raum mit den anderen Dienerinnen, die sich um die Frau versammelten, die auf dem Boden lag und leise stöhnte. Ich drängte mich durch die Menge, um herauszufinden, wer das Opfer eigentlich war. Es war die junge Frau, die ich an diesem Morgen in Shadis Auto hatte sitzen sehen.

»Unsere Neffen haben Dunias Dienerin vergewaltigt«, rief ich.

Plötzlich stand Sara neben mir. Sie begann sofort, das verstörte Mädchen zu trösten.

Das bedauernswerte Mädchen war ihrer Kleidung beraubt worden. Sie lag nackt und schutzlos vor uns auf dem Boden. Ihr Gesicht war verzerrt von Angst und Entsetzen, ihr zarter Körper erschüttert von Schluchzern. Sie war so klein, daß sie eher wie ein Kind als wie eine Frau wirkte. Sie konnte kaum älter als fünfzehn oder sechzehn sein.

Libby kam herein und versuchte, sie zu beruhigen. »Veena, hör auf zu weinen. Jetzt bist du in Sicherheit.«

»Holt Wasser und ein paar Tücher«, befahl Sara. »Sie ist ernstlich verletzt worden.«

Erst jetzt bemerkte ich, daß Blut an den Beinen des Mädchens hinablief und in den Teppich sickerte.

Ich konnte kaum die Wut beherrschen, die angesichts dieser sinnlosen Gewalt in mir hochstieg. Ich war nur noch von dem Wunsch beseelt, die Angreifer zu attackieren, und stürmte in eben dieser Absicht hinaus. Unsere lauten Schreie und Befehle hatten alle Mitglieder unserer Gruppe aus ihren Zelten gerufen. Die Stimmen meiner Schwestern, ihrer Männer und Söhne vermengten sich nun mit denen unserer Diener zu einem allgemeinen Aufschrei.

Zu meiner Zufriedenheit stellte ich fest, daß Karim Shadis Arm entschlossen umklammert hielt. Assad hielt Taher fest, Ahmed hatte beide Hände um Rashed gelegt.

Nura versuchte vergeblich, die lauten Stimmen zu übertönen.

Auch ich versuchte zu erklären, was passiert war, indem ich so laut wie möglich sprach.

»Eine wehrlose Frau ist angegriffen worden!« schrie ich wieder und immer wieder.

Niemand bis auf Shadi schien mich zu hören. Unsere Blicke trafen sich. In seinem Blick lag nur Verachtung, was mich so erzürnte, daß ich versucht war, mir einen dicken Knüppel zu suchen und diesen Neffen zu verprügeln!

Ahmeds laute, ehrfurchtgebietende Stimme brachte die Menge schließlich dazu, leiser zu werden. »Ruhe jetzt!«

Nachdem er einen Blick in die Runde geworfen hatte, sagte er: »Die Familie wird sich in meinem Zelt treffen, und zwar sofort.«

Karim machte sich auf den Weg und zerrte den zögernden Shadi mit sich. Ich eilte ihm nach.

Tahani rannte zu mir. »Sultana, was ist denn passiert?«

Ich blickte meine Schwester traurig an. Tahani war eine wundervolle Mutter, und ich wußte, daß sie ihre Söhne dazu erzogen hatte, Frauen zu achten. Tahani würde es besonders hart treffen zu erfahren, daß Taher an diesem schrecklichen Überfall teilgenommen hatte. Ich umarmte sie, sagte aber nur: »Wir werden deinen Sohn um eine Erklärung bitten, Tahani.«

Tahani schloß kurz die Augen. Sie hatte Angst vor dem, was sie gleich erfahren würde. Dunia weinte die Tränen einer Mutter und trottete neben Shadi her.

Ali befragte bereits leise seinen Sohn Rashed. Plötzlich stieß er zornig aus: »Und dafür wurden wir aufgeweckt?«

Ahmed tadelte ihn. »Ali, bitte erörtere solche Angelegenheiten nicht vor unserer Dienerschaft.«

Ich blickte mich um. Unsere neugierigen Diener folgten uns in geringer Entfernung.

Sobald wir Ahmeds Zelt betraten, erhob sich erneut ein Stimmengewirr, als alle gleichzeitig zu reden versuchten. Erst nachdem Karim uns erzürnt daran erinnert hatte, daß Ahmed der Älteste der Familie war und als solcher gehört werden sollte, legte sich der Lärm allmählich.

Ahmed sagte: »Ich weiß selber nicht, was passiert ist. Ich weiß nur, daß wir von Schreien aus dem Frauenzelt aufgeweckt worden sind. Als unsere Frauen hineingingen, um nachzusehen, hörten wir weitere Schreie.«

Mit seiner freien Hand wies Ahmed auf Taher, Rashed und Shadi.

»Diese jungen Männer kamen aus dem Zelt gerannt, einem

Ort, den sie eigentlich nicht betreten dürfen. Von drinnen hörten wir Rufe, daß wir die Eindringlinge festhalten sollten.«

Ahmed zuckte mit den Schultern. »Und das taten wir. Woher sollten wir wissen, daß es sich bei den Eindringlingen um unsere eigenen Neffen handelte?«

Er nickte Nura zu. »Nura wird euch erzählen müssen, was in dem Zelt vorgefallen ist.«

Nura winkte mich zu sich her. Entschlossen ging ich langsam quer durch den Raum und hakte mich schließlich bei meiner Schwester unter. Ali bedachte mich mit einem drohenden Blick, den ich jedoch ignorierte.

Nura versuchte, alles zu erklären. »Sultana, Sara und ich haben etwas Schreckliches gesehen.« Sie wies mit dem Kopf auf ihre Neffen. »Diese jungen Männer, die wir alle lieben, vergewaltigten gerade eine Frau. Wir sahen den Angriff mit eigenen Augen.«

Ich starrte meine Neffen mit tiefster Verachtung an. Alis Sohn Rashed grinste! Dunias Sohn Shadi schien wütend zu sein. Nur Taher wirkte als einziger der drei beschämt. Er hielt sein gerötetes Gesicht gesenkt.

Nura fuhr fort. »Und damit nicht genug – in ihrer Hast, uns zu entkommen, schubsten und nötigten diese drei Neffen sogar ihre eigenen Tanten! Die arme Sara stürzte sogar zu Boden.«

Das hatte Assad bisher nicht gewußt. Bevor ich noch die Gelegenheit hatte, ihm zu sagen, daß Sara sich dabei nicht verletzt hatte, stieß Assad Taher grob zur Seite und rannte aus dem Zelt, um nach seiner Frau zu suchen. Die arme Tahani brach in Tränen aus. Dunia brach in Haifas Armen zusammen.

»Wer wurde denn vergewaltigt?« fragte Haifa.

Nura zuckte mit den Schultern. »Ich kenne die Frau nicht.«

»Sie heißt Veena«, fiel ich ein. »Ich glaube, sie ist eine von Dunias Dienerinnen.«

Zum ersten Mal ergriff Shadi das Wort zu seiner Verteidigung. Seine Stimme klang sehr heftig. »Diese Frau arbeitet nicht für meine Mutter. Sie gehört mir.«

Dunia blickte hoch. »Shadi hat recht. Die Frau gehört ihm.«

Shadi atmete hörbar aus. »Ich habe sie in Pakistan gekauft. Sie gehört mir, ich kann mit ihr tun, was ich will.«

Mir wurde schwer ums Herz. Von Ali und seinen Söhnen wußte ich, daß einige meiner Neffen oft nach Thailand oder auf die Philippinen, nach Indien und Pakistan reisten, nur um sich mit jungen Prostituierten zu vergnügen. Aber jetzt hörte ich zum ersten Mal, daß einer dieser Neffen tatsächlich eine Frau gekauft hatte, um sie als Sexsklavin in unser Königreich zu bringen. Natürlich kommt so etwas in Saudi-Arabien öfter vor, und ich wußte nur allzu gut, daß einige unserer Cousins, zum Beispiel Faddel, sich ein solches Treiben durchaus zur Gewohnheit gemacht hatten. Aber keiner unserer Männer oder Söhne war bislang so tief gesunken. Zumindest nicht bis zu diesem Abend.

Ich bedachte Shadi mit einem Blick des tiefsten Abscheus. Mein eigener Neffe war also jemand, der vor nichts zurückschreckte, um seine Gelüste zu befriedigen!

Diese neue Information löste bei unseren Ehemännern ein gewisses Unbehagen aus. Karim lockerte seinen Griff um Shadis Arm. Ahmed ließ die Hände von Rasheds Taille sinken.

Sofort war mir klar, was in den Köpfen unserer Männer vorging. Wenn Taher, Rashed und Shadi in das Frauenzelt eingedrungen wären, was ihnen strikt untersagt war, und eine unserer Dienerinnen angegriffen hätten, dann hätten sie einen Anlaß gesehen, die jungen Männer zu bestrafen. Aber nun, da sie erfahren hatten, daß Shadi der Besitzer der Frau war, die angegriffen worden war, sah die Sache plötzlich anders aus, ganz egal, wie schwerwiegend der Angriff gewesen war. In ihren Augen war das, was Veena zugestoßen war, eine persönliche Angelegenheit zwischen einem Mann und einer

Frau, die ihm gehörte, und sie hatten kein Recht, sich einzumischen.

Ahmed bemerkte meine Empörung und meinte: »Shadi, ihr drei habt Unrecht getan, als ihr eure Tanten geschubst habt! Ihr werdet euch alle drei entschuldigen!«

Shadi preßte seine dicken Lippen wütend aufeinander.

»Ja«, sagte Dunia. »Ich kann es gar nicht glauben, daß einer meiner Söhne meine Schwestern schubst.«

Ich drehte mich um und starrte Dunia verachtungsvoll an. Meine Schwester war offenbar erleichtert, daß unsere Männer sich nun auf die Manieren ihres Sohnes und nicht auf sein kriminelles Verhalten konzentrierten.

»Natürlich entschuldige ich mich«, sagte Shadi mürrisch.

Ali gab seinem Sohn einen kleinen Stoß.

»Und ich entschuldige mich auch«, sagte Rashed und zwang sich zu einem Lächeln.

Taher schämte sich noch immer zu sehr, um uns in die Augen zu sehen, doch auch er murmelte eine Entschuldigung.

In diesem Augenblick kamen Sara und Assad ins Zelt, und Sara versicherte uns, daß sie unverletzt sei.

»Jetzt entschuldigt euch noch einmal«, forderte Ali die drei auf. »Eure Tante Sara hätte sich fast verletzt durch eure Rüpelhaftigkeit.«

Alle drei jungen Männer entschuldigten sich rasch noch einmal persönlich bei Sara.

Sara ignorierte sie und suchte in der Menge nach meinem Gesicht. »Veena hat viel Blut verloren, Sultana. Ich glaube, sie braucht sofort ärztliche Hilfe«, sagte sie.

Ich legte mir die Hand vor den Mund. Das in meiner Vorstellung auftauchende Bild nahm mir den Atem.

Niemand sagte etwas, bis Shadi schließlich meinte: »Sie ist in meiner Verantwortung. Ich werde sie in die Stadt zurückfahren.«

Mir blieb endgültig die Luft weg. Wenn niemand etwas unternahm, würde Veenas Versklavung ein für allemal besiegelt sein, falls unsere Familie es zuließ, daß Shadi sie wegbrachte. Das Thema würde beendet sein. Die arme Veena konnte von Shadi und seinen Freunden als sexuelles Spielzeug benutzt werden, solange sie noch jung und attraktiv war, und sobald sie ihrer überdrüssig waren, würde sie zu einer Hausdienerin gemacht werden.

Ich wußte, daß ich dieses unglückliche junge Mädchen nicht dem Zugriff meines grausamen Neffens überlassen durfte. Jemand mußte sich um das Anliegen dieser hilflosen Frau kümmern. Als ich in den Gesichtern der Menschen um mich herum nachforschte, wurde mir klar, daß ich es war, der diese Aufgabe zufiel. Ich würde diese Frau retten müssen.

»Nein!« rief ich so laut, daß alle anderen zusammenzuckten. »Das wirst du nicht tun, Shadi! Karim und ich werden sie zu einem Arzt bringen.«

»Sultana, das geht uns nichts an«, sagte Karim streng.

Doch der Ton meiner Stimme brachte Karims Einwand zum Erliegen. »Es geht uns wohl etwas an! Es ist mir egal, wieviel Geld Shadi für Veena bezahlt hat, Karim. Keine Frau sollte gegen ihren Willen Eigentum eines Mannes sein, und er hat gewiß nicht das Recht, sie zu vergewaltigen und zu mißbrauchen!«

Ich blickte auf Sara, bevor ich mich umwandte, um unseren Männern ins Gesicht zu blicken. »Nie wieder werde ich tatenlos zusehen, wenn eine Frau mißbraucht wird!« Ich richtete mich entschlossen auf. »Falls Shadi versucht, diese Frau wegzubringen, wird er mich zuerst töten müssen.«

Sara trat vor und griff nach meiner Hand. »Auch mich wird er töten müssen.«

Dunia schrie: »Oh Allah! Steh uns bei!«

Nura zog mich an sich. »Sultana und Sara haben recht. Wir können nicht etwas zulassen, das Allah persönlich beleidigt.«

Gemeinsam kamen Tahani und Haifa zu mir und umarmten mich.

»Ich stehe auf der Seite meiner Schwestern«, sagte Haifa.

Tahani starrte ihren Sohn Taher mit tränenfeuchten Augen an. »Unsere Söhne haben eine schlimme Tat begangen. Auch ich werde mich Sultanas Kreis anschließen.«

Ein wütender Ali starrte unsere Männer an. Verächtlich sagte er: »Könnt ihr eure Frauen nicht bändigen?«

Karim wirkte gramgebeugt, sagte jedoch nichts. Ahmed wußte nicht, was er tun sollte, und tat deshalb nichts.

Nur Assad erhob seine Stimme. »Unsere Frauen haben recht. Wir dürfen eine solche Untat nicht unterstützen. Wenn unsere Söhne sexuelle Gespielinnen brauchen, gibt es viele Frauen, die sich freiwillig zur Verfügung stellen. Unsere Söhne haben keinen Grund, eine Frau mit Gewalt zu nehmen.«

Der allmähliche Stimmungswandel veränderte Shadis Stimmung nicht. Er schrie: »Ihr mischt euch in meine Angelegenheiten ein! Diese Frau gehört mir, daran könnt ihr überhaupt nichts ändern!«

Dunia, die sich inzwischen erholt hatte, stand auf und eilte zu Shadi. Sie ergriff seine Hand und blickte dann auf meine Schwestern und mich.

»Ihr handelt unüberlegt, Schwestern. Unsere Söhne brauchen Frauen, um gesund zu bleiben. Sonst stauen sich Körperflüssigkeiten in ihnen, und dies führt zu schlimmen Krankheiten.«

Nura schüttelte verdrossen von solcher Ignoranz den Kopf. »Du redest Unsinn, Dunia.«

Doch Dunia beharrte auf ihrem Standpunkt. »Denkt doch daran, daß diese Frau ihrem eigenen Vater abgekauft worden ist. Er hat so viel Geld für sie erhalten, wie er in fünf Jahren niemals verdient hätte. Er hat sich gefreut, daß er seine Tochter verkaufen konnte. Gefreut, das sage ich euch. Mein Sohn hat kein Unrecht getan.«

Ich war so angewidert, daß ich meiner eigenen Schwester nicht ins Gesicht blicken konnte.

Nun nahm Ali wieder das Wort. »Dunia hat recht. Wenn unsere unverheirateten Söhne keine Frauen zur Verfügung haben, mit denen sie jederzeit sexuell verkehren können, werden sie krank.«

Assad erhob die Stimme. »Sind wir Männer denn Tiere, Ali?«

Jetzt versuchte Ali, dumm wie er war, Allah die Schuld zuzuschieben. »Assad«, sagte er, »der große Allah persönlich hat uns so gemacht, wie wir sind.«

Doch nun konnte Ahmed nicht mehr an sich halten. »Ach, sei doch still, Ali! Deinen Worten nach sind alle Männer schwache, hilflose Dummköpfe.«

Ali lief hochrot an, doch Ahmeds heftige Worte brachten ihn zum Schweigen.

Ich tauschte einen raschen, zufriedenen Blick mit Sara und machte mich dann auf den Weg zum Zeltausgang. Gegensätzliche Meinungen waren zu einem Kampf angetreten, und ich wußte, daß das Leben einer weiteren Frau zerstört werden würde, wenn ich nicht auf meinem Standpunkt beharrte.

Ich forderte Shadi zum letzen Mal heraus. »Ich werde jetzt zu Veena gehen, Shadi. Wenn du sie so sehr willst, daß du mich dafür umbringst, dann gehört sie dir.«

»Und mich auch«, erklärte Sara nach kurzem Zögern.

»Mich ebenfalls«, sagte Tahani leise.

»Ich werde auch mitkommen, Sultana«, rief Haifa.

Nuras Stimme war laut und deutlich. »Shadi, deine Tanten werden einen Kreis um Veena bilden, um sie zu beschützen. Ich rate dir, nicht zu versuchen, diesen Kreis zu durchbrechen.«

»Sultanas Kreis der Sicherheit«, sagte Tahani plötzlich entschlossen.

Bis auf Dunia gesellten sich alle meine Schwestern zu mir, als ich das Zelt verließ.

Bis auf Assad, der Sara rasch folgte, blieben unsere Männer verblüfft zurück.

Epilog

An jenem Abend, an dem meine Schwestern und ich um Veena einen Kreis bildeten, um sie zu beschützen, traten schließlich auch unsere Männer an unsere Seite, um uns zu unterstützen. Veena wurde in eine Privatklinik nach Riad gebracht, wo ihre inneren Verletzungen behandelt wurden. Man erklärte uns, daß sie bei dem grausamen Angriff viel Blut verloren hatte. Es stellte sich heraus, daß sie erst vierzehn war. Als sie schließlich wieder so weit hergestellt war, um aus der Klinik entlassen zu werden, erfuhren meine Schwestern und ich auch Näheres aus Veenas kummervollem Leben.

Zur Welt gekommen war sie in den Slums von Lahore in Pakistan. Ihre Familie lebte in einer erbärmlichen Hütte, errichtet aus Holzabfällen, Metallteilen und Kartons, die ihre Eltern auf einer der vielen Schrotthalden von Lahore gesammelt hatten. Veenas Vater war ein Flickschuster, ihre Mutter bettelte auf den Straßen der Stadt.

Veena hatte eine schreckliche Kindheit erlebt. Sie hatte nie eine Schule besucht, sondern sobald sie laufen konnte, war sie mit ihrer Mutter zum Betteln gegangen.

Veenas Eltern bekamen weitere Kinder, bis die Familie schließlich auf zwölf Mitglieder angewachsen war. Selten bekamen alle genug zu essen. Veena konnte sich nicht erinnern, jemals so viel gegessen zu haben, daß sie wirklich satt war.

In Pakistan wie in Saudi-Arabien ist das Leben von Frauen nichts wert. Viel zu oft opfern die Armen ihre Töchter dem

Allgemeinwohl der Familie. Und dies war auch Veena passiert.

Sie war schon als kleines Kind sehr hübsch gewesen, und als sie in die Pubertät kam, fiel ihre Attraktivität einer Reihe von Leuten auf den Straßen und auch in ihrem Viertel auf. Mehrere Bekannte der Familie begannen, Geschichten von anderen hübschen Mädchen zu erzählen, die für einen hohen Preis von reichen Bordellbesitzern gekauft worden waren, die stets nach weiteren unberührten Mädchen Ausschau hielten.

Da die Familie nur einen einzigen Raum hatte, in dem alle zusammenlebten, hatte Veena ihrem Vater und ihrer Mutter oft genug zugesehen, wenn sie miteinander schliefen. Sie wußte also, wovon diese Frauen sprachen. Doch sie wußte auch, daß sie bei ihrer Zukunft nichts mitzureden hatte, und begehrte deshalb nicht auf.

Bald wurde Veenas Schönheit von einem Mann bemerkt, der in der Stadt herumlief und junge Bettlerinnen beobachtete. Er ging zu Veenas Mutter und sagte ihr, daß ihre Familie mit der Reinheit ihrer Tochter eine Menge Geld verdienen könne, vorausgesetzt, Veena sei noch Jungfrau. Viele reiche Männer suchten aus Angst vor AIDS und anderen Geschlechtskrankheiten nach jungen, unberührten Mädchen. Der Mann bot eine kleine Summe als Anzahlung und versprach, mehr Geld zu bezahlen, falls er für Veena einen reichen Käufer fände.

Veenas Mutter eilte rasch nach Hause, um ihren Mann zu holen, und schließlich einigten sich die drei Erwachsenen auf einen Preis für die unselige Veena.

Veena erinnerte sich noch, daß ihre Eltern traurig gewirkt hatten, als sie sich verabschiedete, aber sie verstand damals auch, daß das Geld, das sie in die Familie gebracht hatte, elf Menschen ein Jahr lang ein gutes Auskommen bescheren würde.

Sie bat darum, sich von ihren Geschwistern verabschieden

zu dürfen, doch der Mann sagte, er habe noch weitere Geschäfte zu erledigen, und falls Veena nicht sofort mit ihm käme, würde er die Vereinbarung mit ihren Eltern rückgängig machen. Also ging sie mit dem Fremden. Ihr Herz pochte heftig vor Furcht, doch ihren jüngeren Brüdern und Schwestern zuliebe nahm sie sich zusammen.

Über einen Monat lebte Veena mit zehn weiteren jungen Mädchen in einem kleinen Haus in Lahore. Sie freute sich darüber, daß sie hier häufig baden und anständige Kleider tragen konnte, und zum ersten Mal in ihrem Leben bekam sie auch genug zu essen. Veena wäre gern für immer in diesem Haus geblieben, doch das war ihr nicht vergönnt. Immer wieder kamen nämlich reiche Männer, überwiegend Ausländer, um den Vorrat an jungen Mädchen zu begutachten. Den Mädchen wäre es allen am liebsten gewesen, von einem alten Mann erworben zu werden, denn es war ihnen bekannt, daß die Alten weniger sexuelle Forderungen stellten als junge Männer.

Die jungen Mädchen wurden eine nach der anderen gekauft und fortgebracht. Traurig sah Veena zu, wie eine Reihe von unglücklichen Mädchen, die von den Käufern bislang verschmäht worden waren, in die Bordelle der Stadt gebracht wurden. Sie war sogar froh, als sie schließlich erfuhr, daß sie gekauft worden sei, um die Gelüste eines einzigen Mannes zu befriedigen, eines reichen Mannes aus dem Nahen Osten namens Shadi.

Veena hatte Shadi nicht kennengelernt, da er sie aus einem Katalog mit Fotos ausgewählt hatte. Er übernachtete bei einem seiner pakistanischen Geschäftspartner. Er hatte vor diesem Mann und seiner Familie verheimlichen wollen, daß er ein unberührtes junges Mädchen gekauft hatte.

Ein paar Tage, bevor sie Lahore verließ, bekam Veena Shadi schließlich zu Gesicht. Der Mädchenhändler hatte sie zu einem Café gebracht, wo Shadi seinen Kauf begutachten und seine endgültige Einwilligung geben wollte. Das Treffen war so kurz, daß Veena mit ihrem neuen Besitzer kein einziges Wort wechseln konnte. Doch als sie sah, daß er tatsächlich ein junger, starker Mann war, wurde ihr angst und bange, denn sie erinnerte sich an das, was die anderen Mädchen über den sexuellen Appetit junger Männer gesagt hatten. Doch sie hatte kein Mitspracherecht, was ihre Zukunft anbelangte. Allzu bald kam der Tag, an dem Veena ihr Land für immer verlassen sollte.

Während des Flugs von Pakistan nach Saudi-Arabien saßen Shadis Diener bei Veena in der zweiten Klasse, während Shadi in der ersten Klasse saß. Zwei Stunden nach ihrer Ankunft in Riad brach Shadi in die Wüste auf, um seine Eltern und Verwandten zu besuchen. Er nahm Veena und mehrere Diener auf seinen Ausflug mit. Veena erklärte später, daß Shadi unterwegs kein einziges Mal mit ihr gesprochen hatte, obwohl sie mehrmals bemerkt hatte, wie er sie anstarrte.

Im Zeltlager hatte Shadi gewartet, bis sich die Familie zurückzog, und war dann mit seinen beiden Cousins in Veenas Zelt eingedrungen. Er hatte zu seinen Cousins gesagt: »Seht euch an, was ich in Pakistan gekauft habe!«

Obwohl Veena sich darauf eingestellt hatte, mit einem ihr unbekannten Mann Geschlechtsverkehr zu haben, hatte sie sich doch niemals vorgestellt, daß ihre erste sexuelle Erfahrung aus einem brutalen Angriff von drei Fremden bestehen würde.

Nachdem die drei ihr grob ihre Kleidung vom Körper gerissen hatten, war sie zuerst von Shadi vergewaltigt worden. Als sie davon erzählte, kamen ihr wieder die Tränen. Sie erklärte, daß sie noch nie einen solch schrecklichen Schmerz verspürt hatte. Schließlich hatte ihre Mutter nie geschrien, wenn sie mit ihrem Vater schlief. Veena hatte keine Ahnung gehabt, daß das Geschlechtsteil eines Mannes so groß sein und so wehtun könnte.

Als sie zu weinen begann und die drei anflehte, aufzuhören, lachten sie nur und hielten ihr den Mund zu. Als der dritte

Mann sie bestieg, glaubte Veena zu sterben. Doch wie durch ein Wunder wurde sie gerettet. Aber was sollte nun aus ihr werden?

Zwar hätten meine Schwestern und ich Veena am liebsten zu ihren Eltern zurückgeschickt, doch uns war klar, daß die Armut der Familie sie wahrscheinlich dazu bringen würde, Veena noch einmal zu verkaufen.

Schließlich beschlossen wir, daß Veena bei Sara leben sollte, um sich um deren jüngere Kinder zu kümmern, und meine Schwestern wählten mich aus, ihr dies zu sagen. Meine Schwestern und ich wußten, daß niemand in unserer Familie es wagen würde, etwas gegen Sara zu unternehmen, denn wir alle lieben Sara von ganzem Herzen.

Die Freude auf Veenas Gesicht machte sämtliche Angst und Wut wett, die ich durchlebt hatte, um diese junge Frau zu befreien. Dennoch erschütterte es mich und meine Schwestern zutiefst, als wir Veenas Geschichte hörten, denn wir wußten nur allzu gut, daß es Abertausende von ähnlichen Geschichten gab. Wir saßen viele Stunden lang zusammen und sprachen darüber, was wir tun könnten, um diesen ständigen und sinnlosen Mißbrauch unschuldiger Frauen und Mädchen zu verhindern.

In dieser traurigen Zeit erfuhr die entsetzte Welt, daß die schöne junge Diana, Prinzessin von Wales, gestorben war. Prinzessin Dianas Tod lenkte uns kurzzeitig ab von Veenas grausamem Schicksal. Mehrere von uns hatten diese außergewöhnliche Frau in den Jahren kennengelernt, in denen sie als königliche Prinzessin die Welt bereiste. Zwar konnte keine von uns behaupten, eng mit ihr befreundet gewesen zu sein, doch wir hatten sie alle bewundert. Nun konnten wir uns gar nicht vorstellen, daß eine solch junge und lebensprühende Frau umgekommen sein sollte.

In den Tagen vor ihrer Beerdigung erfuhr ich durch Berichte über ihr Leben im Fernsehen viel Gutes über diese Prinzessin, das ich bislang noch nicht gewußt hatte. Offenbar war kein

Mensch zu arm oder zu krank gewesen, um nicht von dieser Frau beachtet zu werden. Sie war bekannt dafür, ihr Interesse, anderen zu helfen, unbeugsam und getreulich zu verfolgen. In ihrer immensen Freundlichkeit, ihrem tiefen Mitleid bewies Prinzessin Diana, daß ein einzelner Mensch durchaus eine Menge bewirken kann. Jede freundliche Tat dieses einen Menschen hallte wider wie ein Kieselstein, der ins Wasser fällt und Kreise zieht, die weit über die ursprüngliche Geste hinausreichen.

Dieser Gedanke beschäftigte mich so stark, daß ich allmählich begriff, wie ich anderen Frauen vielleicht helfen konnte. Ich rief meine Schwestern zusammen.

»Plötzlich ist mir klar geworden, daß es nur einen Weg gibt, wie wir Frauen helfen können: Nämlich dasselbe zu tun, was wir mit der armen Veena getan haben«, sagte ich. »Jedesmal, wenn eine von uns erfährt, daß eine Frau schlecht behandelt worden ist, werden wir uns zusammenschließen, um dieser einen Frau auf jede uns zur Verfügung stehende Weise zu helfen.« Nach einer Pause fügte ich noch hinzu: »Wir werden einen Kreis bilden, um andere Frauen zu unterstützen.«

Tahani lächelte. »Ja, wir werden als Sultanas Kreis bekannt werden.«

Haifa zeigte sich begeistert. »Zusammen werden wir stark sein.«

Sara nickte. »Ich habe einige Freundinnen, denen ich bedingungslos vertrauen kann. Auch sie müssen sich auf die Suche nach Frauen machen, deren Schicksal es nicht gut mit ihnen meint.«

Nura drückte mir die Hand. »Dein Kreis wird vielen Frauen zugute kommen, Sultana.«

Indem ich dem Beispiel der freundlichen, liebevollen Prinzessin Diana folge, weiß ich, daß diese Kreise der Fürsorge sich von der Mutter auf die Tochter ausdehnen und noch viele vor uns liegende Jahrhunderte entlang der Lebenskette weiterlaufen werden. Ich habe die Hoffnung, daß schließlich alle Frauen sich meinem Kreis anschließen und alle Frauen auf der ganzen Welt einer Frau in Not ihre Hilfe anbieten werden.

Und ich bete darum, daß der gnädige und barmherzige Allah unserem Auftrag seinen Segen gewährt.